DUDEN

POCKET TEACHER MATHEMATIK

Abi

6., aktualisierte Auflage

Fritz Kammermeyer
Roland Zerpies

Dudenverlag
Berlin

Die Autoren
Fritz Kammermeyer und Roland Zerpies unterrichten Mathematik an einem Gymnasium. R. Zerpies ist außerdem Schulpsychologe. F. Kammermeyer bildet Gymnasiallehrer in Mathematik aus.

Bibliografische Information der Deutschen Nationalbibliothek
Die Deutsche Nationalbibliothek verzeichnet diese Publikation in der Deutschen Nationalbibliografie; detaillierte bibliografische Daten sind im Internet über http://dnb.dnb.de abrufbar.

 D C B A
Bibliographisches Institut GmbH, Mecklenburgische Straße 53, 14197 Berlin

Redaktionelle Leitung: David Harvie
Redaktion und Konzeption der Karteikarten: Dr. Angelika Fallert-Müller
Herstellung: Uwe Pahnke
Umschlaggestaltung: Büroecco, Augsburg
Layout / technische Umsetzung: LemmeDESIGN, Berlin
Sachzeichnungen: Lennart Fischer, Berlin
Druck und Bindung: Heenemann GmbH & Co. KG
Bessemerstraße 83–91, 12103 Berlin
Printed in Germany

ISBN 978-3-411-87207-7

Vorwort

Liebe Leserin, lieber Leser!

Der Pocket Teacher Abi Mathematik ist der ideale Wegbegleiter durch die gesamte Oberstufe bis zum Abitur. Er hilft nicht nur beim Endspurt vor der Abschlussprüfung, sondern ebenso gut bei der Vorbereitung auf Klausuren und Tests. In kompakter Form werden die Zusammenhänge hier übersichtlich und anschaulich erklärt. Dazu tragen auch die zahlreichen Grafiken und Beispiele bei.

Eine spezielle Erweiterung in dieser Auflage sind die heraustrennbaren Karteikarten im Anhang. Diese 20 Karten stellen eine Vorauswahl an Themen dar, mit denen man zur Abiturprüfung rechnen muss. Die Rückseiten wurden freigelassen, damit Sie dort Ihre eigenen Notizen machen können.

Entsprechende Vorlagen für weitere Karteikarten gibt es auf **www.duden.de/pocket-teacher-abi** zum Herunterladen und Ausdrucken.

Gewünschte Infos können am schnellsten über das Stichwortverzeichnis am Ende des Bandes gefunden werden.

Stichwort vergessen? Macht nichts. Am besten ins Inhaltsverzeichnis schauen und im entsprechenden Kapitel nach dem Begriff suchen! Stichwörter sind hier durch Fettdruck hervorgehoben (z. B. **Asymptote,** S. 45). Farbige Pfeile ▶ verweisen auf andere Stellen im Buch zum gleichen Thema.

BEISPIEL Umkehrfunktion (▶ S. 18)

Geht man den Pfeilen nach, bekommt man zu diesen Fachbegriffen weitere Informationen.

◆ Mehrere Beispielaufgaben oder Aufzählungen zu einem Thema sind meist durch Quadrate am Rand übersichtlich gegliedert (▶ S. 100).

BEACHTE weist auf besondere zu beachtende Eigenschaften und Rechenschritte hin (▶ S. 11).

AUGEN AUF! markiert mögliche Fehlerquellen, Denkfallen, Problemstellen und wichtige Hinweise (▶ S. 129).

Diese Rubrik kennzeichnet Definitionen (▶ S. 13).

SATZ

Diese Rubrik kennzeichnet Sätze (▶ S. 68).

1 Funktionen

1.1 Grundbegriffe

Definitionen

Zuordnungen

Eine ***Zuordnung*** ordnet den Elementen einer Menge X Elemente einer Menge Y durch eine ***Zuordnungsvorschrift*** zu.
Eine ***Wertetabelle,*** ein ***Pfeilgraph,*** eine ***Paarmenge*** mit Zahlenpaaren $(x; y)$ mit $x \in X$ und $y \in Y$ oder ein ***Graph*** im Koordinatensystem veranschaulichen eine Zuordnung.

Eine Zuordnung, bei der …		
… mindestens einem $x \in X$ mehr als ein $y \in Y$ zugeordnet wird, heißt ***mehrdeutig.***	… jedem $x \in X$ **genau ein** $y \in Y$ zugeordnet wird, nennt man ***eindeutig.***	… jedem $x \in X$ **genau ein** $y \in Y$ zugeordnet ist und darüber hinaus auch jedes $y \in Y$ **zu genau einem** $x \in X$ gehört, heißt ***eineindeutig.***
	Eindeutige Zuordnungen heißen ***Funktionen.***	

BEISPIELE

$X = \{1, 2\}$, $Y = \{1, 2\}$, „x teilt y" Paarmenge: $\{(1;1), (1;2), (2;2)\}$	$X = Y = \mathbb{R}$ $y = x^2$	$X = Y = \mathbb{R}$ $y = 2x$

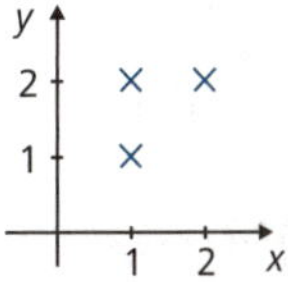

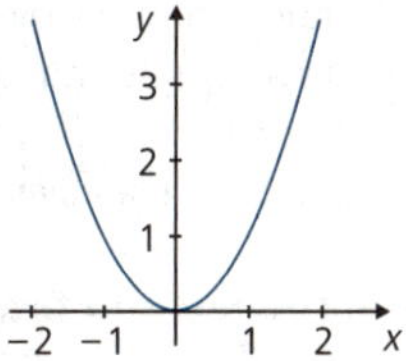

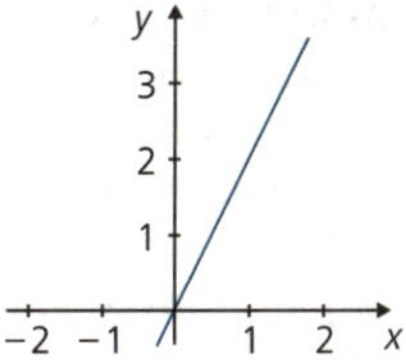

1

Im Koordinatensystem wird die Ausgangsmenge X i. A. auf der horizontalen Achse und die Zielmenge Y auf der vertikalen Achse angetragen. Zum Graphen der Zuordnung gehören alle Punkte, deren Koordinaten $(x|y)$ die Zuordnung erfüllen.
Der x-Wert heißt auch ***Abszisse,*** der y-Wert ***Ordinate.***

BEACHTE Am Graphen erkennt man den Unterschied so: Gibt es eine Parallele zur y-Achse, die den Graphen in mehr als einem Punkt schneidet, so ist die Zuordnung mehrdeutig. Schneidet jede mögliche Parallele zur y-Achse den Graphen höchstens einmal, so liegt eine Funktion vor. Schneidet auch jede mögliche Parallele zur x-Achse den Graphen höchstens einmal, so ist die Funktion sogar eineindeutig.

BEACHTE Eine eineindeutige Funktion besitzt zu verschiedenen Argumenten x auch unterschiedliche Funktionswerte y.

Funktionen

Eine ***Funktion*** f ist eine eindeutige Zuordnung zwischen einer Ausgangsmenge X, der ***Definitionsmenge*** D_f, und der Menge Y, der ***Wertemenge*** W_f. Ist die Definitionsmenge nicht angegeben, wird vom größtmöglichen Bereich ausgegangen.
Jedes Element x der Definitionsmenge D_f heißt ***Argument*** von f. Das dem Argument x zugeordnete Element y aus der Wertemenge W_f heißt ***Funktionswert*** $y = f(x)$ (sprich: „f von x") von f. Kurz: $y = f(x)$. Der Term $f(x)$ heißt ***Funktionsterm,*** die Gleichung $y = f(x)$ ***Funktionsgleichung*** der Funktion f.
Schreibweise: $f\colon x \mapsto y$ oder $f\colon x \mapsto y = f(x)$.
Der ***Graph*** der Funktion f ist die Menge aller Punkte $P(x|f(x))$ mit $x \in D_f$ und wird mit G_f bezeichnet.

BEISPIEL $f\colon x \mapsto y = 2x$ mit Definitionsmenge $D_f = [0;4]$.
Funktionsterm $f(x) = 2x$, Funktionsgleichung: $y = 2x$.
Funktionswert zu $x = 1{,}5$ ist $y = f(1{,}5) = 2 \cdot 1{,}5 = 3$.
Alle Funktionswerte bilden die Wertemenge: $W_f = [0;8]$.

Eigenschaften von Funktionen und Graphen

Gleichheit von Funktionen

Zwei Funktionen f und g sind gleich, wenn ihre Definitionsmengen D_f und D_g übereinstimmen, also $D_f = D_g = D$, und wenn für alle $x \in D$ gilt: $f(x) = g(x)$.

BEISPIEL
$f\colon x \mapsto f(x) = (x-2)^2$, $D_f = \mathbb{R}$ und
$g\colon x \mapsto g(x) = x^2 - 4x + 4$, $D_g = \mathbb{R}$ sind gleich, da
$D_f = D_g = \mathbb{R}$ und $f(x) = (x-2)^2 = x^2 - 4x + 4 = g(x)$.

AUGEN AUF! $f\colon x \mapsto f(x) = \frac{(x-1)x}{x}$, $D_f = \mathbb{R}\setminus\{0\}$ und $g\colon x \mapsto g(x) = x - 1$, $D_g = \mathbb{R}$. Hier gilt zwar nach dem Kürzen: $f(x) = g(x)$. Da aber $D_f \neq D_g$, sind f und g nicht gleich.

Fortsetzung und Einschränkung

Eine Funktion g heißt ***Fortsetzung*** der Funktion f, wenn die Definitionsmenge D_f von f in der Definitionsmenge D_g von g enthalten ist, also $D_f \subseteq D_g$, und wenn für alle $x \in D_f$ gilt: $g(x) = f(x)$.
Umgekehrt heißt f ***Einschränkung*** von g.

BEISPIEL Im letzten Beispiel ist g eine Fortsetzung von f.

Nullstellen einer Funktion

Ist x_0 eine Zahl aus der Definitionsmenge D_f der Funktion f und gilt $f(x_0) = 0$, so heißt x_0 ***Nullstelle*** von f. Man findet die Nullstellen der Funktion f durch Lösen der Gleichung $f(x) = 0$.
Geometrische Bedeutung: Bei den Nullstellen schneidet oder berührt der Graph einer Funktion die x-Achse.

BEISPIEL $f\colon x \mapsto x+1, x \in \mathbb{R}$

$f(x) = 0 \Leftrightarrow x + 1 = 0 \Leftrightarrow x = -1$

f besitzt also die Nullstelle: -1.

Der Graph G_f schneidet die x-Achse in $(-1|0)$.

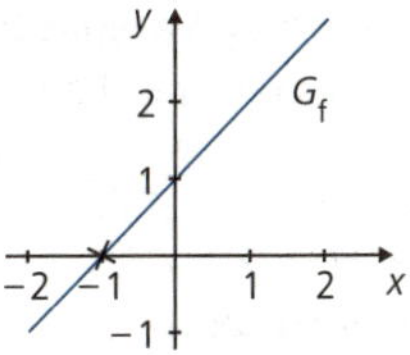

Gerade und ungerade Funktionen, Symmetrie des Graphen

> Eine Funktion $f\colon x \mapsto f(x), x \in D_f$, heißt genau dann ***gerade Funktion,*** wenn für alle x aus der Definitionsmenge D_f gilt: Es ist auch $-x \in D_f$ und $f(-x) = f(x)$.

BEISPIEL $f\colon x \mapsto x^2, x \in \mathbb{R}$

Wegen $D_f = \mathbb{R}$ ist mit $x \in \mathbb{R}$ auch $-x \in \mathbb{R}$. Weiter gilt:

$f(-x) = (-x)^2 = x^2 = f(x)$.

BEACHTE

Der Graph einer geraden Funktion ist *symmetrisch* zur y-Achse.

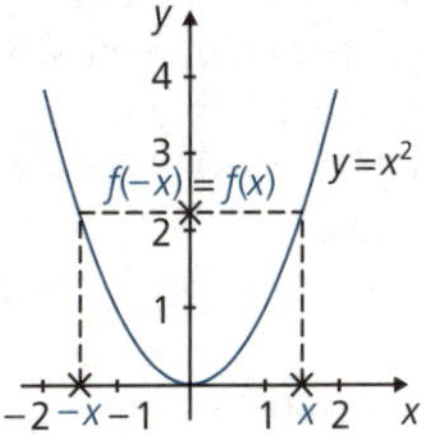

> Eine Funktion $f\colon x \mapsto f(x), x \in D_f$, heißt genau dann ***ungerade Funktion,*** wenn für alle x aus der Definitionsmenge D_f gilt: Es ist auch $-x \in D_f$ und $f(-x) = -f(x)$.

BEISPIEL $f\colon x \mapsto x^3, x \in \mathbb{R}$

Wegen $D_f = \mathbb{R}$ ist mit $x \in \mathbb{R}$ auch $-x \in \mathbb{R}$. Weiter gilt:

$f(-x) = (-x)^3 = -x^3 = -f(x)$.

BEACHTE

Der Graph einer ungeraden Funktion ist *punktsymmetrisch* zum Ursprung des Koordinatensystems.

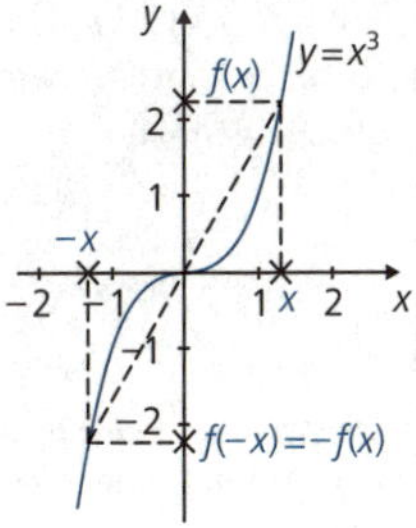

Allgemeine Symmetrie

Der Graph einer Funktion f ist achsensymmetrisch zur vertikalen Geraden $x_0 = a$, wenn stets gilt: $f(a - x) = f(a + x), x \in D_f$.
Der Graph einer Funktion f ist punktsymmetrisch bezüglich des Punkts $P(a|b)$, wenn stets gilt: $b - f(a - x) = f(a + x) - b, x \in D_f$.

BEISPIELE

- $f: x \mapsto (x - 2)^2, x \in \mathbb{R}$.
G_f ist achsensymmetrisch zur Geraden $x = 2$. Es gilt:
$f(2 - x) = ((2 - x) - 2)^2 = x^2$
und $f(2 + x) = ((2 + x) - 2)^2 = x^2$.

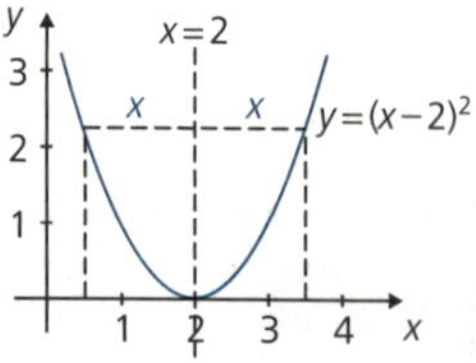

- $f: x \mapsto x - 2, x \in \mathbb{R}$.
G_f ist punktsymmetrisch bezüglich $P(3|1)$. Es gilt:
$1 - f(3 - x) = 1 - ((3 - x) - 2)$
$= x$ und
$f(3 + x) - 1 = ((3 + x) - 2) - 1 = x$.

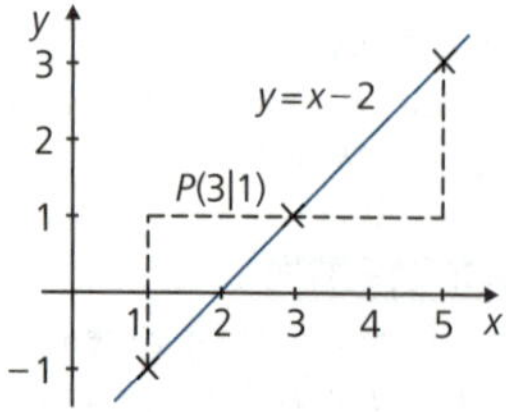

Monotonie

Eine Funktion $f: x \mapsto f(x), x \in D_f$, heißt auf einer Teilmenge M der Definitionsmenge D_f genau dann	
monoton zunehmend (oder steigend),	***monoton abnehmend*** (oder fallend),
wenn für alle $x_1, x_2 \in M$ gilt:	
Aus $x_1 < x_2$ folgt $f(x_1) \leq f(x_2)$.	Aus $x_1 < x_2$ folgt $f(x_1) \geq f(x_2)$.
D. h., bei wachsendem Argument bleibt der Funktionswert $f(x)$	
gleich oder nimmt zu.	gleich oder nimmt ab.
Gilt sogar für alle $x_1, x_2 \in M$:	
Aus $x_1 < x_2$ folgt $f(x_1) < f(x_2)$,	Aus $x_1 < x_2$ folgt $f(x_1) > f(x_2)$,
so heißt die Funktion f auf M	
streng (oder ***echt***) ***monoton zunehmend*** (oder steigend).	***streng*** (oder ***echt***) ***monoton abnehmend*** (oder fallend).

BEISPIELE

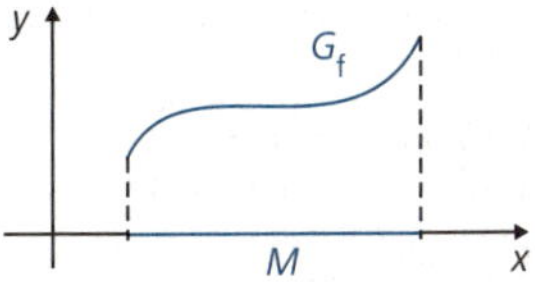

f monoton zunehmend

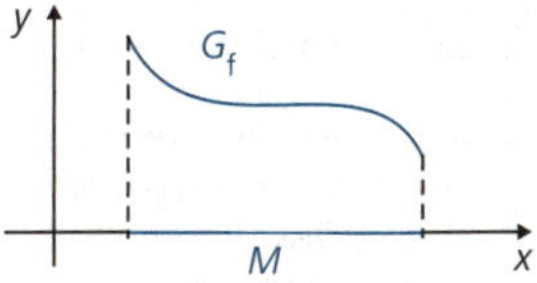

f monoton abnehmend

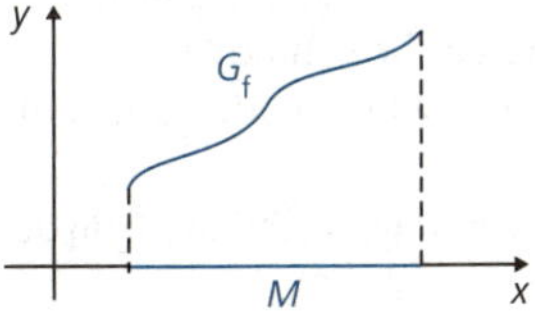

f streng monoton zunehmend

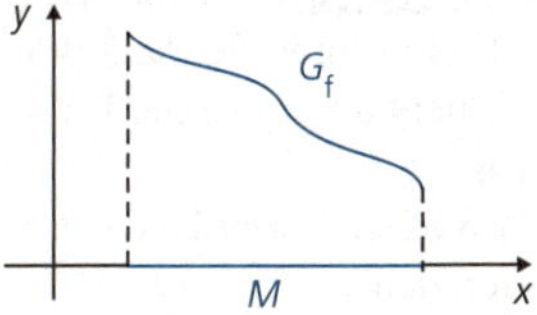

f streng monoton abnehmend

Der Graph G_f heißt in solchen Fällen (streng) monoton steigend (fallend).

Zum Nachweis der Monotonie untersucht man für $x_1 < x_2$ das Vorzeichen der Differenz $f(x_2) - f(x_1)$.

BEISPIEL $f: x \mapsto x^2 - 1, x \in \mathbb{R}$. Sind $x_1, x_2 \in \mathbb{R}$ mit $x_1 < x_2$, so ist $f(x_2) - f(x_1) = (x_2^2 - 1) - (x_1^2 - 1) = x_2^2 - x_1^2$.

Es gilt nun: $f(x_2) - f(x_1) = x_2^2 - x_1^2 < 0$, wenn $x_1 < x_2 \leq 0$ und $f(x_2) - f(x_1) = x_2^2 - x_1^2 > 0$, wenn $0 \leq x_1 < x_2$.

f ist also streng monoton abnehmend im Intervall $]-\infty; 0]$ und streng monoton zunehmend im Intervall $[0; +\infty[$.

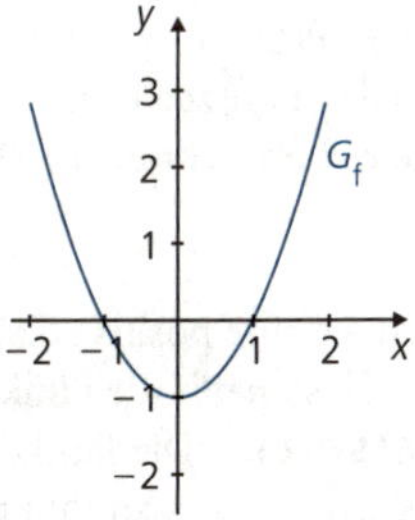

Beschränktheit

Eine Funktion f: $x \mapsto f(x)$, $x \in D_f$, nennt man

nach unten beschränkt,	**nach oben beschränkt,**
wenn es eine Zahl $s \in \mathbb{R}$ gibt, sodass $f(x) \geq s$ für alle $x \in D_f$. s heißt ***untere Schranke*** von f.	wenn es eine Zahl $S \in \mathbb{R}$ gibt, sodass $f(x) \leq S$ für alle $x \in D_f$. S heißt ***obere Schranke*** von f.

BEACHTE *Geometrische Bedeutung* für den Graphen:
Ist s eine untere Schranke von f, so liegen alle Punkte des Graphen G_f nicht unterhalb der Parallelen zur x-Achse mit der Gleichung $y = s$.
Ist S obere Schranke von f, so liegt der Graph nicht oberhalb der Geraden $y = S$.

BEISPIEL
f: $x \mapsto 0{,}5x^2 + 1$, $x \in \mathbb{R}$ ist nach unten beschränkt, da z. B. gilt:
$0{,}5x^2 + 1 \geq 0{,}5$ für alle $x \in \mathbb{R}$.
$s = 0{,}5$ ist hier eine untere Schranke.

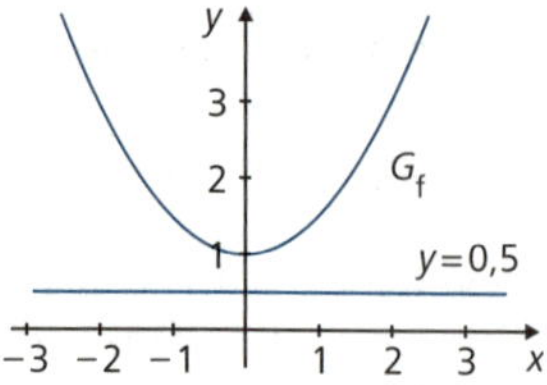

BEACHTE Hat f eine untere Schranke s, so ist jede Zahl kleiner als s ebenfalls eine untere Schranke von f. Eine nach unten beschränkte Funktion f hat somit unendlich viele untere Schranken. Die größte untere Schranke heißt ***Infimum*** von f.
Analog besitzt eine nach oben beschränkte Funktion f unendlich viele obere Schranken. Deren kleinste nennt man das ***Supremum*** von f.

Gibt es eine positive Zahl $r \in \mathbb{R}^+$, sodass gilt: $|f(x)| \leq r$, für alle $x \in D$, so heißt die Funktion f ***beschränkt.***

BEISPIEL Die Funktionen $x \mapsto \sin x$, $x \in \mathbb{R}$, und $x \mapsto \cos x$, $x \in \mathbb{R}$, sind beschränkt mit $r = 1$. (Graphen ▶ S. 51)

Extremwerte

Eine Funktion f besitzt an einer Stelle $x_0 \in D_f$ ein	
lokales Maximum	***lokales Minimum***
genau dann, wenn es eine Umgebung (▸ S. 58) von x_0 gibt, in der für die Funktionswerte $f(x)$ für $x \neq x_0$ gilt:	
$f(x) \leq f(x_0)$.	$f(x) \geq f(x_0)$.
Der Graph der Funktion hat dann in $(x_0 \vert f(x_0))$ einen	
relativen Hochpunkt.	***relativen Tiefpunkt.***

1

▶ **ANMERKUNG** Der größte (kleinste) Funktionswert heißt ***globales Maximum (Minimum)***, der zugehörige Punkt des Graphen ***Hochpunkt*** bzw. ***Tiefpunkt***.

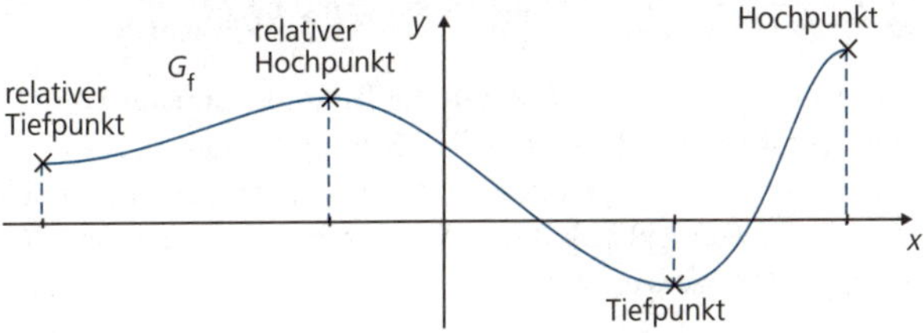

Periodizität

> Eine Funktion $f: x \mapsto f(x)$, $x \in D_f$, nennt man ***periodisch,*** wenn es eine von Null verschiedene Zahl p gibt, sodass für alle $x \in D_f$ gilt: Mit x ist auch $x + p \in D_f$ und $f(x + p) = f(x)$.
> Die Zahl $p \neq 0$ heißt ***Periode*** von f.

BEACHTE Mit der Periode p ist auch jede Zahl $k \cdot p$ mit $k \in \mathbb{Z}$ eine Periode von f. Jede periodische Funktion besitzt somit unendlich viele Perioden. Meist gibt man zu einer Funktion ihre kleinste positive Periode an.

BEISPIEL $f: x \mapsto \sin x$, $x \in \mathbb{R}$, ist periodisch mit der Periode $p = 2\pi$: $\sin(x + 2\pi) = \sin x$ für alle $x \in \mathbb{R}$.
4π ist ebenfalls eine Periode von f: $\sin(x + 4\pi) = \sin x$.

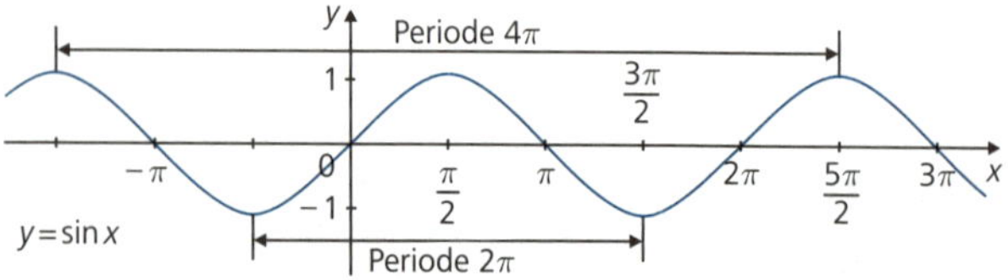

Umkehrfunktion

Eine Funktion $f: x \mapsto y = f(x),\ x \in D_f$, heißt ***umkehrbar,*** wenn auch die umgekehrte Zuordnung $y \mapsto x$ eindeutig ist, d. h., dass zu jedem y aus der Wertemenge genau ein x aus der Definitionsmenge gehört. Die Funktion f^{-1} mit der Vorschrift $f^{-1}: y \mapsto x = f^{-1}(x)$ heißt ***Umkehrfunktion*** von f.

Die Wertemenge von f ist damit die Definitionsmenge von f^{-1}, die Definitionsmenge von f ist die Wertemenge von f^{-1}. Die Paarmenge für f^{-1} ist die Menge aller Zahlenpaare $(y; x)$, die aus den Zahlenpaaren $(x; y)$ zu f durch Vertauschen der Komponenten eines jeden Paares entstehen.

Kriterien für die Umkehrbarkeit einer Funktion

SATZ

Eine Funktion f ist genau dann umkehrbar, wenn für alle $x_1, x_2 \in D_f$ gilt: Aus $x_1 \neq x_2$ folgt $f(x_1) \neq f(x_2)$.

D. h. eineindeutige Funktionen sind umkehrbar.

BEACHTE *Geometrische Bedeutung:* Jede Parallele zur x-Achse schneidet den Graphen von g höchstens einmal.

SATZ

Streng monotone Funktionen sind umkehrbar.

BEACHTE Die Graphen zu f und zu f^{-1} liegen zueinander achsensymmetrisch bezüglich der Geraden mit der Gleichung $y = x$; das ist die Winkelhalbierende des I. und III. Quadranten des Koordinatensystems. Weiter gilt: f^{-1} besitzt dieselben Monotonieeigenschaften wie die Funktion f. Ist also z. B. f (streng) monoton zunehmend, so auch f^{-1}.

Weitere Eigenschaften von Funktionen und ihren Graphen werden an anderer Stelle behandelt: Krümmung eines Graphen (▶ S. 82 f.), Asymptoten eines Graphen (▶ S. 45) und allgemeine Beschreibung des Verlaufs eines Graphen (▶ S. 46 f. bzw. 84 f.).

Thema: Bestimmung der Umkehrfunktion

Man erhält die Funktionsvorschrift f^{-1} durch die folgenden Arbeitsschritte:

1. Bestimmung des Bereichs, in dem die Funktion umkehrbar ist.
2. Auflösen der Funktionsgleichung $y = f(x)$ nach x.
3. Vertauschen der Bezeichnungen y und x („Variablentausch").
4. Notieren des Terms $y = f^{-1}(x)$ der Umkehrfunktion mit Definitions- und Wertemenge.

BEISPIEL $f\colon x \mapsto y = 0{,}5x + 1,\ x \in \mathbb{R}$

1. Bereich, in dem *f* umkehrbar ist:
f ist in ganz $\mathbb{R}$ umkehrbar, da f streng monoton ist.

2. Gleichung $y = f(x)$ nach x auflösen:
$y = 0{,}5x + 1 \Leftrightarrow 2 \cdot (y - 1) = x \Leftrightarrow x = 2y - 2$

3. Tausch der Variablen x und y:
$y = 2x - 2$
Ergebnis: Die Umkehrfunktion hat den Term $f^{-1}(x) = 2x - 2$.

4. Umkehrfunktion:
Es gilt also: $f^{-1}\colon x \mapsto 2x - 2,\ x \in D_{f^{-1}} = W_f = \mathbb{R}$.
Weiter gilt $W_{f^{-1}} = D_f = \mathbb{R}$.

Graphen zu f und f^{-1}:

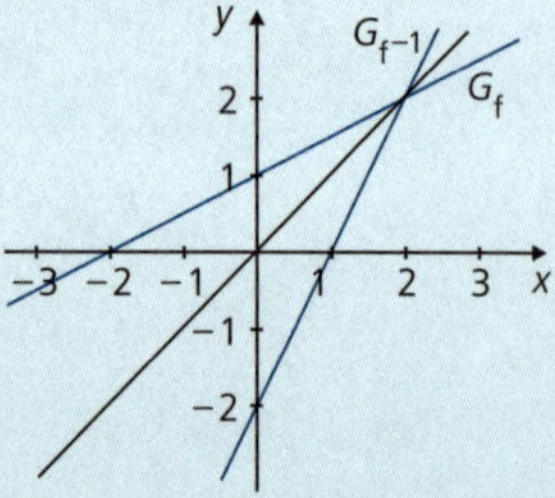

BEACHTE Die Graphen zu f und zu f^{-1} liegen zueinander achsensymmetrisch bezüglich der Geraden mit der Gleichung $y = x$.

BEISPIEL $f\colon x \mapsto x^2 - 6x + 7,\ x \in \mathbb{R};\ W_f = [-2; \infty[$

1. Bereich, in dem f umkehrbar ist:

Die Parabel zu f hat den Scheitel $(3|-2)$ (▶ S. 28).

f ist streng monoton zunehmend in $D_1 = [3; \infty[$ und streng monoton abnehmend in $D_2 =]-\infty; 3]$.

f ist also nur abschnittsweise umkehrbar: Es existieren zwei Teilumkehrungen f_1^{-1} in $D_1 = [3; \infty[$ und f_2^{-1} in $D_2 =]-\infty; 3]$.

2. Gleichung $y = f(x)$ nach x auflösen:

$y = x^2 - 6x + 7 \Leftrightarrow x^2 - 6x + 7 - y = 0$

Die Lösungen dieser quadratischen Gleichung sind:

$x = 3 + \sqrt{2 + y}$ oder $x = 3 - \sqrt{2 + y}$.

Es ergeben sich zwei verschiedene Terme, die jeweils zu einer der beiden Teilumkehrungen gehören.

3. Tausch der Variablen x und y:

$y = 3 + \sqrt{2 + x}$ oder

$y = 3 - \sqrt{2 + x}$

4. Umkehrfunktion:

Zuordnung der beiden Terme zu den Bereichen D_1 und D_2:

Da $y = 3 + \sqrt{2 + x} > 3$, gehört dieser Term zu $D_1 = [3; \infty[$.

Insgesamt erhält man:

$f_1^{-1}\colon x \mapsto 3 + \sqrt{2 + x}$,
$x \in D = W_f = [-2; \infty[$
und $W = D_1 = [3; \infty[$.

$f_2^{-1}\colon x \mapsto 3 - \sqrt{2 + x}$,
$x \in D = W_f = [-2; \infty[$
und $W = D_2 =]-\infty; 3]$.

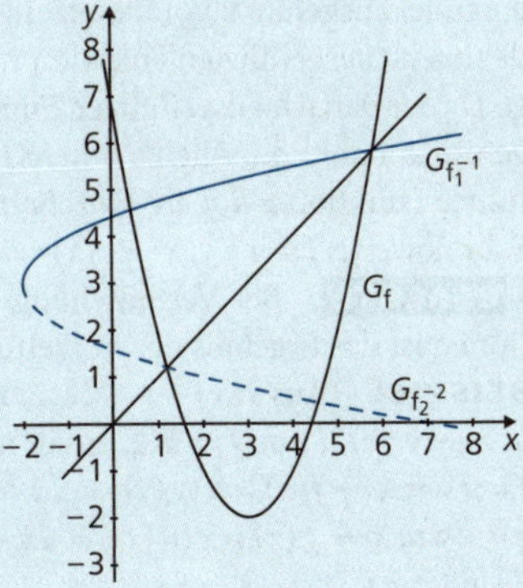

Verknüpfungen von Funktionen

Rationale Operationen

Funktionen f und g mit einer gemeinsamen Definitionsmenge D lassen sich zu neuen Funktionen verknüpfen:
Summe $f+g: x \mapsto f(x)+g(x), x \in D$
Differenz $f-g: x \mapsto f(x)-g(x), x \in D$
Produkt $f \cdot g: x \mapsto f(x) \cdot g(x), x \in D$
Quotient $\frac{f}{g}: x \mapsto \frac{f(x)}{g(x)}, x \in D$ mit $g(x) \neq 0$

BEISPIELE
$f: x \mapsto f(x)=x^2, x \in \mathbb{R}$, und $g: x \mapsto g(x)=x, x \in \mathbb{R}$. Dann ist
- die Summe $f+g: x \mapsto x^2+x, x \in \mathbb{R}$;
- die Differenz $f-g: x \mapsto x^2-x, x \in \mathbb{R}$;
- das Produkt $f \cdot g: x \mapsto x^3, x \in \mathbb{R}$;
- der Quotient $\frac{f}{g}: x \mapsto x, x \in \mathbb{R} \setminus \{0\}$.

Verkettung

Bei einer ***Verkettung*** von Funktionen u und v werden diese nacheinander ausgeführt. Voraussetzung ist, dass die Wertemenge W_v der zuerst ausgeführten Funktion v ganz in der Definitionsmenge D_u der danach ausgeführten Funktion u liegt. Die zuerst ausgeführte Funktion v heißt ***innere Funktion,*** die danach ausgeführte Funktion u ***äußere Funktion.***
Schreibweise: $f=u \circ v: x \mapsto f(x)=u(v(x)), x \in D_v$.

BEACHTE Bei Vertauschung der Reihenfolge der Funktionen ist das Ergebnis der Verkettung i. A. verschieden.

BEISPIEL Aus $v: x \mapsto z=x+2, x \in D_v=[-2; \infty[$ und $u: z \mapsto y=\sqrt{z}, z \in D_u=\mathbb{R}_0^+$, erhält man die Verkettungen
$f=u \circ v: x \mapsto f(x)=u(v(x))=\sqrt{x+2}, x \in D_v$.
$g=v \circ u: x \mapsto g(x)=v(u(x))=\sqrt{x}+2, x \in D_u$.
Es gilt $g \neq f$.

1.2 Lineare Funktionen

Definition und Eigenschaften

> Eine Funktion $f: x \mapsto m \cdot x + t$ ($m, t \in \mathbb{R}$) heißt ***lineare Funktion***. Maximale Definitionsmenge ist $\mathbb{R}$, der Graph ist eine Gerade g mit der Gleichung $y = m \cdot x + t$.

1

Geometrische Bedeutung der Parameter t und m:
t ist der Abschnitt auf der y-Achse (***y-Abschnitt***): Die Gerade schneidet die y-Achse im Punkt $T(0|t)$. Ist $t = 0$, so liegt eine Ursprungsgerade vor.
m ist die ***Steigung*** der Geraden. Es gilt:
$m > 0$: Die Gerade steigt. f ist streng monoton zunehmend.
$m = 0$: Die Gerade liegt parallel zur x-Achse. f ist konstant.
$m < 0$: Die Gerade fällt. f ist streng monoton abnehmend.
Im rechtwinkligen ***Steigungsdreieck*** mit der horizontalen Kathete der Länge 1 hat die vertikale Kathete die Länge $|m|$.
Zusammenhang mit dem ***Neigungswinkel*** α (Winkel zwischen der x-Achse und der Geraden):

$$m = \tan\alpha = \frac{f(x_2) - f(x_1)}{x_2 - x_1}, \ (x_1 \neq x_2)$$ (▶ S. 70).

Ist $m \neq 0$, so ist für $D = \mathbb{R}$ auch die Wertemenge $\mathbb{R}$. Weiter hat eine solche Funktion genau eine Nullstelle: $x_0 = -\frac{t}{m}$.
Ist $m = 0$, so ist die Wertemenge $W = \{t\}$.

BEISPIELE

- $f: x \mapsto 2x$, $m = 2$; $t = 0$
- $g: x \mapsto -x - 2$, $m = -1$; $t = -2$
- $h: x \mapsto -2$, $m = 0$; $t = -2$

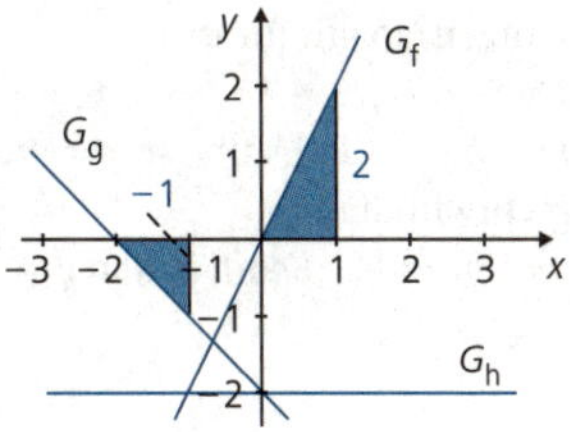

Explizite und implizite Form der Geradengleichung

Die Form $y = mx + t$ heißt ***explizite Form*** der Geradengleichung. An ihr sind die Kenngrößen m und t direkt ablesbar. Die Form $ax + by + c = 0$ mit $a, b, c \in \mathbb{R}$ heißt ***implizite Form*** der Geradengleichung. a und b dürfen nicht gleichzeitig null sein.

BEISPIEL Implizite Form: $3x + 0{,}5y - 2 = 0$.
Auflösen nach y ergibt die explizite Form: $y = -6x + 4$.

Sonderfall: vertikale Geraden

AUGEN AUF! Eine zur x-Achse senkrechte Gerade kann nicht durch eine Funktionsvorschrift beschrieben werden. Sie hat den Neigungswinkel $\alpha = 90°$, eine Steigung ist für sie nicht definiert.

Schneidet eine solche Gerade die x-Achse an der Stelle a, so haben alle ihre Punkte die x-Koordinate a. Die Gerade wird deshalb durch die Gleichung $x = a$ beschrieben. Die Gleichung für die y-Achse ist $x = 0$.

BEISPIEL $x = 1{,}5$

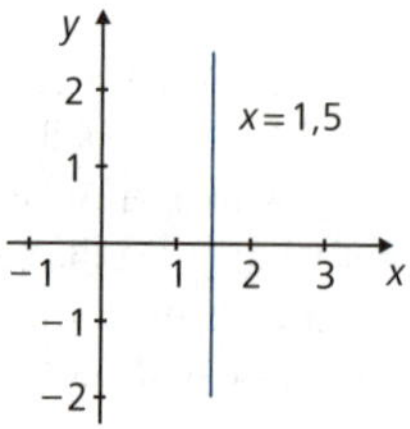

Schnittwinkel zweier Geraden

Schneiden sich die Geraden g_1 und g_2 an einer Stelle x_0, so wird der Schnittwinkel der beiden Geraden definiert als der nichtstumpfe Winkel φ, den die beiden Geraden im Schnittpunkt einschließen. Sind m_1 und m_2 die zugehörigen Geradensteigungen, so gilt für φ:

$m_1 \cdot m_2 = -1$: Dann ist $\varphi = 90°$. Die Geraden schneiden sich rechtwinklig.

$m_1 \cdot m_2 \neq -1$: Dann ist $\tan \varphi = \left| \frac{m_1 - m_2}{1 + m_1 \cdot m_2} \right|$ (▶ S. 79).

Thema: Bestimmung von Geradengleichungen

SATZ

Für die Gleichung einer Geraden $y = mx + t$ lassen sich die Parameter m (Steigung) und t (y-Abschnitt) aus der Angabe von zwei Bestimmungsstücken ermitteln.

1

Gerade durch $P_0(x_0|y_0)$ mit der Steigung m

BEISPIEL Sei $m = 1{,}5$ und $P_0(2|4)$ gegeben.
1. m liegt bereits fest: $m = 1{,}5$.
2. Bestimmung von t: Einsetzen von $m = 1{,}5$ und der Koordinaten des Punktes $P_0(2|4)$ in den allgemeinen Ansatz $y = mx + t$ ergibt: $4 = 1{,}5 \cdot 2 + t$. Daraus: $t = 1$.

Ergebnis: Geradengleichung: g: $y = 1{,}5x + 1$

Allgemeine Formel g: $y = m(x - x_0) + y_0$

Gerade durch die Punkte $P_1(x_1|y_1)$ und $P_2(x_2|y_2)$

BEISPIEL Seien $P_1(1|-2)$ und $P_2(3|1)$ gegeben.
1. Berechnung der Steigung m ($x_1 \neq x_2$):

$$m = \frac{y_2 - y_1}{x_2 - x_1} = \frac{1 - (-2)}{3 - 1} = \frac{3}{2} = 1{,}5. \text{ Damit } g\text{: } y = 1{,}5x + t.$$

2. Durch Einsetzen der Koordinaten eines Punktes (z. B. P_1) kann t ermittelt werden: $-2 = 1{,}5 \cdot 1 + t$. Damit ist $t = -3{,}5$.

Vollständige Geradengleichung: g: $y = 1{,}5x - 3{,}5$

Allgemeine Formel g: $y = \frac{y_2 - y_1}{x_2 - x_1}(x - x_1) + y_1$

Sonderfall: Gerade durch die Punkte $P_1(x_1|y_1)$ und $P_2(x_2|y_2)$ mit $x_1 = x_2 = a$: Es liegt eine zur x-Achse senkrechte Gerade vor.
Geradengleichung: g: $x = a$

1.3 Die Betragsfunktion

> Die Funktion $f: x \mapsto |x|$ mit der Definitionsmenge $\mathbb{R}$ und der Wertemenge $\mathbb{R}_0^+$ heißt ***Betragsfunktion.***

Mit der Definition des Betrags gilt:

$$f(x) = |x| = \begin{cases} x \text{ für } x \geq 0 \\ -x \text{ für } x < 0 \end{cases}$$

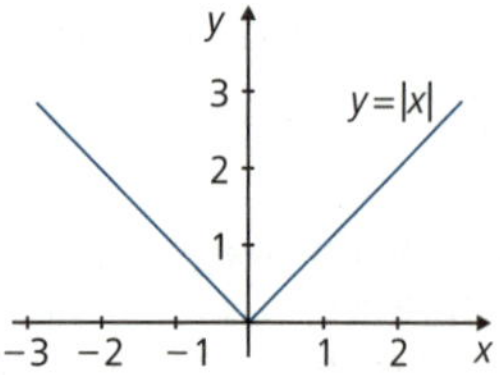

Eigenschaften

Die Betragsfunktion hat die Nullstelle $x = 0$, ihr Graph ist symmetrisch zur y-Achse. Da $f(x) = |x| \geq 0$ für alle $x \in \mathbb{R}$, ist die Betragsfunktion nach unten beschränkt (▶ S. 16). Die größte untere Schranke (das Infimum) ist 0.

Funktionen mit Beträgen

Ein Betrag im Funktionsterm wird durch abschnittsweises Definieren beseitigt. Die Abschnitte ergeben sich aus den Bereichen, in denen der Term zwischen den Betragsstrichen größer oder gleich bzw. kleiner null ist.

BEISPIEL

$f: x \mapsto |x - 1| + 1, x \in \mathbb{R}.$

Es gilt $x - 1 \geq 0 \Leftrightarrow x \geq 1.$

Weiter ist

$$|x - 1| = \begin{cases} x - 1 \text{ für } x \geq 1. \\ -(x - 1) \text{ für } x < 1. \end{cases}$$

Damit ergibt sich

$$f(x) = \begin{cases} x \text{ für } x \geq 1. \\ -x + 2 \text{ für } x < 1. \end{cases}$$

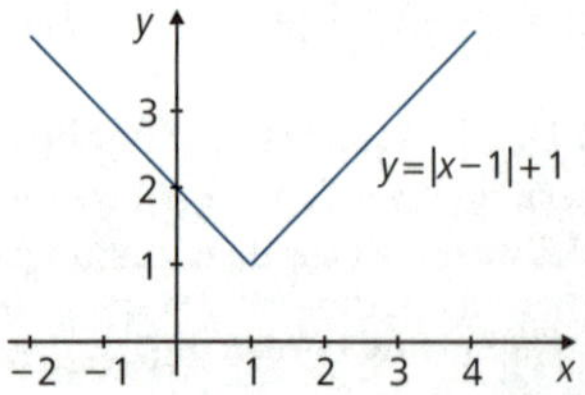

Zum Einfluss des Betrags auf die Form des Graphen: (▶ S. 33).

1.4 Quadratische Funktionen und Wurzelfunktionen

Die quadratischen Funktionen

> Eine Funktion $f\colon x \mapsto ax^2 + bx + c$, mit $a, b, c \in \mathbb{R}$ und $a \neq 0$ heißt ***quadratische Funktion.***
> Ihre maximale Definitionsmenge ist $D_f = \mathbb{R}$ mit der Wertemenge $W_f = [c - \frac{b^2}{4a}; \infty[$ für $a > 0$ bzw. $W_f =]-\infty; c - \frac{b^2}{4a}]$ für $a < 0$.

1

Nullstellen

Eine quadratische Funktion f hat entweder keine, eine oder zwei Nullstellen (▶ S. 12). Die Anzahl der Nullstellen hängt vom Wert der ***Diskriminante*** $D = b^2 - 4ac$ der zugehörigen quadratischen Gleichung $ax^2 + bx + c = 0$ ab.
Für $D < 0$ besitzt f keine Nullstelle.
Für $D = 0$ hat f genau eine Nullstelle: $x_0 = -\frac{b}{2a}$.
Für $D > 0$ gibt es genau zwei Nullstellen:
$x_1 = \frac{-b + \sqrt{b^2 - 4ac}}{2a}$ und $x_2 = \frac{-b - \sqrt{b^2 - 4ac}}{2a}$.
Besitzt f Nullstellen, so lässt sich $f(x)$ ***in Faktoren zerlegen:***
$f(x) = a \cdot (x - x_0)^2$ bei einer (doppelten) Nullstelle x_0,
$f(x) = a \cdot (x - x_1) \cdot (x - x_2)$ bei zwei Nullstellen x_1 und x_2.

BEISPIELE

◆ $f(x) = x^2 + 2$; $D = 0^2 - 4 \cdot 1 \cdot 2 = -8 < 0 \Rightarrow f$ hat keine Nullstelle.
◆ $f(x) = 2x^2 - 4x + 2$; $D = 16 - 4 \cdot 2 \cdot 2 = 0 \Rightarrow f$ hat genau eine Nullstelle: $x_0 = -\frac{-4}{2 \cdot 2} = 1$.

Faktorzerlegung: $f(x) = 2 \cdot (x - 1)^2$.
◆ $f(x) = 3x^2 - 3$; $D = 0 - 4 \cdot 3 \cdot (-3) = 36 > 0 \Rightarrow f$ hat genau zwei Nullstellen: $x_1 = 1$ und $x_2 = -1$.
Faktorzerlegung: $f(x) = 3 \cdot (x - 1) \cdot (x + 1)$.

Graph

Der Graph ist eine Parabel mit $y = ax^2 + bx + c$. Für $a > 0$ ist die Parabel nach oben geöffnet, für $a < 0$ nach unten geöffnet. Je kleiner $|a|$, desto flacher verläuft sie. Der höchste (für $a < 0$) bzw. tiefste (für $a > 0$) Punkt der Parabel heißt ***Scheitel*** $S(s|t)$.

Es gilt: $S\left(-\frac{b}{2a}\middle|c-\frac{b^2}{4a}\right)$.

Der Graph ist symmetrisch zur Geraden $x = s$ durch den Scheitel. Liegt der Scheitel auf der x-Achse, d. h. $t = 0$, dann hat f genau eine doppelte Nullstelle.

Jede quadratische Funktion $f\colon x \mapsto ax^2 + bx + c$ mit $a, b, c \in \mathbb{R}$ und $a \neq 0$ lässt sich auf die ***Scheitelform*** $f\colon x \mapsto a(x - s)^2 + t$ mit $s, t \in \mathbb{R}$ bringen (▶ S. 29).

Der Graph G_f zu $f\colon x \mapsto a(x - s)^2 + t$ entsteht aus der Normalparabel durch Form- und Lageveränderungen (▶ S. 31 f.).

BEISPIELE

- $f_1\colon x \mapsto 0{,}5x^2 + 4x + 8 = 0{,}5(x + 4)^2$

$S(-4|0)$; $W_f = [0; \infty[$; 1 doppelte Nullstelle

- $f_2\colon x \mapsto x^2 + 1{,}5$

$S(0|1{,}5)$; $W_f = [1{,}5; \infty[$; keine Nullstelle

- $f_3\colon x \mapsto -2x^2 + 16x - 29 = -2(x - 4)^2 + 3$

$S(4|3)$; $W_f =]-\infty, 3]$; 2 Nullstellen

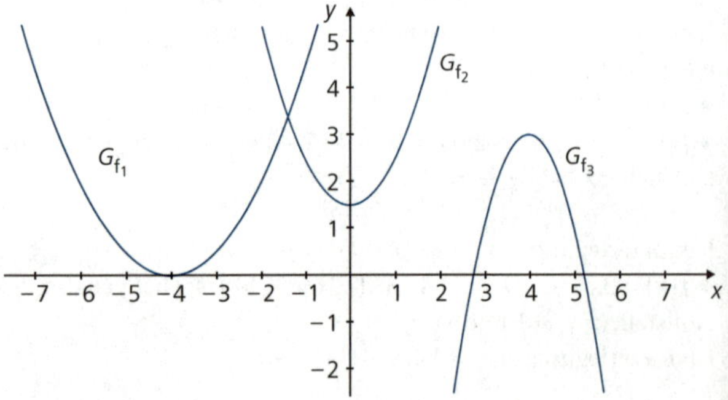

Bestimmung der Koordinaten des Scheitels $S(s|t)$

1. Möglichkeit: Einsetzen der Koeffizienten a, b und c in die allgemeine Form der Scheitelkoordinaten.

BEISPIEL $y = -2x^2 + 16x - 29$ (3. Beispiel ▶ S. 28):

$$s = -\frac{b}{2a} = -\frac{16}{2 \cdot (-2)} = 4,\; t = c - \frac{b^2}{4a} = -29 - \frac{16^2}{4 \cdot (-2)} = 3;$$

Scheitel $S(4|3)$.

2. Möglichkeit: Aus der ***Scheitelform*** $y = a \cdot (x - s)^2 + t$ sind die Scheitelkoordinaten $S(s|t)$ ablesbar. Die Scheitelform erhält man aus der Normalform durch ***quadratische Ergänzung.***

BEISPIEL

$y = -2x^2 + 16x - 29$	Ausklammern von −2
$= -2 \cdot (x^2 - 8x + 14{,}5)$	
$= -2 \cdot \left(x^2 - 8x + \left(\frac{8}{2}\right)^2 - \left(\frac{8}{2}\right)^2 + 14{,}5\right)$	Quadratische Ergänzung
$= -2 \cdot [(x - 4)^2 - 1{,}5]$	Zusammenfassen des Binoms
$= -2 \cdot (x - 4)^2 + 3.$	Ausmultiplizieren
Somit: $S(4|3)$.	

3. Möglichkeit: Bestimmung der 1. Scheitelkoordinate s als Nullstelle der Ableitung f' von f (▶ S. 70). Für die 2. Scheitelkoordinate t gilt: $t = f(s)$.

BEISPIEL $y = x^2 + 1{,}5$; (2. Beispiel ▶ S. 28):

Für die Ableitung gilt: $y' = 2x$; $y' = 0 \Rightarrow s = 0$; $t = f(0) = 1{,}5$.

Scheitel $S(0|1{,}5)$.

Die Wurzelfunktionen

Quadratische Funktionen sind auf $\mathbb{R}$ nicht umkehrbar (▶ S. 18), da sie nicht eineindeutig sind. Durch Einschränkung der Definitionsmenge auf Bereiche mit strenger Monotonie können abschnittsweise Umkehrfunktionen bestimmt werden (▶ S. 21).

Umkehrung der Quadratfunktion

AUGEN AUF! Die Quadratfunktion $f\colon x \mapsto x^2$ ist für die Einschränkungen (▶ S. 12) auf $D_1 = [0; \infty[$ bzw. $D_2 =]-\infty; 0]$ umkehrbar.

$f_1\colon x \mapsto x^2, D_1 = [0; \infty[$: Die Umkehrfunktion ist die ***Wurzelfunktion*** $g_1\colon x \mapsto \sqrt{x}$ mit $D = \mathbb{R}_0^+$ und $W = \mathbb{R}_0^+$.
Die Wurzelfunktion ist streng monoton zunehmend, ihr globales Minimum ist am Rand von D_1 bei $x = 0$.
$f_2\colon x \mapsto x^2, D_2 =]-\infty; 0]$: Die Umkehrfunktion ist hier die Funktion $g_2\colon x \mapsto -\sqrt{x}$ mit $D = \mathbb{R}_0^+$ und $W = \mathbb{R}_0^-$. Sie ist streng monoton abnehmend, ihr globales Maximum ist am Rand von D_2 bei $x = 0$. Ihr Graph entsteht aus dem Graphen der Wurzelfunktion durch Spiegelung an der x-Achse.

Die Graphen von
$f\colon x \mapsto x^2$,
$g_1\colon x \mapsto \sqrt{x}$,
$g_2\colon x \mapsto -\sqrt{x}$

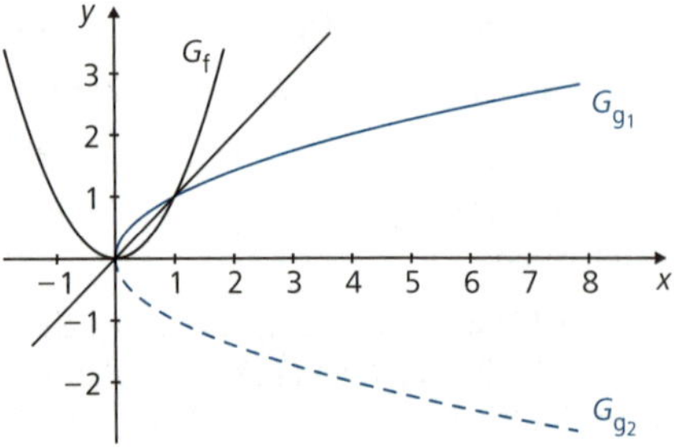

Umkehrungen quadratischer Funktionen

AUGEN AUF! Die allgemeine quadratische Funktion $f\colon x \mapsto ax^2 + bx + c$ mit $a, b, c \in \mathbb{R}$ und $a \neq 0$ ist für die Einschränkungen auf die Bereiche $D_1 = \left[-\frac{b}{2a}; \infty\right[$ bzw. $D_2 = \left]-\infty; -\frac{b}{2a}\right]$ umkehrbar (die Bereiche jeweils „links bzw. rechts vom Scheitel“).
Die Vorschriften für die jeweilige Umkehrung erhält man aus der Funktionsgleichung $y = ax^2 + bx + c$ durch Auflösen nach x und anschließendem Variablentausch (▶ S. 21).

Thema:
Form- und Lageänderungen von Funktionsgraphen

1 Addition einer Konstanten zum Funktionsterm

$g(x) = f(x) + a,\ a \in \mathbb{R}\setminus\{0\}$

Der Graph G_g der Funktion g entsteht durch Verschiebung des Graphen G_f um $|a|$ in positive y-Richtung (also nach oben) für $a > 0$ und in negative y-Richtung (also nach unten) für $a < 0$.

BEISPIELE
- $f(x) = x^2$
- $g_1(x) = x^2 + 1{,}5$
- $g_2(x) = x^2 - 1$

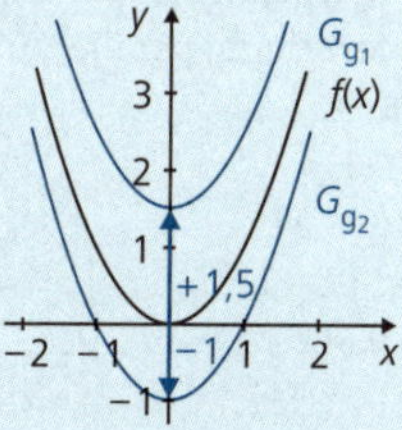

2 Addition einer Konstanten zum Argument der Funktion

$g(x) = f(x + b),\ b \in \mathbb{R}\setminus\{0\}$

Der Graph G_g der Funktion g entsteht durch Verschiebung des Graphen G_f um $|b|$ in negative x-Richtung (also nach links) für $b > 0$ und in positive x-Richtung (also nach rechts) für $b < 0$.

BEISPIELE
- $f(x) = x^2$
- $g_1(x) = (x + 1{,}5)^2$
- $g_2(x) = (x - 1)^2$

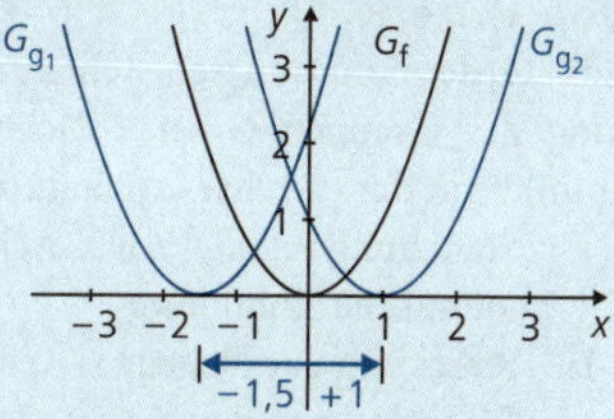

3 Multiplikation des Funktionsterms mit einer Konstanten

$g(x) = c \cdot f(x),\ c \in \mathbb{R}\setminus\{0\}$

Der Graph G_g der Funktion g entsteht durch eine Streckung oder Stauchung des Graphen G_f in y-Richtung. Dabei bleiben die Schnittpunkte mit der x-Achse (Nullstellen, ▶ S. 12) erhalten.

Fallunterscheidung:

$c > 1$:	Streckung parallel zur y-Achse; Streckfaktor c
$0 < c < 1$:	Stauchung parallel zur y-Achse; Streckfaktor c
$-1 < c < 0$:	Spiegelung an der x-Achse und anschließende Stauchung parallel zur y-Achse; Streckfaktor $\|c\|$
$c = -1$:	Spiegelung an der x-Achse: $g(x) = -1 \cdot f(x) = -f(x)$
$c < -1$:	Spiegelung an der x-Achse und anschließende Streckung parallel zur y-Achse; Streckfaktor $\|c\|$

BEISPIELE

- $f(x) = (x-1)^2$
- $g_1(x) = 2(x-1)^2$
- $g_2(x) = 0{,}5(x-1)^2$
- $g_3(x) = -0{,}5(x-1)^2$
- $g_4(x) = -(x-1)^2$

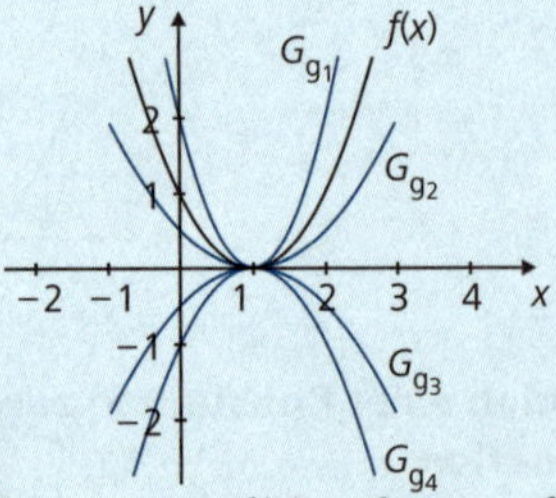

BEACHTE Die Graphen zu $y = c \cdot f(x)$ und $y = -c \cdot f(x)$ sind zueinander symmetrisch bezüglich der x-Achse.

4 Multiplikation des Arguments mit einer Konstanten

$g(x) = f(d \cdot x),\ d \in \mathbb{R}\setminus\{0\}$

Der Graph G_g der Funktion g entsteht durch eine Streckung oder Stauchung des Graphen G_f in x-Richtung. Dabei bleibt der Schnittpunkt mit der y-Achse erhalten. Fallunterscheidung:

$d > 1$:	Stauchung parallel zur x-Achse; Streckfaktor $\frac{1}{d}$
$d = 1$:	identische Abbildung
$0 < d < 1$:	Streckung parallel zur x-Achse; Streckfaktor $\frac{1}{d}$
$-1 < d < 0$:	Spiegelung an der y-Achse und anschließende Streckung parallel zur x-Achse; Streckfaktor $\left\|\frac{1}{d}\right\|$
$d = -1$:	Spiegelung an der y-Achse: $g(x) = f(-1 \cdot x) = f(-x)$
$d < -1$:	Spiegelung an der y-Achse und anschließende Stauchung parallel zur x-Achse; Streckfaktor $\left\|\frac{1}{d}\right\|$

BEISPIELE

- $f(x) = (x - 1)^2$
- $g_1(x) = (-2x - 1)^2$
- $g_2(x) = (0{,}5x - 1)^2$

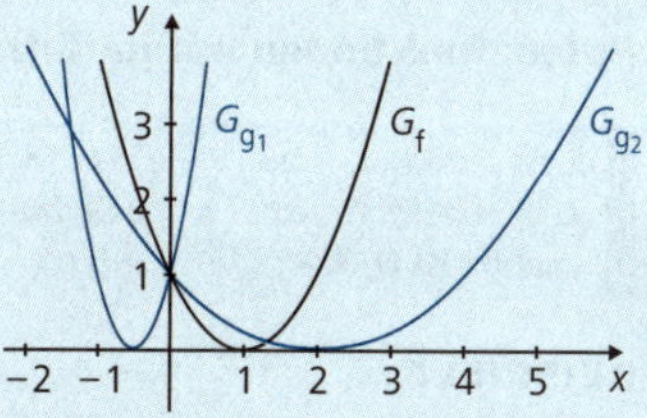

BEACHTE Die Graphen zu $y = f(d \cdot x)$ und $y = f(-d \cdot x)$ sind zueinander symmetrisch bezüglich der y-Achse.

5 Betrag und Funktionsterm

Betrag des Funktionsterms: $g(x) = |f(x)|$

Der Graph G_g der Funktion g entsteht durch eine Spiegelung der unter der x-Achse liegenden Teile von G_f an der x-Achse. Dabei bleiben die Schnittpunkte mit der x-Achse erhalten.

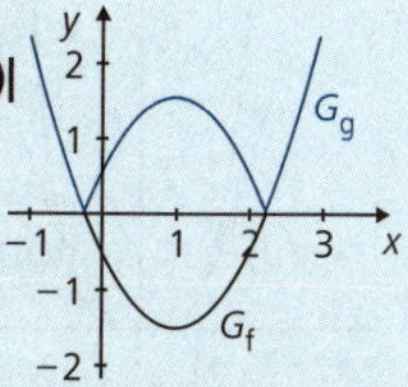

BEISPIEL $f(x) = x^2 - 2x - 0{,}5$; $g(x) = |x^2 - 2x - 0{,}5|$

Betrag des Arguments: $g(x) = f(|x|)$

Den Argumenten x und $-x$ wird nun derselbe Funktionswert zugeordnet, der Graph G_g liegt symmetrisch zur y-Achse.
Entstehung des Graphen G_g aus dem Graphen G_f: Die links von der y-Achse liegenden Teile von G_f werden durch die Spiegelbilder (an der y-Achse) der rechts von der y-Achse liegenden Teile von G_f ersetzt.
Der Schnittpunkt mit der y-Achse bleibt erhalten.

BEISPIEL

$f(x) = x^2 - 2x - 0{,}5$
$g(x) = |x|^2 - 2|x| - 0{,}5$

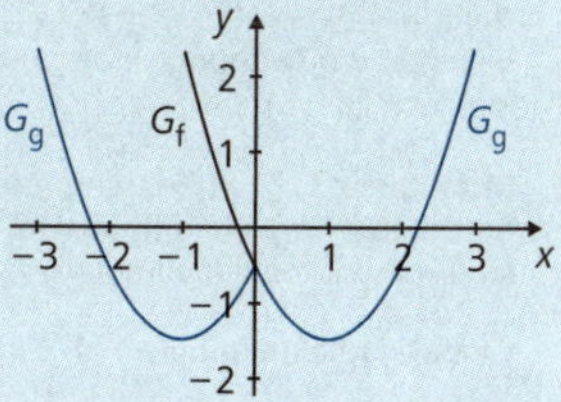

1.5 Potenzfunktionen

Potenzfunktionen mit natürlichen Exponenten

> Eine Funktion $f: x \mapsto x^n$, $n \in \mathbb{N}$, heißt ***Potenzfunktion***. Ihr Graph heißt ***Parabel n-ter Ordnung.*** Die maximale Definitionsmenge ist $D_f = \mathbb{R}$.

BEISPIELE

- $f: x \mapsto x^2, f: x \mapsto x^4$

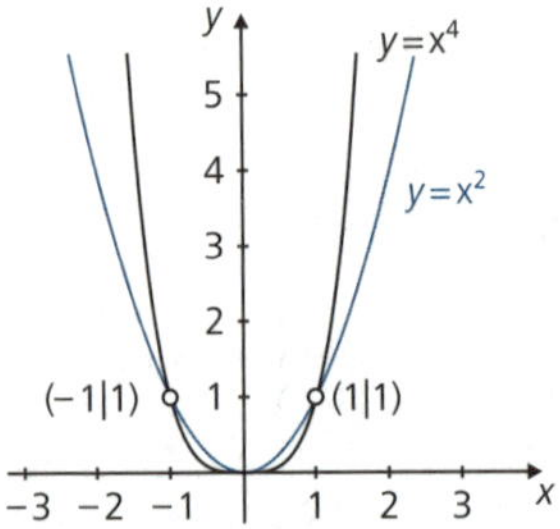

- $f: x \mapsto x^1, f: x \mapsto x^3, f: x \mapsto x^5$

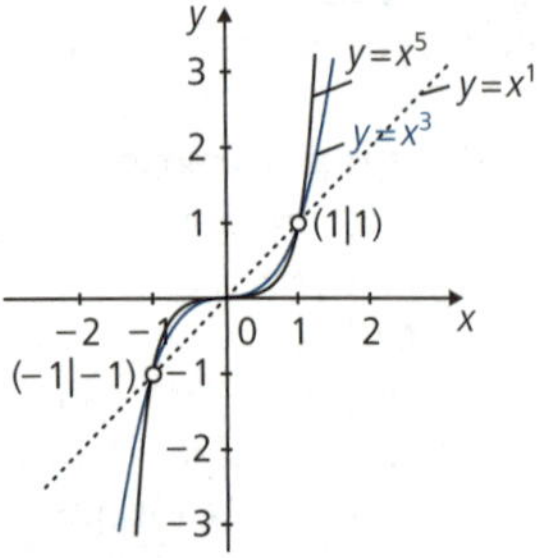

Eigenschaften

Für gerades *n*:	**Für ungerades *n*:**
Wertemenge $W_f = \mathbb{R}_0^+$	Wertemenge $W_f = \mathbb{R}$
$x = 0$ ist Nullstelle gerader Ordnung ohne Vorzeichenwechsel (▸ S. 42).	$x = 0$ ist Nullstelle ungerader Ordnung mit Vorzeichenwechsel (S. 42).
Gerade Funktion (▸ S. 13): Parabeln gerader Ordnung sind symmetrisch zur *y*-Achse.	Ungerade Funktion (▸ S. 13): Parabeln ungerader Ordnung sind punktsymmetrisch zum Ursprung.
Monotonie: In $]-\infty; 0]$ streng monoton abnehmend, in $[0; \infty[$ streng monoton zunehmend.	Monotonie: In $\mathbb{R}$ streng monoton zunehmend.
Globales Minimum bei $x = 0$.	Kein Extremum.

Potenzfunktionen mit ganzzahligen negativen Exponenten

Eine Funktion $f: x \mapsto x^{-n}$, $n \in \mathbb{N}$, heißt ebenfalls ***Potenzfunktion.*** Ihr Graph heißt ***Hyperbel n-ter Ordnung***. Eine Hyperbel besteht jeweils aus zwei Teilen, den Hyperbelästen.
Die maximale Definitionsmenge ist $D_f = \mathbb{R}\backslash\{0\}$.

1

BEISPIELE

- $f: x \mapsto x^{-2}$, $f: x \mapsto x^{-4}$

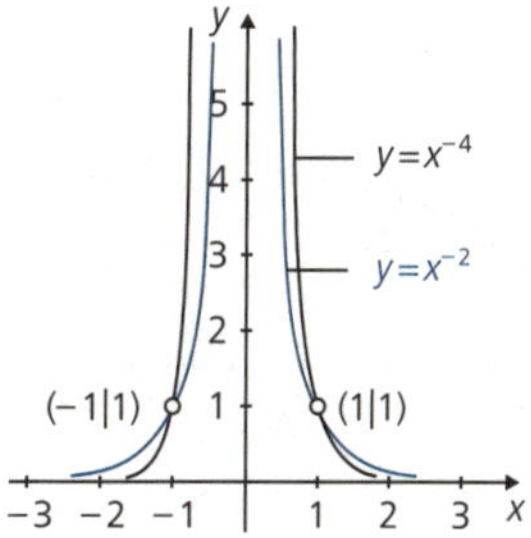

- $f: x \mapsto x^{-3}$, $f: x \mapsto x^{-5}$

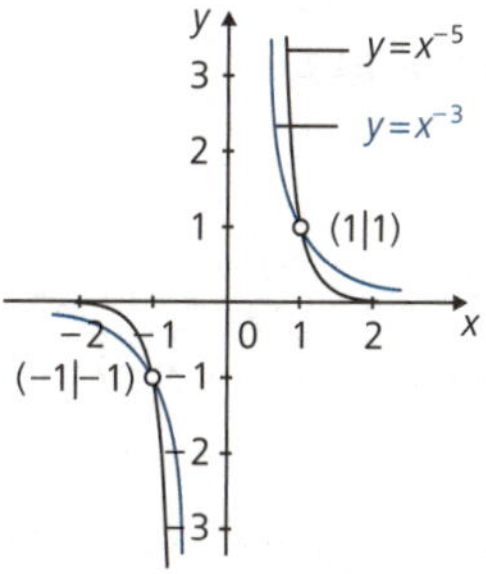

Eigenschaften

Für gerades *n*:	Für ungerades *n*:
Wertemenge $W_f = \mathbb{R}^+$	Wertemenge $W_f = \mathbb{R}\backslash\{0\}$
Keine Nullstelle.	Keine Nullstelle.
Gerade Funktion (▸ S. 13): Eine Hyperbel gerader Ordnung ist symmetrisch zur *y*-Achse.	Ungerade Funktion (▸ S. 13): Eine Hyperbel ungerader Ordnung ist punktsymmetrisch zum Ursprung.
Monotonie: In $]-\infty; 0[$ streng monoton zunehmend, in $]0; \infty[$ streng monoton abnehmend.	Monotonie: In $]-\infty; 0[$ und in $]0; \infty[$ jeweils streng monoton abnehmend.

Für die Hyperbeln ist die *x*-Achse horizontale Asymptote für $x \mapsto \pm\infty$, die *y*-Achse vertikale Asymptote für $x \mapsto 0$ (▸ S. 45).

Allgemeine Wurzelfunktion

Eine Potenzfunktion $f\colon x \mapsto x^{\frac{1}{n}}$ mit $n \in \mathbb{N}$ und $n > 1$ heißt wegen $x^{\frac{1}{n}} = \sqrt[n]{x}$ (allgemeine) ***Wurzelfunktion***. Ihre Definitionsmenge ist $D_f = \mathbb{R}_0^+$, die Wertemenge $W_f = \mathbb{R}_0^+$.

Die Funktion ist in $\mathbb{R}_0^+$ streng monoton zunehmend. An der Nullstelle $x = 0$ befindet sich auch das globale Minimum.
Die Graphen der Wurzelfunktionen sind Parabeläste und gehen alle durch die Punkte (0|0) und (1|1).

BEISPIELE

- $y = x^{\frac{1}{2}}$,
- $y = x^{\frac{1}{3}}$,
- $y = x^{\frac{1}{4}}$,

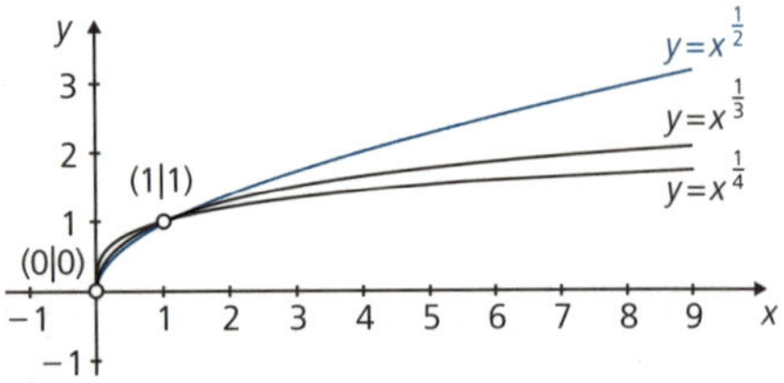

Umkehrbarkeit der Potenzfunktionen $x \mapsto x^n$

AUGEN AUF! Die Potenzfunktionen $f\colon x \mapsto x^n$ mit **geradem Exponenten** $n \in \mathbb{N}$ sind nicht eineindeutig in $D_f = \mathbb{R}$. Sie sind deshalb nur abschnittsweise in den Bereichen strenger Monotonie umkehrbar. Für die Umkehrung gilt:

Bereich	Potenzfunktion f	Umkehrfunktion f^{-1}	$D_{f^{-1}}$
$]-\infty; 0]$	$x \mapsto x^n$	$x \mapsto -x^{\frac{1}{n}} = -\sqrt[n]{x}$	$[0; \infty[$
$[0; \infty[$	$x \mapsto x^n$	$x \mapsto x^{\frac{1}{n}} = \sqrt[n]{x}$	$[0; \infty[$

BEISPIEL

$[0; \infty[$	$f\colon x \mapsto x^4$	$f^{-1}\colon x \mapsto x^{\frac{1}{4}} = \sqrt[4]{x}$	$[0; \infty[$

Graph siehe oben.

Analog gilt bei negativen Exponenten für $f\colon x \mapsto x^{-n}$, $n \in \mathbb{N}$:

Bereich	Potenzfunktion f	Umkehrfunktion f^{-1}	$D_{f^{-1}}$
$]-\infty; 0[$	$x \mapsto x^{-n}$	$x \mapsto -x^{-\frac{1}{n}} = -\frac{1}{\sqrt[n]{x}}$	$]0; \infty[$
$]0; \infty[$	$x \mapsto x^{-n}$	$x \mapsto x^{-\frac{1}{n}} = \frac{1}{\sqrt[n]{x}}$	$]0; \infty[$

BEISPIEL

$]0; \infty[$ | $f\colon x \mapsto x^{-4}$ | $f^{-1}\colon x \mapsto x^{-\frac{1}{4}} = \frac{1}{\sqrt[4]{x}}$ | $]0; \infty[$

Graph ▶ S. 39 (untere Abbildung).

Die Potenzfunktionen $f\colon x \mapsto x^n$ mit **ungeradem Exponenten** n sind eineindeutig auf $D_f = \mathbb{R}$. Sie sind deshalb in ganz $\mathbb{R}$ umkehrbar. Es gilt

für positive Exponenten:

$$f^{-1}\colon x \mapsto \begin{cases} x^{\frac{1}{n}} = \sqrt[n]{x}, & x \geq 0 \\ -|x|^{\frac{1}{n}} = -\sqrt[n]{|x|}, & x < 0 \end{cases}$$

für negative Exponenten:

$$f^{-1}\colon x \mapsto \begin{cases} x^{-\frac{1}{n}} = \frac{1}{\sqrt[n]{x}}, & x > 0 \\ -|x|^{-\frac{1}{n}} = -\frac{1}{\sqrt[n]{|x|}}, & x < 0 \end{cases}$$

BEISPIEL

$f\colon x \mapsto x^3$,

$$f^{-1}\colon x \mapsto \begin{cases} \sqrt[3]{x}, & x \geq 0 \\ -\sqrt[3]{|x|}, & x < 0 \end{cases}$$

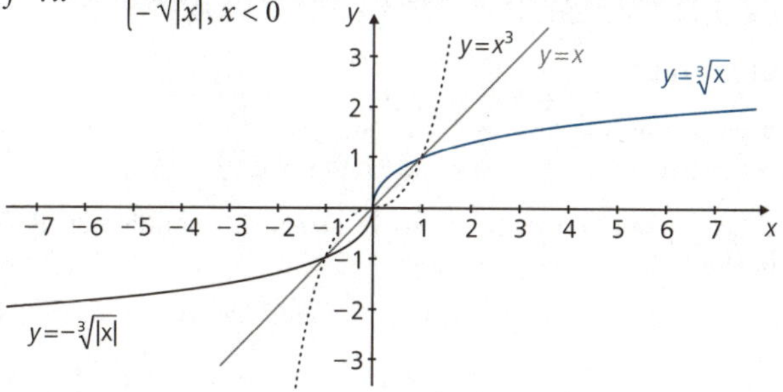

Thema:
Potenzfunktionen mit rationalen Exponenten

$f\colon x \mapsto x^{\frac{m}{n}}$, $\frac{m}{n}$ ist ein gekürzter Bruch ($m \in \mathbb{Z}$, $n \in \mathbb{N}$).

Eigenschaften	für $\frac{m}{n} > 0$	für $\frac{m}{n} < 0$
Maximale Definitionsmenge	$D_f = \mathbb{R}_0^+$	$D_f = \mathbb{R}^+$
Wertemenge	$W_f = \mathbb{R}_0^+$	$W_f = \mathbb{R}^+$
Graph	Parabel $\frac{m}{n}$-ter Ordnung	Hyperbel $\frac{m}{n}$-ter Ordnung
Nullstelle	$x = 0$	keine
Extremstelle	$x = 0$ (globales Minimum)	keine
Monotonie	In $\mathbb{R}_0^+$ streng monoton zunehmend	In $\mathbb{R}^+$ streng monoton abnehmend
Gemeinsame Punkte	$(0\|0)$, $(1\|1)$	$(1\|1)$
Asymptote	keine	x- und y-Achse

Die Funktionen $f\colon x \mapsto x^{\frac{m}{n}}$ und $g\colon x \mapsto x^{\frac{n}{m}}$ sind zueinander Umkehrfunktionen. Ihre Graphen liegen daher zueinander symmetrisch bezüglich der Geraden $y = x$ (Winkelhalbierende des I. und III. Quadranten).

BEISPIELE

- $y = x^{\frac{5}{2}}$ und $y = x^{\frac{2}{5}}$
- $y = x^{6}$ und $y = x^{\frac{1}{6}}$
- $y = x^{-\frac{2}{3}}$ und $y = x^{-\frac{3}{2}}$
- $y = x^{-4}$ und $y = x^{-\frac{1}{4}}$

Die Graphen verlaufen jeweils in den nicht schraffierten Bereichen.

Graphen bei positiven Exponenten:

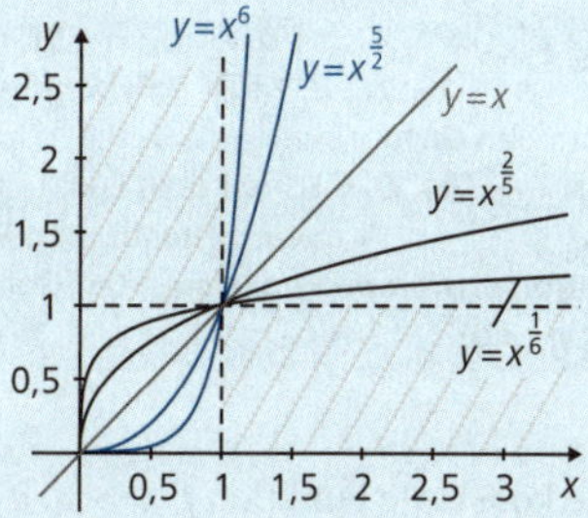

Graphen bei negativen Exponenten:

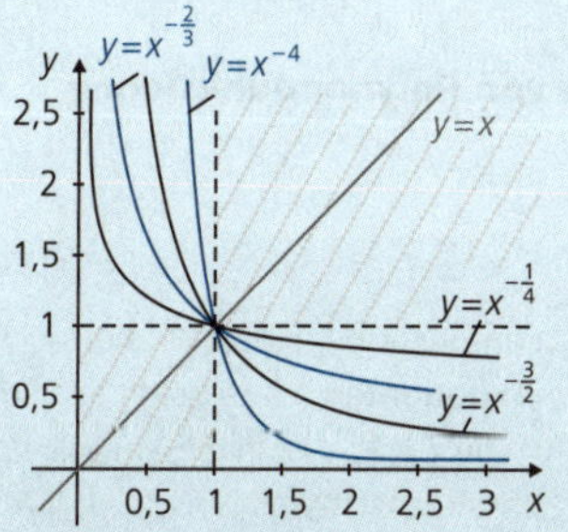

Weitergehend lassen sich Potenzfunktionen $f\colon x \mapsto x^r$, $r \in \mathbb{R}$, definieren. Deren Funktionswerte ergeben sich z. B. durch Intervallschachtelung mit Hilfe von Potenzen mit rationalen Exponenten. Es gilt: $D_f = \mathbb{R}^+$ und $W_f = \mathbb{R}^+$.

Aufgrund der Monotonieregel $\frac{m_1}{n_1} < r < \frac{m_2}{n_2} \Rightarrow x^{\frac{m_1}{n_1}} < x^r < x^{\frac{m_2}{n_2}}$ liegt der Graph der Potenzfunktion $f\colon x \mapsto x^r$ im I. Quadranten zwischen den Graphen mit $y = x^{\frac{m_1}{n_1}}$ und $y = x^{\frac{m_2}{n_2}}$.

Der I. Quadrant wird mit Ausnahme der Geraden $x = 1$ durch die Graphenschar der Potenzfunktionen $f\colon x \mapsto x^r$, $r \in \mathbb{R}$, vollständig überdeckt.

1.6 Polynomfunktionen

Ein Term $a_n x^n + a_{n-1} x^{n-1} + \ldots + a_1 x + a_0$, $n \in \mathbb{N}$, mit reellen Koeffizienten $a_n, a_{n-1}, \ldots, a_1, a_0$ heißt ***Polynom***. Ist $a_n \neq 0$, so hat das Polynom den ***Grad*** *n*.
Eine Funktion $f: x \mapsto f(x)$, $D_f = \mathbb{R}$, mit dem Funktionsterm $f(x) = a_n x^n + a_{n-1} x^{n-1} + \ldots + a_1 x + a_0$ nennt man ***Polynomfunktion*** oder ***ganzrationale Funktion*** *n*-ten Grades.
(Grad $f = n$ mit $a_n \neq 0$).

BEISPIELE

- Grad $f = 0$: Die konstante Funktion $f: x \mapsto a$, $a \in \mathbb{R}$.
- Grad $f = 1$: Lineare Funktion: $f: x \mapsto 3x + 4$.
- Grad $f = 5$: $f: x \mapsto -2x^5 + 4x^2 + 5x$.

Eigenschaften von Polynomfunktionen

Symmetrie

SATZ

Besitzt eine Polynomfunktion f mit $D_f = \mathbb{R}$ nur

- **geradzahlige Exponenten** (hierzu zählt auch die 0), dann gilt $f(-x) = f(x)$ für alle $x \in \mathbb{R}$. f ist in diesem Fall eine gerade Funktion, ihr Graph ist achsensymmetrisch zur *y*-Achse.
- **ungeradzahlige Exponenten** und kein konstantes Glied a_0, dann gilt $f(-x) = -f(x)$ für alle $x \in \mathbb{R}$. f ist in diesem Fall eine ungerade Funktion, ihr Graph ist punktsymmetrisch zum Ursprung.

BEISPIELE

- Gerade Funktion: $f: x \mapsto 2x^6 - x^2 + 1$.
- Ungerade Funktion: $f: x \mapsto -1{,}5x^7 + 4x^5 - 2x^3$.

Beschränktheit, Verhalten für $x \to \pm\infty$

SATZ

Ist eine Polynomfunktion f **gerade,** dann ist sie entweder nach oben oder unten beschränkt (▸ S. 16). Ist die Polynomfunktion f **ungerade,** dann ist sie nach oben und unten unbeschränkt.

1

Das Verhalten von f für $x \to \pm\infty$ wird allein durch das Glied $a_n x^n$ mit dem höchsten Exponenten von x bestimmt.

BEACHTE Es ist $\lim\limits_{x \to \pm\infty} f(x) =$ „Vorzeichen von a_n" $\cdot \lim\limits_{x \to \pm\infty} x^n$.

BEISPIELE

◆ Die gerade Funktion:
$f\colon x \mapsto 2x^6 - x^2 + 1$ ist nach unten beschränkt, z. B. ist Null eine untere Schranke.
Es gilt:
$\lim\limits_{x \to \infty} f(x) = \lim\limits_{x \to -\infty} f(x) = +\infty$.

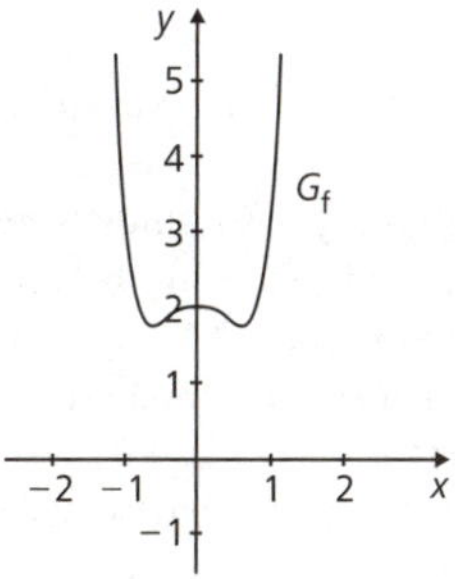

◆ Die ungerade Funktion:
$g\colon x \mapsto -1{,}5x^7 + 4x^5 - 2x^3$
ist unbeschränkt. Es gilt:
$\lim\limits_{x \to -\infty} g(x) = +\infty$ und

$\lim\limits_{x \to +\infty} g(x) = -\infty$.

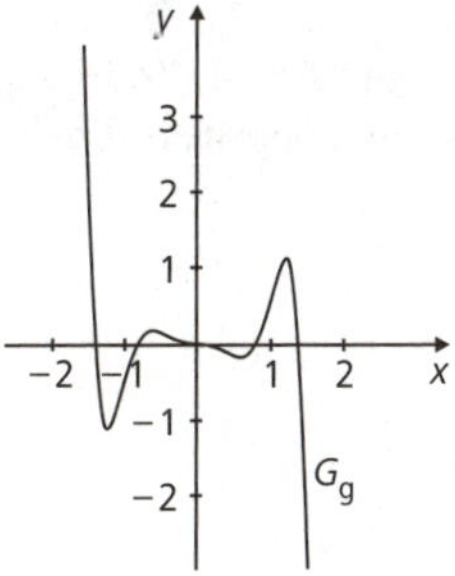

Nullstellen

SATZ

Eine Polynomfunktion f mit dem Grad $f = n > 0$ hat höchstens n verschiedene Nullstellen.
Die Polynomfunktion $f\colon x \mapsto f(x) = a_n x^n + \ldots + a_1 x + a_0$ mit $x \in \mathbb{R}$ hat bei x_0 genau dann eine Nullstelle, wenn das Polynom $f(x)$ durch $(x - x_0)$ teilbar ist.
Das heißt, es gibt eine Zerlegung des Polynoms in
$f(x) = (x - x_0) \cdot (b_{n-1} x^{n-1} + \ldots + b_1 x + b_0)$ mit $b_{n-1} \neq 0$.

Lässt sich der Faktor $(x - x_0)$ k-mal ($k \in \mathbb{N}$) ausklammern, so heißt x_0 eine k-fache Nullstelle von f oder Nullstelle k-ter Ordnung.

BEACHTE Anwendung zur Nullstellenbestimmung:
Ist eine Nullstelle von f bekannt, so kann der Term $f(x)$ durch ***Polynomdivision*** (▶ S. 43) im Grad reduziert werden. Dadurch lassen sich eventuell weitere Nullstellen leichter ermitteln.

BEISPIEL Für $f\colon x \mapsto x^3 + x^2 - 5x + 3$, $x \in \mathbb{R}$, ist die Nullstelle $x_0 = 1$ bekannt. Polynomdivision ergibt:
$(x^3 + x^2 - 5x + 3) : (x - 1) = x^2 + 2x - 3$
$x^2 + 2x - 3 = (x - 1) \cdot (x + 3)$
Damit ergibt sich als Zerlegung von $f(x) = (x - 1)^2 \cdot (x + 3)$.
$x = 1$ ist also doppelte Nullstelle, $x = -3$ einfache Nullstelle von f.

Thema: Polynomdivision

Bei der Polynomdivision geht man ähnlich vor wie beim schriftlichen Dividieren von Zahlen. Nach und nach werden Vielfache des Divisors vom Dividenden subtrahiert. Die Summanden des Quotienten erhält man schrittweise durch Division des jeweils noch vorhandenen „vordersten" Gliedes des Dividenden durch das erste Glied des Divisors.

BEISPIEL

$(6x^4 + 19x^3 + x^2 - 6x) : (3x^2 + 2x) = 2x^2 + 5x - 3$

	$6x^4 : 3x^2 = 2x^2$ und damit:
$\underline{-(6x^4 + 4x^3)}$	$(3x^2 + 2x) \cdot 2x^2 = \underline{6x^4 + 4x^3}$
$15x^3 + x^2$	$15x^3 : 3x^2 = 5x$ und damit:
$\underline{-(15x^3 + 10x^2)}$	$(3x^2 + 2x) \cdot 5x = \underline{15x^3 + 10x^2}$
$-9x^2 - 6x$	$-9x^2 : 3x^2 = -3$ und damit:
$\underline{-(-9x^2 - 6x)}$	$(3x^2 + 2x) \cdot (-3) = \underline{-9x^2 - 6x}$
0	

Bleibt bei der Division ein „Restpolynom" $r(x)$, so steht im Ergebnis noch der Bruch $\dfrac{\text{Restpolynom}}{\text{Divisorpolynom}}$.

BEISPIEL

$(3x^5 - 4x^4 + 3x^3 - x^2 + x - 1) : (x^2 + 1) = 3x^3 - 4x^2 + 3 + \dfrac{x-4}{x^2+1}$

	$3x^5 : x^2 = 3x^3$ und damit:
$\underline{-(3x^5 \quad + 3x^3)}$	$(x^2 + 1) \cdot 3x^3 = \underline{3x^5 + 3x^3}$
$-4x^4 \quad - x^2$	$-4x^4 : x^2 = -4x^2$ und damit:
$\underline{-(-4x^4 \quad - 4x^2)}$	$(x^2 + 1) \cdot (-4x^2) = \underline{-4x^4 - 4x^2}$
$3x^2 + x - 1$	$3x^2 : x^2 = 3$ und damit:
$\underline{-(3x^2 \quad + 3)}$	$(x^2 + 1) \cdot 3 = \underline{3x^2 + 3}$
$x - 4$	

BEACHTE In beiden Polynomen (Dividend und Divisor) müssen die Summanden vor der Division nach ihrem Grad, also nach den Exponenten von x, in absteigender Reihenfolge geordnet sein.

1.7 Rationale Funktionen

Sind $u(x)$ und $v(x)$ Polynome, dann heißt die Funktion

$f\colon x \mapsto \frac{u(x)}{v(x)}$ ***rationale Funktion.***
(Dabei darf $v(x)$ nicht konstant null sein.)

Ihre maximale Definitionsmenge ist $\mathbb{R}$ mit Ausnahme der Nullstellen des Nennerpolynoms $v(x)$: $D_f = \mathbb{R}\backslash\{x|v(x) = 0\}$.

BEISPIELE

- $f\colon x \mapsto \frac{x-1}{x+1}$; $D_f = \mathbb{R}\backslash\{-1\}$
- $f\colon x \mapsto \frac{x-3}{(x-2)(x-1)}$; $D_f = \mathbb{R}\backslash\{1;2\}$
- $f\colon x \mapsto \frac{4x^2+6x-3}{2} = 2x^2 + 3x - 1{,}5$; $D_f = \mathbb{R}$

Ist $v(x)$ eine Konstante, so ist f eine Polynomfunktion. Polynomfunktionen gehören also zu den rationalen Funktionen, daher auch die Bezeichnung ***ganzrationale Funktion.*** Ist eine rationale Funktion nicht ganzrational, heißt sie ***gebrochen-rational.***

Eigenschaften rationaler Funktionen

Nullstellen

$f\colon x \mapsto \frac{u(x)}{v(x)}$ hat an der Stelle $x_0 \in D$ genau dann eine Nullstelle, wenn $u(x_0) = 0$ und $v(x_0) \neq 0$.

Definitionslücken

An den Nullstellen des Nennerpolynoms $v(x)$ ist eine gebrochen-rationale Funktion nicht definiert. An einer solchen Definitionslücke x_0 besitzt f entweder eine ***Polstelle*** (oder ***Unendlichkeitsstelle***) (▶ S. 46, 61) oder eine ***stetig hebbare Definitionslücke*** (▶ S. 46, 66), wenn $\lim\limits_{x \to x_0} f(x) = c$, $c \in \mathbb{R}$.

Ist x_0 sowohl eine Nullstelle des Nenners $v(x)$ als auch eine Nullstelle des Zählers $u(x)$, so kann der Funktionsterm $f(x)$ durch Kürzen des Faktors $(x - x_0)$ vereinfacht werden. Nach wie vor ist aber $x_0 \notin D_f$.

Polstellen

x_0 ist genau dann eine ***Polstelle*** von f, wenn nach dem vollständigen Kürzen gilt: x_0 ist Nullstelle des Nenners, aber keine Nullstelle des Zählers. Ist x_0 k-fache ($k \in \mathbb{N}$) Nullstelle des gekürzten Nenners, so heißt x_0 k-fache Polstelle.

AUGEN AUF! Die Funktion f wechselt an Polstellen ungerader Vielfachheit (k ist ungerade) ihr Vorzeichen, d. h. insbesondere: An Polstellen ungerader Vielfachheit haben die einseitigen Grenzwerte für $x \to x_0$ verschiedene Vorzeichen, an Polstellen gerader Vielfachheit gleiche Vorzeichen.

Asymptoten

Vertikale Asymptote: An einer Polstelle x_0 hat der Graph G_f von f die vertikale Asymptote $x = x_0$ (▸ S. 61).

Für $x \to \pm\infty$ werden Asymptoten folgendermaßen bestimmt:

Horizontale Asymptote: Gilt $\lim\limits_{x \to \pm\infty} f(x) = c$, so hat G_f die horizontale Asymptote $y = c$ (▸ S. 62).

BEACHTE Erkennungsmerkmal: Ist der Grad des Zählerpolynoms kleiner oder gleich dem Grad des Nennerpolynoms, so existiert eine horizontale Asymptote.

Schräge Asymptote: Divergiert f für $x \to \pm\infty$, so kann $f(x)$ evtl. durch Polynomdivision (▸ S. 43) in einen ganzrationalen Teil $g(x)$ und einen gebrochenrationalen Restteil $r(x)$ zerlegt werden: $f(x) = g(x) + r(x)$.

Für die Funktion $g: x \mapsto g(x)$ gilt dann: $\lim\limits_{x \to \pm\infty} [f(x) - g(x)] = 0$. Ist g eine lineare Funktion, dann heißt die Gerade $y = g(x)$ (schräge) Asymptote von G_f.

BEACHTE Erkennungsmerkmal: Der Grad des Zählerpolynoms von f ist genau um 1 größer als der Grad des Nennerpolynoms.

1

Thema:
Untersuchung einer gebrochenrationalen Funktion

Betrachtet wird die Funktion $f\colon x \mapsto \frac{x^3 - x^2 - x + 1}{4x^2 + 16x + 12} = \frac{u(x)}{v(x)}$.

Bestimmung der Nullstellen von Nenner und Zähler

Nenner: $v(x) = 4x^2 + 16x + 12 = 0 \Leftrightarrow x = -3$ oder $x = -1$

Damit erhält man: $D_f = \mathbb{R} \setminus \{-3; -1\}$.

Zähler: $u(x) = x^3 - x^2 - x + 1 = 0 \Leftrightarrow u(x) = (x-1)^2 \cdot (x+1) \Leftrightarrow$ $x = -1$ oder $x = 1$ (doppelte Nullstelle von u),

$x = 1$ ist (doppelte) Nullstelle von f, da $u(1) = 0$ und $v(1) \neq 0$.

$x = -1 \notin D_f$, also keine Nullstelle von f.

Vereinfachen von $f(x)$

Da $x = -1$ gemeinsame Nullstelle des Zählers und des Nenners ist, kann der Term $(x + 1)$ gekürzt werden. Für $x \in \mathbb{R} \setminus \{-3; -1\}$ ist

$$f(x) = \frac{x^3 - x^2 - x + 1}{4x^2 + 16x + 12} = \frac{(x-1)^2\,(x+1)}{4(x+3)(x+1)} = \frac{(x-1)^2}{4(x+3)}.$$

Verhalten an den Definitionslücken

Lücke $x = -3$: (Einfache) Polstelle, da $x = -3$ (einfache) Nullstelle des Nenners, jedoch keine Nullstelle des Zählers $(x-1)^2$ ist.

Verhalten an der Polstelle:

$$\lim_{\substack{x \to -3 \\ x < -3}} f(x) = -\infty \text{ und } \lim_{\substack{x \to -3 \\ x > -3}} f(x) = +\infty$$

Lücke $x = -1$: Stetig hebbare Definitionslücke, da

$$\lim_{\substack{x \to -1 \\ x < -1}} f(x) = \lim_{\substack{x \to -1 \\ x > -1}} f(x) = +0{,}5.$$

Bei $x = -1$ hat der Graph G_f eine Lücke.

Bestimmung der Asymptoten

Vertikale Asymptote $x = -3$ (Polstelle)

Die schräge Asymptote erhält man durch Polynomdivision:

$(x-1)^2 : [4(x+3)] = (x^2 - 2x + 1) : (4x + 12) = \frac{1}{4}x - \frac{5}{4} + \frac{16}{4x + 12}$.

Es gilt also für f: $f(x) = \frac{1}{4}x - \frac{5}{4} + \frac{16}{4x+12} = g(x) + r(x)$ mit

$g(x) = \frac{1}{4}x - \frac{5}{4}$ und $r(x) = \frac{16}{4x+12}$.

Wegen $\lim\limits_{x \to \pm\infty} [f(x) - g(x)] = \lim\limits_{x \to \pm\infty} [r(x)] = \lim\limits_{x \to \pm\infty} \frac{16}{4x+12} = 0$

ist die Gerade g: $y = \frac{1}{4}x - \frac{5}{4}$ schräge Asymptote von G_f.

Berechnung weiterer Funktionswerte

Wertetabelle:

x	−10	−7	−4	−3,5	−2,5	−0,5	4	6
$f(x)$	−4,3	−4	−6,25	−10,1	6,1	0,2	0,3	0,7

Zeichnung des Graphen unter Verwendung der bisherigen Ergebnisse

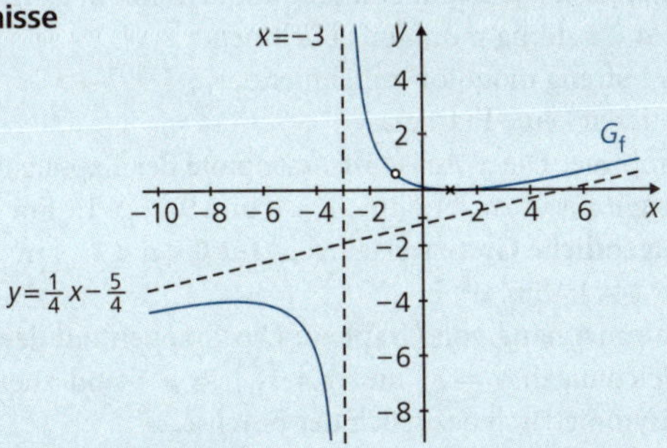

Genauere Untersuchungen können in einer Kurvendiskussion (▶ S. 84) erfolgen.

1.8 Exponential- und Logarithmusfunktionen

Exponentialfunktionen

Eine Funktion $f: x \mapsto a^x$ mit $a \in \mathbb{R}^+ \setminus \{1\}$ heißt ***Exponentialfunktion***. Die maximale Definitionsmenge ist $D_f = \mathbb{R}$, die Wertemenge ist dann $W_f = \mathbb{R}^+$.

BEISPIELE

◆ $y = 2^x$, $y = 8^x$

◆ $y = \left(\frac{1}{2}\right)^x$, $y = \left(\frac{1}{8}\right)^x$

◆ Natürliche Exponentialfunktion oder e-Funktion $f: x \mapsto e^x$ mit $e = 2{,}7182818\ldots$ (Eulersche Zahl).

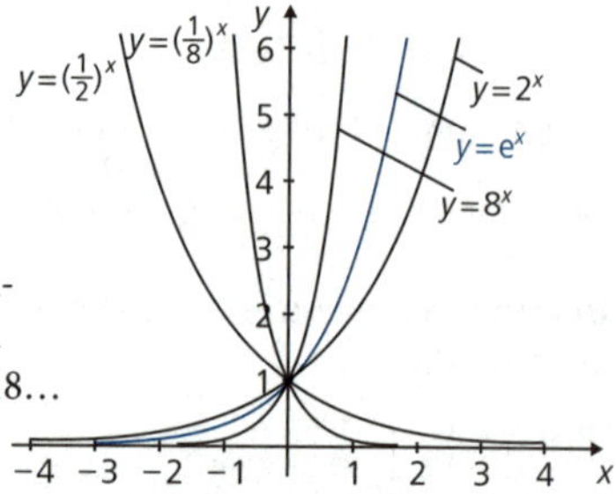

Eigenschaften

◆ **Nullstellen:** Exponentialfunktionen haben keine Nullstelle.

◆ **Gemeinsamer Punkt** aller Exponentialkurven ist $(0|1)$.

◆ **Monotonie:** Die Exponentialfunktionen sind in ganz $\mathbb{R}$ für $0 < a < 1$ streng monoton abnehmend, für $a > 1$ streng monoton zunehmend. Es existieren keine Extrema.

◆ **Asymptote:** Die x-Achse ist Asymptote der Exponentialkurven. Es gilt für $0 < a < 1$: $\lim\limits_{x \to \infty} a^x = 0$ und für $a > 1$: $\lim\limits_{x \to -\infty} a^x = 0$.

◆ **Uneigentliche Grenzwerte:** Es ist für $0 < a < 1$: $\lim\limits_{x \to -\infty} a^x = \infty$ und für $a > 1$: $\lim\limits_{x \to \infty} a^x = \infty$.

◆ **Zusammenhang von Graphen:** Die Graphen mit den Funktionsgleichungen $y = a^x$ und $y = \left(\frac{1}{a}\right)^x = a^{-x}$ sind zueinander achsensymmetrisch bezüglich der y-Achse.

◆ **Zusammenhang mit der e-Funktion:**
Wegen $a^x = (e^{\ln a})^x = e^{x \cdot \ln a}$ lässt sich jede Exponentialfunktion $x \mapsto a^x$ auf die e-Funktion zurückführen.

◆ **Anwendung der Exponentialfunktionen:** Wachstumsprozesse (z. B. bei Bakterienkulturen) oder Abklingprozesse (z. B. beim radioaktiven Zerfall), bei denen die prozentuale Änderung in gleichen Zeiträumen (zumindest annähernd) konstant ist, können durch Exponentialfunktionen beschrieben werden. Damit sind Exponentialfunktionen – besonders die e-Funktion – sehr bedeutsam bei der mathematischen Modellierung von in der Natur ablaufenden Prozessen.

1

Logarithmusfunktionen

Eine Funktion $f: x \mapsto \log_a x$ mit $a \in \mathbb{R}^+ \setminus \{1\}$ heißt ***Logarithmusfunktion***. Die maximale Definitionsmenge ist $D_f = \mathbb{R}^+$, die Wertemenge ist dann $W_f = \mathbb{R}$.

BEISPIELE

◆ $y = \log_2 x$

◆ $y = \log_{10} x$

◆ $y = \log_{\frac{1}{2}} x$

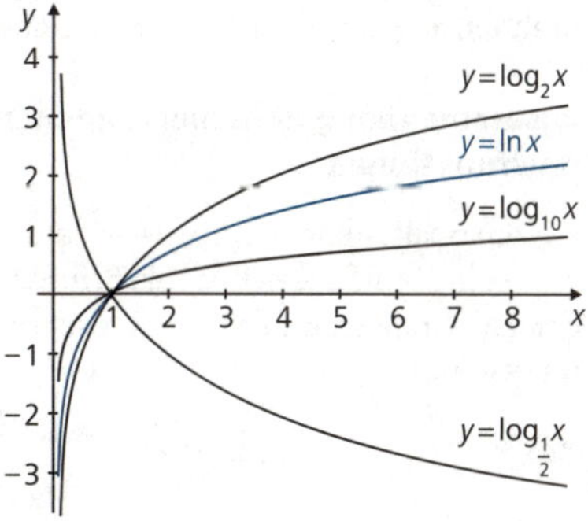

◆ Natürliche Logarithmusfunktion
$f: x \mapsto \log_e x = \ln x$ mit
der Basis e = 2,7182818…
(Eulersche Zahl).

Eigenschaften von Logarithmusfunktionen

- **Nullstelle:** $x_0 = 1$ für alle Logarithmusfunktionen
- **Gemeinsamer Punkt** aller Logarithmuskurven ist $(1|0)$.
- **Monotonie:** Die Logarithmusfunktionen sind in ganz $\mathbb{R}^+$ für $0 < a < 1$ streng monoton abnehmend, für $a > 1$ streng monoton zunehmend. Es existieren keine Extrema.
- **Asymptote:** Die y-Achse ist vertikale Asymptote der Logarithmuskurven. Es gilt für $0 < a < 1$: $\lim\limits_{\substack{x \to 0 \\ x > 0}} \log_a x = +\infty$ und für $a > 1$: $\lim\limits_{\substack{x \to 0 \\ x > 0}} \log_a x = -\infty$.
- **Uneigentliche Grenzwerte:** Es ist für $0 < a < 1$: $\lim\limits_{x \to \infty} \log_a x = -\infty$ und für $a > 1$: $\lim\limits_{x \to \infty} \log_a x = \infty$.
- **Zusammenhang von Graphen:** Die Graphen mit den Funktionsgleichungen $y = \log_a x$ und $y = \log_{\frac{1}{a}} x$ sind zueinander symmetrisch bezüglich der x-Achse.
- **Zusammenhang mit der ln-Funktion:** Da $\log_a x = \frac{1}{\ln a} \cdot \ln x$

(Umrechnung bei Basiswechsel) lässt sich jede Logarithmusfunktion $x \mapsto \log_a x$ auf die ln-Funktion zurückführen.

Zusammenhang zwischen Exponential- und Logarithmusfunktionen

Exponentialfunktionen $f\colon x \mapsto a^x$ und Logarithmusfunktionen $g\colon x \mapsto \log_a x$ sind jeweils Umkehrfunktionen (▶ S. 18) zueinander. Die Graphen liegen symmetrisch zur Geraden $y = x$.

BEISPIELE

- $f_1\colon x \mapsto \left(\frac{1}{2}\right)^x$

und $g_1\colon x \mapsto \log_{\frac{1}{2}} x$

- $f_2\colon x \mapsto e^x$

und $g_2\colon x \mapsto \ln x$.

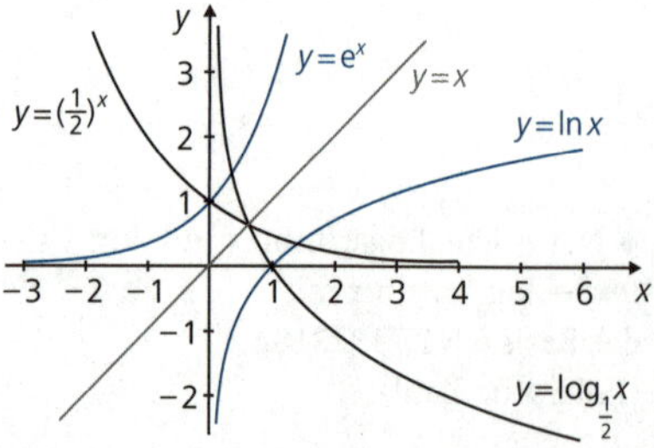

1.9 Trigonometrische Funktionen

Sinus- und Kosinusfunktion

Die Funktion sin: $x \mapsto \sin x$, $x \in \mathbb{R}$, heißt ***Sinusfunktion,*** ihr Graph ***Sinuskurve.*** Die Funktion cos: $x \mapsto \cos x$, $x \in \mathbb{R}$, heißt ***Kosinusfunktion,*** ihr Graph ***Kosinuskurve.***
x ist dabei im Bogenmaß angegeben.
sin und cos besitzen die maximale Definitionsmenge $D = \mathbb{R}$, die Wertemenge ist dann jeweils $W = [-1; 1]$. sin und cos sind periodisch mit der Periodenlänge $p = 2\pi$ (kleinste Periode).
Jede Zahl $k \cdot 2\pi$ ($k \in \mathbb{Z}$) ist ebenfalls eine Periode.

1

◆ Graphen

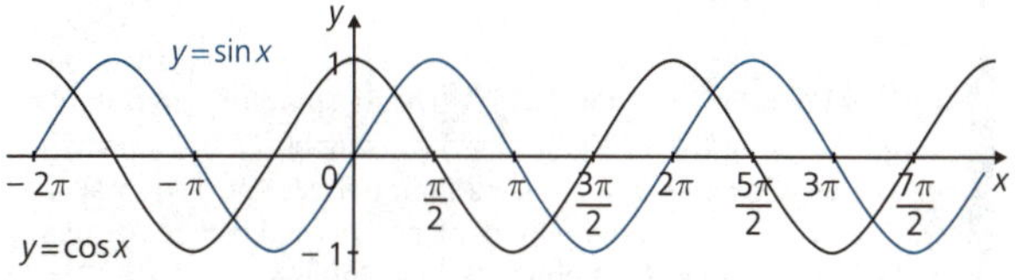

Weitere Eigenschaften

a) Sinusfunktion:

◆ **Nullstellen:** $x_k = k \cdot \pi$, $k \in \mathbb{Z}$

◆ **Extrema:** lokale Maxima bei $x_k = (2k + 0{,}5) \cdot \pi$, lokale Minima bei $x_k = (2k - 0{,}5) \cdot \pi$ mit $k \in \mathbb{Z}$.

◆ **Monotonie:** sin ist zwischen den Extrema streng monoton: streng monoton zunehmend in $[(2k - 0{,}5) \cdot \pi; (2k + 0{,}5) \cdot \pi]$, streng monoton abnehmend in $[(2k + 0{,}5) \cdot \pi; (2k + 1{,}5) \cdot \pi]$.

◆ **Symmetrie:** sin ist eine ungerade Funktion: für alle $x \in \mathbb{R}$ gilt $\sin(-x) = -\sin x$. Die Sinuskurve ist somit punktsymmetrisch zum Ursprung. Außerdem ist die Sinuskurve punktsymmetrisch zu allen Schnittpunkten mit der x-Achse und achsensymmetrisch zu den senkrechten Geraden $x = (k + 0{,}5) \cdot \pi$ durch die Extrempunkte.

b) Kosinusfunktion:

◆ **Nullstellen:** $x_k = (k + 0{,}5) \cdot \pi, k \in \mathbb{Z}$

◆ **Extrema:** lokale Maxima bei $x_k = 2k \cdot \pi$, lokale Minima bei $x_k = (2k - 1) \cdot \pi$ mit $k \in$ Z.

◆ **Monotonie:** cos ist zwischen den Extrema streng monoton: streng monoton zunehmend in $[(2k - 1) \cdot \pi; 2k \cdot \pi]$, streng monoton abnehmend in $[2k \cdot \pi; (2k + 1) \cdot \pi]$.

◆ **Symmetrie:** cos ist eine gerade Funktion: Für alle $x \in \mathbb{R}$ gilt $\cos(-x) = \cos x$. Die Kosinuskurve ist somit achsensymmetrisch zur y-Achse. Weiter ist die Kosinuskurve punktsymmetrisch zu allen Schnittpunkten mit der x-Achse und achsensymmetrisch zu den senkrechten Geraden $x = k \cdot \pi$ durch die Extrempunkte.

Tangensfunktion

Die Funktion tan: $x \mapsto \tan x = \frac{\sin x}{\cos x}$ heißt ***Tangensfunktion,*** ihr Graph ***Tangenskurve.*** Sie besitzt die maximale Definitionsmenge $D = \mathbb{R} \setminus \{x | x = (k + 0{,}5) \cdot \pi, k \in \mathbb{Z}\}$ mit der Wertemenge $W = \mathbb{R}$. tan ist periodisch mit der Periodenlänge $p = \pi$ (kleinste Periode). Jede Zahl $k \cdot \pi$ ($k \in \mathbb{Z}$) ist ebenfalls eine Periode.

◆ Graph

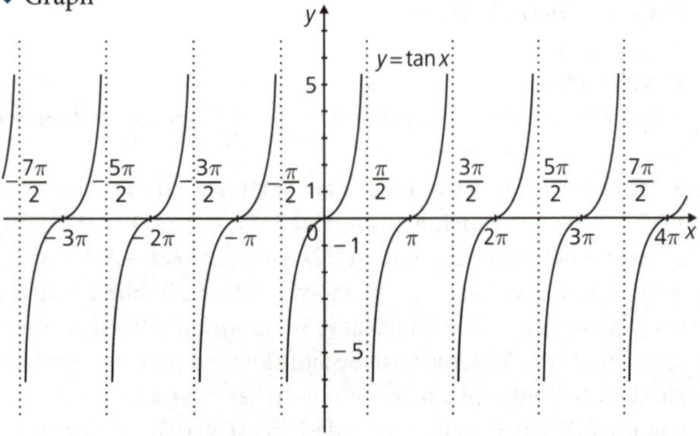

Weitere Eigenschaften

- **Nullstellen:** $x_k = k \cdot \pi, k \in \mathbb{Z}$
- **Unendlichkeitsstellen und Asymptoten:** Die Definitionslücken $x_k = (k + 0{,}5) \cdot \pi, k \in \mathbb{Z}$, sind Unendlichkeitsstellen mit $\lim\limits_{\substack{x \to x_k \\ x < x_k}} \tan x = +\infty$ und $\lim\limits_{\substack{x \to x_k \\ x > x_k}} \tan x = -\infty$.
Die Geraden mit $x_k = (k + 0{,}5) \cdot \pi, k \in \mathbb{Z}$, sind vertikale Asymptoten.
- **Monotonie:** tan ist in den Intervallen $](k - 0{,}5) \cdot \pi; (k + 0{,}5) \cdot \pi[, k \in \mathbb{Z}$, zwischen den Definitionslücken jeweils streng monoton zunehmend. tan besitzt keine Extrema.
- **Symmetrie:** tan ist eine ungerade Funktion: $\tan(-x) = -\tan x$. Die Tangenskurve ist somit punktsymmetrisch zum Ursprung, sowie zu allen Schnittpunkten mit der x-Achse.

1

1.10 Folgen und Reihen

Zahlenfolgen

> Eine reellwertige Funktion a: $n \mapsto a(n)$, $n \in \mathbb{N}$, heißt ***Zahlenfolge.*** Es gilt also $D = \mathbb{N}$. Der Graph einer Folge besteht aus einzelnen Punkten im Koordinatensystem.

Für den Funktionsterm $a(n)$ schreibt man meist a_n, die Zahlenfolgen selbst bezeichnet man mit (a_n).
Wird der Term a_n so angegeben, dass jedes Glied der Folge direkt berechnet werden kann, spricht man von einer ***expliziten*** Definition der Zahlenfolge.

BEISPIELE

- Folge der natürlichen Zahlen: 1; 2; 3; 4; 5; … ; $a_n = n$; $n \in \mathbb{N}$
- Eine sogenannte alternierende Folge mit von Folgenglied zu Folgenglied wechselndem Vorzeichen:

$$-1;\ \frac{1}{2};\ -\frac{1}{3};\ \frac{1}{4};\ -\frac{1}{5};\ldots;\ a_n = (-1)^n \cdot \frac{1}{n};\ n \in \mathbb{N}$$

Zahlenfolgen werden oft auch ***rekursiv*** definiert. Dabei wird ausgehend vom Anfangsglied a_1 jedes weitere Glied der Folge schrittweise berechnet.

BEISPIELE Rekursionsformeln (Es gilt jeweils $n \in \mathbb{N}$):
- Folge der natürlichen Zahlen: $a_1 = 1$, $a_{n+1} = a_n + 1$;
- Folge der Quadratzahlen: $a_1 = 1$, $a_{n+1} = a_n + (2n - 1)$;
- Folge der Fakultäten (▶ S. 212): 1; 2; 6; 24; 120; …

Rekursive Definition: $a_1 = 1$; $a_{n+1} = (n + 1) \cdot a_n$;
Explizite Definition: $a_n = n! = 1 \cdot 2 \cdot \ldots \cdot n$
- Folge der Fibonacci-Zahlen: 1; 1; 2; 3; 5; 8; 13; …

$a_1 = a_2 = 1$; $a_{n+2} = a_{n+1} + a_n$

BEACHTE Für Folgen lassen sich dieselben Begriffe wie bei den Funktionen zur Beschreibung verwenden: Monotonie, Beschränktheit, Periodizität, Minimum, Maximum.

Arithmetische Zahlenfolgen

Eine Zahlenfolge, in der die Differenz $d = a_{n+1} - a_n$ ($n \in \mathbb{N}$), zweier aufeinanderfolgender Glieder immer konstant ist, heißt ***arithmetische Zahlenfolge***.

Die Bezeichnung arithmetische Zahlenfolge kommt daher, dass von drei aufeinanderfolgenden Gliedern a_n, a_{n+1} und a_{n+2} das mittlere Glied gleich dem arithmetischen Mittel der beiden äußeren Glieder ist: $a_{n+1} = \frac{a_n + a_{n+2}}{2}$; $n \in \mathbb{N}$.

Für arithmetische Zahlenfolgen gilt: $a_n = a_1 + (n-1) \cdot d$; $n \in \mathbb{N}$.

BEISPIELE
- -1; 0,5; 2; 3,5; 5; … ; $a_n = -1 + (n - 1) \cdot 1{,}5$; $n \in \mathbb{N}$, also $d = 1{,}5$; oder rekursiv definiert: $a_1 = -1$, $a_{n+1} = a_n + 1{,}5$.
- 1; 0,5; 0; $-0{,}5$; -1; … ; $a_n = 1 + (n - 1) \cdot (-0{,}5)$; $n \in \mathbb{N}$, also $d = -0{,}5$; oder rekursiv definiert: $a_1 = 1$, $a_{n+1} = a_n - 0{,}5$.

BEACHTE Eine arithmetische Zahlenfolge
$a_n = a_1 + (n-1) \cdot d, n \in \mathbb{N}$, mit der Differenz $d = a_{n+1} - a_n$
- ist für $d > 0$ streng monoton zunehmend,
- ist für $d = 0$ konstant und
- ist für $d < 0$ streng monoton abnehmend.

Die Punkte $P_n(n|a_n)$, $n \in \mathbb{N}$, die den Graphen einer arithmetischen Zahlenfolge mit $a_n = a_1 + (n-1) \cdot d, n \in \mathbb{N}$, bilden, liegen auf der Geraden mit der Gleichung $y = d \cdot x + (a_1 - d), x \in \mathbb{R}$.

1

BEISPIELE
- $a_n = -1 + (n-1) \cdot 1{,}5$
$y = 1{,}5x + (-1 - 1{,}5) = 1{,}5x - 2{,}5$
- $a_n = 1 + (n-1) \cdot (-0{,}5)$
$y = -0{,}5x + (1 - (-0{,}5))$
$= -0{,}5x + 1{,}5$

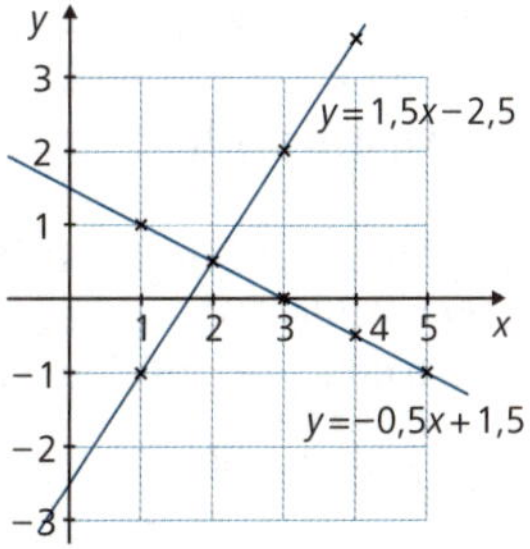

Geometrische Zahlenfolgen

> Eine Zahlenfolge, in der der Quotient $q = a_{n+1} : a_n, n \in \mathbb{N}$, zweier aufeinanderfolgender Glieder immer konstant ist, heißt ***geometrische Zahlenfolge.***

Die Bezeichnung geometrische Zahlenfolge kommt daher, dass von drei aufeinanderfolgenden Gliedern a_n, a_{n+1} und a_{n+2} das mittlere Glied, abgesehen vom Vorzeichen, gleich dem geometrischen Mittel der beiden äußeren Glieder ist.
$|a_{n+1}| = \sqrt{a_n \cdot a_{n+2}}, n \in \mathbb{N}$.

Für geometrische Zahlenfolgen gilt: $a_n = a_1 \cdot q^{n-1}; n \in \mathbb{N}$.

BEISPIELE

- $0{,}25; 0{,}5; 1; 2; 4; 8; \dots\ a_n = 0{,}25 \cdot 2^{n-1}; n \in \mathbb{N}$, also $q = 2$;
oder rekursiv definiert: $a_1 = 0{,}25; a_{n+1} = a_n \cdot 2$.

- $3; -1; \frac{1}{3}; -\frac{1}{9}; \frac{1}{27}; \dots\ a_n = 3 \cdot \left(-\frac{1}{3}\right)^{n-1}; n \in \mathbb{N}$, also $q = -\frac{1}{3}$;

oder rekursiv definiert: $a_1 = 3, a_{n+1} = -\frac{1}{3} \cdot a_n$.

BEACHTE Eine geometrische Zahlenfolge mit
$a_n = a_1 \cdot q^{n-1}; n \in \mathbb{N}$,
- ist für $q > 1$ und $a_1 > 0$ streng monoton zunehmend,
- ist für $q = 1$ konstant und
- ist für $0 < q < 1$ und $a_1 > 0$ streng monoton abnehmend und nach unten beschränkt.

Die Punkte $P_n(n|a_n)$, $n \in \mathbb{N}$, die den Graphen einer geometrischen Zahlenfolge mit $a_n = a_1 \cdot q^{n-1}$, $n \in \mathbb{N}$, bilden, liegen für $a_1 > 0$ und $q > 0$ auf einer Exponentialkurve mit der Gleichung
$y = \frac{a_1}{q} \cdot q^x, x \in \mathbb{R}$.

BEISPIEL
$a_n = 0{,}25 \cdot 2^{n-1}$;
$y = 0{,}125 \cdot 2^x$

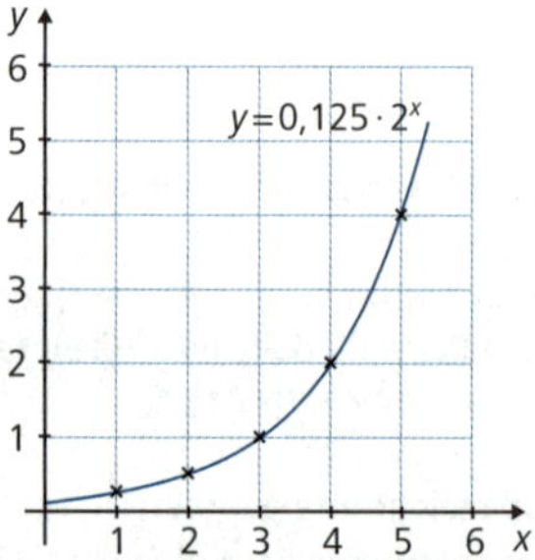

Reihen

Eine endliche Summe $a_1 + a_2 + \dots + a_n = \sum_{k=1}^{n} a_k$ der ersten n Glieder ($n \in \mathbb{N}$) einer Zahlenfolge (a_n) heißt ***endliche Reihe*** mit n Gliedern. Den Summenwert bezeichnet man mit s_n.

BEACHTE Das „Summenzeichen“ $\sum_{k=1}^{n} a_k$ bedeutet:

Summiere alle Glieder der Folge (a_k) vom Glied mit der Nummer 1 bis zum Glied mit der Nummer n.

BEISPIEL Reihe der ersten fünf Quadratzahlen:

$$1 + 4 + 9 + 16 + 25 = \sum_{k=1}^{5} k^2 \text{ mit } s_5 = 55.$$

1

> Die endliche Summe $a + (a + d) + (a + 2 \cdot d) + \ldots + (a + (n - 1) \cdot d)$ der ersten n Glieder einer arithmetischen Zahlenfolge mit dem Anfangsglied a heißt ***endliche arithmetische Reihe*** mit n Gliedern, s_n heißt ***Wert der endlichen arithmetischen Reihe.***

Die arithmetische Reihe
$a + (a + d) + (a + 2 \cdot d) + \ldots + (a + (n - 1) \cdot d)$
hat den Wert $s_n = \frac{n}{2} \cdot (2 \cdot a + (n - 1) \cdot d) = \frac{n}{2} \cdot (a_1 + a_n)$.

BEISPIEL Reihe der ersten n natürlichen Zahlen:

$a_1 = 1, a_n = n, d = 1$: Somit $s_n = \frac{n}{2}(1 + n) = \frac{n \cdot (n + 1)}{2}$.

Für $n = 100$: $s_{100} = \frac{100 \cdot (100 + 1)}{2} = 5050$.

> Die endliche Summe $a + a \cdot q + a \cdot q^2 + \ldots + a \cdot q^{n-1}$ der ersten n Glieder einer geometrischen Zahlenfolge mit dem Anfangsglied a heißt ***endliche geometrische Reihe*** mit n Gliedern, s_n heißt ***Wert der endlichen geometrischen Reihe.***

Die geometrische Reihe $a + a \cdot q + a \cdot q^2 + \ldots + a \cdot q^{n-1}$ hat den Wert $s_n = a \cdot \frac{1 - q^n}{1 - q}$ für $a \neq 0$, $q \neq 0$ und $q \neq 1$.

BEISPIEL Reihe der Potenzen von 2: $a = 2, q = 2$

Somit $s_n = 2 \cdot \frac{1 - 2^n}{1 - 2} = 2^{n+1} - 2$. Für $n = 7$: $s_7 = 2^8 - 2 = 254$.

2 Differentialrechnung

2.1 Grenzwert

Grenzwert einer Funktion

Grenzwert für $x \to x_0$
Beim Grenzverhalten einer Funktion f für $x \to x_0$ wird die Funktion in einer Umgebung von x_0 untersucht, das heißt in einem hinreichend kleinen offenen Intervall $]x_0 - \delta; x_0 + \delta[$, einer sogenannten *δ-Umgebung* von x_0.

> Für $\delta > 0$ heißt das offene Intervall $U_\delta(x_0) = \{x \mid |x - x_0| < \delta\}$ ***δ-Umgebung*** von x_0 (x und x_0 sind reelle Zahlen). $U_\delta(x_0)$ ist dann das offene Intervall $]x_0 - \delta; x_0 + \delta[$ mit der Länge 2δ.

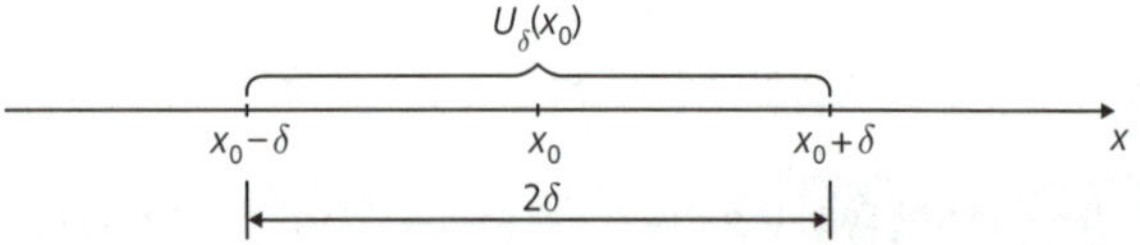

Wird aus einer Umgebung $U_\delta(x_0)$ das Zentrum x_0 entfernt, so erhält man eine ***punktierte δ-Umgebung*** $U^*_\delta(x_0)$ von x_0. In Intervallschreibweise: $U^*_\delta(x_0) =]x_0 - \delta; x_0[\cup]x_0; x_0 + \delta[$.

> Eine Funktion f: $x \mapsto f(x)$, $x \in D_f$, hat an der Stelle x_0 den Grenzwert g genau dann, wenn gilt:
> 1. f ist in einer punktierten Umgebung $U^*_\delta(x_0)$ von x_0 definiert. D. h., f ist auf beiden Seiten von x_0 in dieser Umgebung definiert, an der Stelle x_0 selbst muss f nicht definiert sein.

2. Für jedes $\varepsilon > 0$ lässt sich ein $\delta > 0$ so bestimmen, dass für alle $x \in D_f$ mit $|x - x_0| < \delta$ folgt: $|f(x) - g| < \varepsilon$.
D. h., der Betrag der Differenz $|f(x) - g|$ kann immer die Schranke ε unterschreiten, wenn man x nur „nahe genug" bei x_0 wählt.
Schreibweise: $\lim\limits_{x \to x_0} f(x) = g$ (lies: „Limes $f(x)$ für x gegen x_0.")

Einseitiger Grenzwert: Wird die Annäherung an die Stelle x_0 auf eine Seite von x_0 eingeschränkt, so heißt für

$x < x_0$ der Grenzwert	$x > x_0$ der Grenzwert
$\lim\limits_{\substack{x \to x_0 \\ x < x_0}} f(x)$ ***linksseitiger***	$\lim\limits_{\substack{x \to x_0 \\ x > x_0}} f(x)$ ***rechtsseitiger***

Grenzwert von f an der Stelle x_0.

Die Funktion f hat an der Stelle x_0 genau dann den Grenzwert g, wenn gilt:

linksseitiger Grenzwert = rechtsseitiger Grenzwert $= g$

$$\lim_{\substack{x \to x_0 \\ x < x_0}} f(x) = \lim_{\substack{x \to x_0 \\ x > x_0}} f(x) = g$$

Folgerung: Sind also die beiden einseitigen Grenzwerte verschieden oder existiert auch nur einer von beiden nicht, so existiert $\lim\limits_{x \to x_0} f(x)$ nicht.

BEISPIEL

$f(x) = \frac{x^2 + x}{x}$, $x \in \mathbb{R}\setminus\{0\}$. Für $x_0 = 0$ gilt: $\lim\limits_{x \to 0} \frac{x^2 + x}{x} = 1$.

1. f ist in $\mathbb{R}\setminus\{0\}$ definiert, also auch in jeder punktierten Umgebung von $x_0 = 0$. Für $x \neq 0$ gilt: $\frac{x^2 + x}{x} = x + 1$.

2. Für jede gegen null konvergierende Folge (x_n) in $U_\delta^*(0)$, gilt: $\lim\limits_{n \to \infty} f(x_n) = \lim\limits_{n \to \infty} (x_n + 1) = \lim\limits_{n \to \infty} x_n + \lim\limits_{n \to \infty} 1 = 0 + 1 = 1$.

Grenzwert einer Folge

Zahlenfolgen (▶ S. 53 f.) sind Funktionen mit der Menge der natürlichen Zahlen als Definitionsmenge $D = \mathbb{N}$. Damit lässt sich der Konvergenzbegriff auf Zahlenfolgen übertragen: Eine Folge (a_n) heißt ***konvergent,*** wenn sie einen Grenzwert g besitzt. Man sagt: (a_n) konvergiert gegen g.

Bedeutung der Definition: Bis auf endlich viele Folgenglieder liegen ab einer bestimmten Nummer n_ε alle in einer ε-Umgebung einer Zahl g. Die Zahl n_ε hängt i. A. von ε ab.

Eine monotone und beschränkte Folge hat einen Grenzwert.

BEISPIEL

$(a_n) = \left(\frac{4n-1}{2n}\right)$, $n \in \mathbb{N}$: $\frac{3}{2}, \frac{7}{4}, \frac{11}{6}, \frac{15}{8}$ … konvergiert gegen 2.

Nullfolgen

Eine Zahlenfolge mit dem Grenzwert 0 nennt man ***Nullfolge.***

BEISPIELE für Nullfolgen: $\left(\frac{1}{n^2}\right)$; $\left(\frac{2-n}{n^3}\right)$; (e^{-n}).

Es gilt: Hat die Folge (a_n) den Grenzwert g, so ist die Folge $(a_n - g)$ eine Nullfolge.

Unendliche Reihen als spezielle Zahlenfolgen

Addiert man die Glieder $a_1, a_2, a_3, \ldots, a_n$ einer endlichen Zahlenfolge, so erhält man eine ***endliche Reihe*** (▶ S. 56 f.) mit n Gliedern: $s_n = a_1 + a_2 + a_3 + \ldots + a_n = \sum_{k=1}^{n} a_k$.

Die Teilsummen $s_1, s_2, s_3, \ldots, s_n$ bilden wieder eine Zahlenfolge, die Teilsummenfolge (s_n) der Reihe. Lässt man die Anzahl n der Reihenglieder unbegrenzt wachsen, so erhält man die ***unendliche Reihe*** $a_1 + a_2 + a_3 + \ldots + a_n + \ldots$

Existiert nun für die Teilsummenfolge (s_n) für $n \to \infty$ ein Grenzwert s_∞, so heißt die zugehörige unendliche Reihe konvergent, sonst divergent.

Schreibweise: $s_\infty = \lim\limits_{n \to \infty} s_n = \lim\limits_{n \to \infty} \sum_{k=1}^{n} a_k = \sum_{k=1}^{\infty} a_k$

BEISPIEL

Die unendliche geometrische Reihe ist genau dann konvergent, wenn $|q| < 1$. Es gilt dann: $s_\infty = \frac{a_1}{1-q}$.

Mit $a_1 = 2$ und $q = 0{,}2$ erhält man: $s_\infty = \frac{2}{1-0{,}2} = 2{,}5$.

Divergenz einer Funktion bzw. einer Folge

Eine Funktion bzw. eine Folge, die nicht konvergiert, nennt man ***divergent.***

BEISPIEL

- Die Folge (a_n) mit $a_n = (-1)^n$ ist divergent.

Uneigentliche Grenzwerte von Funktionen

Wachsen bei Annäherung an die Stelle x_0 die Werte einer Funktion f über alle Grenzen oder fallen sie unbeschränkt, so schreibt man:

$\lim\limits_{x \to x_0} f(x) = +\infty$ bzw. $\lim\limits_{x \to x_0} f(x) = -\infty$.

Man nennt $+\infty$ und $-\infty$ ***uneigentliche Grenzwerte*** der Funktion f an der Stelle x_0. Die Stelle x_0 wird ***Unendlichkeitsstelle*** (▶ S. 44) von f genannt.

BEISPIEL

$f(x) = \frac{1}{(x+2)^2}$, $x \in \mathbb{R}\setminus\{-2\}$,

hat bei $x_0 = -2$ eine Unendlichkeitsstelle.

$\lim\limits_{\substack{x \to -2 \\ x < -2}} f(x) = \lim\limits_{\substack{x \to -2 \\ x > -2}} f(x) = \infty$.

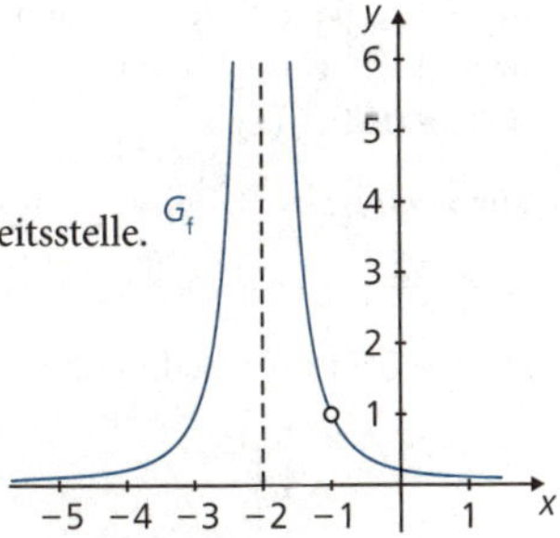

Da beide einseitigen Grenzwerte übereinstimmen, gilt:

$\lim\limits_{x \to -2} \frac{1}{(x+2)^2} = +\infty$.

Die Gerade $x = x_0$, an die sich der Graph von f bei der Unendlichkeitsstelle annähert, ist (vertikale) ***Asymptote*** (▶ S. 46).

Uneigentliche Grenzwerte von Folgen

Ist eine Folge unbeschränkt zunehmend bzw. unbeschränkt abnehmend, so nennt man sie ***bestimmt divergent.***

- unbeschränkt zunehmend: $\lim\limits_{n\to\infty} n^2 = +\infty$;
- unbeschränkt abnehmend: $\lim\limits_{n\to\infty} (-n)^3 = -\infty$.

Verhalten von Funktionen im Unendlichen

Ist die Definitionsmenge einer Funktion $f\colon x \mapsto f(x),\, x \in D_f$, nach oben bzw. nach unten nicht beschränkt, so heißt die Funktion f konvergent gegen den Grenzwert g für $x \to \infty$ bzw. $x \to -\infty$, wenn gilt:

Für jede Folge (x_n) mit $\lim\limits_{n\to\infty} x_n = +\infty$ bzw. $\lim\limits_{n\to\infty} x_n = -\infty$

konvergiert die Folge der Funktionswerte $(f(x_n))$ gegen g.

Schreibweise: $\lim\limits_{x\to\infty} f(x) = g$ bzw. $\lim\limits_{x\to-\infty} f(x) = g$

▶**ANMERKUNG** Die Bedingung lässt sich auch so formulieren: Für jedes $\varepsilon > 0$ lässt sich eine Zahl s bestimmen, sodass für alle $x \in D_f$ mit $x > s$ (für $x \to \infty$) bzw. $x < s$ (für $x \mapsto -\infty$) folgt: $|f(x) - g| < \varepsilon$. Der Betrag der Differenz $|f(x) - g|$ kann also immer die Schranke ε unterschreiten, wenn man x nur „groß genug" bzw. „klein genug" wählt.

BEISPIEL $f(x) = \frac{x+3}{x+1}$, $D_f = \mathbb{R}_0^+$. Es gilt: $\lim\limits_{x\to\infty} \frac{x+3}{x+1} = 1$.

Für $x > 0$ ist $|f(x) - g| = \left|\frac{x+3}{x+1} - 1\right| = \frac{2}{x+1}$.

Also $\frac{2}{x+1} < \varepsilon \Leftrightarrow x > \frac{2-\varepsilon}{\varepsilon}$.

Für $\varepsilon = 0{,}5$ ist die Bedingung für $s = \frac{2-\varepsilon}{\varepsilon} = 3$ erfüllt.

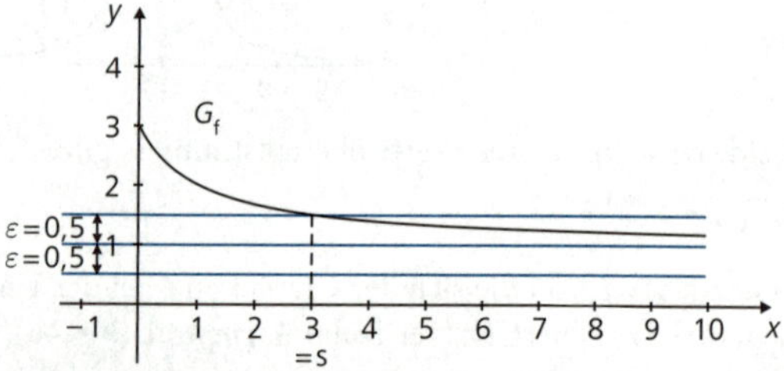

Die Gerade, an die sich der Graph von f für $x \to \infty$ bzw. $x \to -\infty$ unbegrenzt annähert, ist *Asymptote* (▶ S. 45) des Graphen.

Grenzwertsätze für Funktionen

Regeln für den Grenzübergang $x \to x_0$

SATZ

Existieren für die Funktionen $f: x \mapsto f(x),\ x \in D_f$, und $g: x \mapsto g(x),\ x \in D_g$, die Grenzwerte an der Stelle x_0, so gilt:

- $\lim\limits_{x \to x_0} (f(x) + g(x)) = \lim\limits_{x \to x_0} f(x) + \lim\limits_{x \to x_0} g(x)$;
- $\lim\limits_{x \to x_0} (f(x) - g(x)) = \lim\limits_{x \to x_0} f(x) - \lim\limits_{x \to x_0} g(x)$;
- $\lim\limits_{x \to x_0} (f(x) \cdot g(x)) = \lim\limits_{x \to x_0} f(x) \cdot \lim\limits_{x \to x_0} g(x)$;
- $\lim\limits_{x \to x_0} \dfrac{f(x)}{g(x)} = \dfrac{\lim\limits_{x \to x_0} f(x)}{\lim\limits_{x \to x_0} g(x)}$, falls $\lim\limits_{x \to x_0} g(x) \neq 0$.

Regeln für den Grenzübergang $x \to \infty$

SATZ

Existieren für die Funktionen $f: x \mapsto f(x),\ x \in D_f$, und $g: x \mapsto g(x),\ x \in D_g$, die Grenzwerte für $x \to \infty$, so gilt:

- $\lim\limits_{x \to \infty} (f(x) + g(x)) = \lim\limits_{x \to \infty} f(x) + \lim\limits_{x \to \infty} g(x)$;
- $\lim\limits_{x \to \infty} (f(x) - g(x)) = \lim\limits_{x \to \infty} f(x) - \lim\limits_{x \to \infty} g(x)$;
- $\lim\limits_{x \to \infty} (f(x) \cdot g(x)) = \lim\limits_{x \to \infty} f(x) \cdot \lim\limits_{x \to \infty} g(x)$;
- $\lim\limits_{x \to \infty} \dfrac{f(x)}{g(x)} = \dfrac{\lim\limits_{x \to \infty} f(x)}{\lim\limits_{x \to \infty} g(x)}$, falls $\lim\limits_{x \to \infty} g(x) \neq 0$.

Aus $\lim\limits_{x \to \infty} f(x) = \pm\infty$ folgt: $\lim\limits_{x \to \infty} \dfrac{1}{f(x)} = 0$.

▶ **ANMERKUNG** Analoge Regeln gelten für $x \to -\infty$.

2

Mit den Grenzwerten für f und g existieren somit auch die Grenzwerte für die Funktionen $(f+g)$, $(f-g)$, $(f \cdot g)$ und $\left(\frac{f}{g}\right)$, falls $\lim\limits_{x \to x_0} g(x) \neq 0$ bzw. falls $\lim\limits_{x \to \pm\infty} g(x) \neq 0$.

BEISPIELE

- $\lim\limits_{x \to 2} \frac{x^2 - 3x + 2}{x^2 + x - 6} = \lim\limits_{x \to 2} \frac{(x-2)(x-1)}{(x-2)(x+3)} = \lim\limits_{x \to 2} \frac{x-1}{x+3}$
$= \frac{\lim\limits_{x \to 2}(x-1)}{\lim\limits_{x \to 2}(x+3)} = \frac{1}{5}$
- $\lim\limits_{x \to \infty} \frac{5x^2 + 2}{6x^2 - 3x} = \lim\limits_{x \to \infty} \frac{x^2\left(5 + \frac{2}{x^2}\right)}{x^2\left(6 - \frac{3}{x}\right)} = \lim\limits_{x \to \infty} \frac{5 + \frac{2}{x^2}}{6 - \frac{3}{x}}$
$= \frac{\lim\limits_{x \to \infty}\left(5 + \frac{2}{x^2}\right)}{\lim\limits_{x \to \infty}\left(6 - \frac{3}{x}\right)} = \frac{5}{6}$

Grenzwert-Abschätzung durch eine Schrankenfunktion

SATZ

Gilt für die Funktionen $f\colon x \mapsto f(x)$ und $g\colon x \mapsto g(x)$ in der gemeinsamen unbeschränkten Definitionsmenge stets $|f(x)| \leq |g(x)|$ und ist $\lim\limits_{x \to \infty} g(x) = 0$, dann gilt auch $\lim\limits_{x \to \infty} f(x) = 0$.

BEISPIEL

Sei $f\colon x \mapsto f(x) = \frac{\sin x}{x}$ und $g\colon x \mapsto g(x) = \frac{1}{x}$, mit $D_f = D_g = [1; \infty[$.

Es gilt $|f(x)| = \left|\frac{\sin x}{x}\right| = \left|\frac{1}{x}\right| \cdot |\sin x| \leq \left|\frac{1}{x}\right| \cdot 1 = |g(x)|$.

Damit folgt aus $\lim\limits_{x \to \infty} g(x) = 0$ auch $\lim\limits_{x \to \infty} f(x) = \lim\limits_{x \to \infty} \frac{\sin x}{x} = 0$.

Wichtige Grenzwerte von Funktionen

Ist f eine gebrochenrationale Funktion (▶ S. 44) mit

$$f(x) = \frac{a_n x^n + a_{n-1} x^{n-1} + \ldots + a_1 x + a_0}{b_m x^m + b_{m-1} x^{m-1} + \ldots + b_1 x + b_0}, \text{ mit } a_n, b_m \neq 0, x \in D_f,$$

so gilt für	$n > m$ und $\frac{a_n}{b_m} > 0$	$n > m$ und $\frac{a_n}{b_m} < 0$	$n = m$	$n < m$
$\lim\limits_{x \to \infty} f(x) =$	$+\infty$	$-\infty$	$\frac{a_n}{b_m}$	0

Der Grad des Zähler- und des Nennerpolynoms und die Leitkoeffizienten a_n und b_m bestimmen den Grenzwert.

BEISPIELE

- $\lim\limits_{x \to \infty} \frac{3x^4 + 5}{7x^3 - 2x} = +\infty$; $\lim\limits_{x \to \infty} \frac{6x^5}{5x^5 + 8} = \frac{6}{5}$; $\lim\limits_{x \to \infty} \frac{-4x^3 + 50x^2}{10x^5} = 0$

Weitere Grenzwerte:

- $\lim\limits_{x \to \infty} \frac{x^n}{e^x} = 0$ mit $n \in \mathbb{N}, x \in \mathbb{R}$ — *Bedeutung:* Die Exponentialfunktion „wächst stärker" als jede Potenzfunktion.
- $\lim\limits_{x \to \infty} \frac{\log x}{x^n} = 0$ mit $n \in \mathbb{N}$, $x \in \mathbb{R}^+$ — *Bedeutung:* Die Logarithmusfunktion „wächst schwächer" als jede Potenzfunktion.
- $\lim\limits_{x \to 0} \frac{\sin x}{x} = 1$ mit $x \in \mathbb{R}\setminus\{0\}$
- $\lim\limits_{x \to 0} \frac{\sin ax}{x} = a$ mit $a \in \mathbb{R}, x \in \mathbb{R}\setminus\{0\}$
- $\lim\limits_{n \to \infty} \sqrt[n]{a} = 1$ für $a \in \mathbb{R}^+$, Bsp.: 3; $\sqrt{3}$; $\sqrt[3]{3}$; $\sqrt[4]{3}$; $\sqrt[5]{3}$; …
- $\lim\limits_{n \to \infty} \sqrt[n]{n} = 1$, Bsp.: 1; $\sqrt{2}$; $\sqrt[3]{3}$; $\sqrt[4]{4}$; $\sqrt[5]{5}$; …
- $\lim\limits_{n \to \infty} \frac{a^n}{n!} = 0$ für $a \in \mathbb{R}$, Bsp.: $\frac{4}{1!}, \frac{4^2}{2!}, \frac{4^3}{3!}, \frac{4^4}{4!}, \frac{4^5}{5!}$, …

Bedeutung: Die Fakultät $n!$ (▶ S. 212) wächst stärker als jede Potenz a^n.

- $\lim\limits_{n \to \infty} \left(1 + \frac{1}{n}\right)^n = e = 2{,}71828\ldots$, Bsp.: 2; $\left(\frac{3}{2}\right)^2$; $\left(\frac{4}{3}\right)^3$; $\left(\frac{5}{4}\right)^4$; …

2.2 Stetigkeit

Definitionen

Stetigkeit an einer Stelle

> Eine Funktion f ist an einer Stelle $x_0 \in D_f$ genau dann ***stetig,*** wenn gilt: $\lim\limits_{x \to x_0} f(x) = f(x_0)$.
>
> Andernfalls heißt die Funktion f an der Stelle $x_0 \in D_f$ ***unstetig.***

Damit f an der Stelle stetig ist, müssen also folgende Bedingungen erfüllt sein:

1. f ist an der Stelle x_0 definiert.
2. Es existiert der Grenzwert $\lim\limits_{x \to x_0} f(x)$.
3. Grenzwert und Funktionswert stimmen überein.

BEISPIEL $f: x \mapsto f(x) = 2x^3, x \in \mathbb{R}$, ist an der Stelle $x_0 = 1$ stetig. Es gilt: $\lim\limits_{x \to 1} 2x^3 = 2 = f(1)$.

▶**ANMERKUNG** Für Randwerte a und b eines Intervalls $[a; b]$ wird die ***einseitige Stetigkeit*** mittels einseitiger Grenzwerte definiert.

Stetige Fortsetzung

> Die Funktion f sei in einer Umgebung von x_0 definiert, an der Stelle x_0 selbst jedoch nicht. Existiert nun eine Funktion $\bar{f}$, die mit f im Definitionsbereich D_f übereinstimmt und an der Stelle x_0 auch noch stetig ist, so nennt man f an der Stelle x_0 ***stetig fortsetzbar***. $\bar{f}$ heißt ***stetige Fortsetzung*** (↗ S. 12) von f.
> Man sagt: f hat bei x_0 eine stetig hebbare Definitionslücke.

BEISPIEL $f\colon x \mapsto f(x) = \frac{x^2 + x}{x}$ ist an der Stelle $x_0 = 0$ nicht definiert: $0 \notin D_f$. Für $x \to 0$ existiert jedoch der Grenzwert

$\lim\limits_{x \to 0} \frac{x^2 + x}{x} = 1.$

Damit lässt sich die stetige Fortsetzung $\bar{f}$ definieren:

$$\bar{f}(x) = \begin{cases} \frac{x^2 + x}{x} = f(x) & \text{für } x \neq 0 \\ 1 & \text{für } x = 0 \end{cases}$$

Stetigkeit in einem Intervall

> Eine Funktion f ist im offenen Intervall $]a; b[\subset D_f$ genau dann stetig, wenn sie an jeder Stelle $x \in\,]a; b[$ stetig ist.
> Eine Funktion f ist im abgeschlossenen Intervall $[a; b] \subset D_f$ genau dann stetig, wenn sie im offenen Intervall $]a; b[$ stetig ist und an den Rändern jeweils einseitige Stetigkeit vorliegt.

Globale Stetigkeit

Eine Funktion f heißt stetig genau dann, wenn sie in ihrer ganzen Definitionsmenge D_f stetig ist.

Stetigkeitssätze

Stetige Funktionen besitzen wichtige Eigenschaften.

SATZ

Zwischenwertsatz: Ist f eine im abgeschlossenen Intervall $[a; b]$ stetige Funktion, so gibt es zu jedem Wert y_0 zwischen $f(a)$ und $f(b)$ mindestens eine Zahl $x_0 \in [a; b]$ mit $f(x_0) = y_0$.

Das bedeutet:

1. Die Zahl y_0 tritt als Funktionswert von f auf.
2. Die horizontale Gerade $y = y_0$ schneidet den Graphen G_f.

Ein Sonderfall des Zwischenwertsatzes ist der Nullstellensatz.

SATZ

Nullstellensatz: Ist f eine im abgeschlossenen Intervall $[a; b]$ stetige Funktion, deren Funktionswerte $f(a)$ und $f(b)$ an den Rändern verschiedene Vorzeichen haben, hat f in $[a; b]$ mindestens eine Nullstelle.

Der Graph G_f schneidet in einem solchen Fall die x-Achse im Intervall $[a; b]$ mindestens in einem Punkt.

BEISPIEL Für f mit $f(x) = x^5 - 1$ und $[a; b] = [0; 3]$ gilt:
f ist stetig und $f(0) = -1 < 0, f(3) = 242 > 0$.
Also besitzt f mindestens eine Nullstelle in $[0; 3]$.

Beschränktheit

SATZ

Ist die Funktion f im abgeschlossenen Intervall $[a; b]$ stetig, dann ist sie in $[a; b]$ auch beschränkt. (↗ S. 16)

Extremwertsatz

SATZ

Ist die Funktion f im abgeschlossenen Intervall $[a; b]$ stetig, hat sie dort auch ein Maximum und ein Minimum. (↗ S. 17)

▶**ANMERKUNG** In den beiden letzten Sätzen ist die Abgeschlossenheit des Intervalls $[a; b]$ unverzichtbar. Z. B. ist die im offenen Intervall $]0; 3[$ stetige Funktion $f: x \mapsto \frac{1}{x}$ für $x \to 0$ nicht beschränkt, weiter besitzt sie weder Minimum noch Maximum.

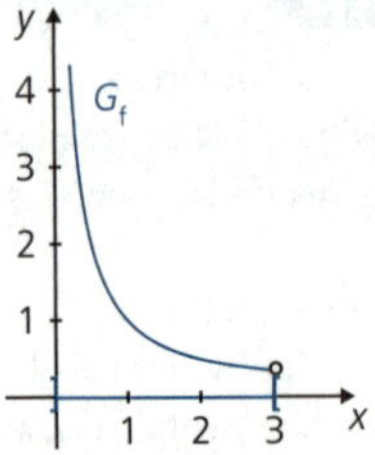

Stetigkeit der Grundfunktionen

Die Funktionen $f_1: x \mapsto c$ mit $c \in \mathbb{R}$, $f_2: x \mapsto x$, $f_3: x \mapsto |x|$, $f_4: x \mapsto \sqrt{x}$, $f_5: x \mapsto \sin x$, $f_6: x \mapsto \cos x$ sind in ihren maximalen Definitionsbereichen stetig.

Verknüpfungen stetiger Funktionen

Aus den Regeln für Grenzwerte (▶ S. 63) folgt der Satz:

SATZ

Sind zwei Funktionen f und g an der Stelle x_0 stetig, so gilt: Die Summe $f + g$, die Differenz $f - g$, das Produkt $f \cdot g$ und der Quotient $\frac{f}{g}$ (wenn $g(x_0) \neq 0$) sind an der Stelle x_0 ebenfalls stetig.

▶**ANWENDUNG** Aus der identischen Funktion $g: x \mapsto x$ und der konstanten Funktion $f: x \mapsto c$, $c \in \mathbb{R}$, lassen sich alle rationalen Funktionen erzeugen. Da f und g an jeder Stelle $x_0 \in \mathbb{R}$ stetig sind, sind auch alle Polynomfunktionen in ganz $\mathbb{R}$ und alle gebrochenrationalen Funktionen an jeder Stelle ihrer Definitionsmenge stetig. Für diese Funktionen f muss die Stetigkeit also nicht mehr eigens nachgewiesen werden und es gilt für sie immer $\lim\limits_{x \to x_0} f(x) = f(x_0)$, $x_0 \in D_f$. Weiter gilt: Ist f in x_0 und g in $f(x_0)$ stetig, so ist auch ihre Verkettung (▶ S. 22) $g \circ f$ in x_0 stetig.

2.3 Differenzierbarkeit

Differenzierbarkeit an einer Stelle

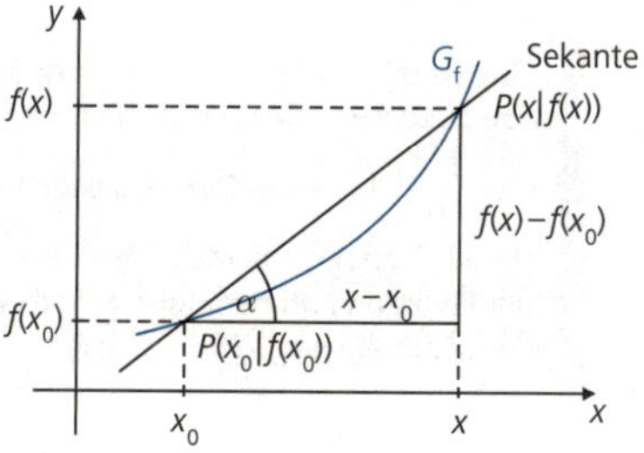

Ausgangpunkt der Überlegungen zur Differenzierbarkeit einer Funktion f ist das Steigungsverhalten ihres Graphen G_f.

Dazu wird die Steigung der Sekante durch einen Punkt $P_0(x_0|f(x_0))$ und einen weiteren Punkt $P(x|f(x))$ des Graphen untersucht. $f\colon x \mapsto y = f(x)$ ist dazu in einer Umgebung $U_\delta(x_0)$ (▶ S. 58) von x_0 definiert.

Differenzenquotient

> Der Term $m_S = \dfrac{f(x) - f(x_0)}{x - x_0}$ mit $x \neq x_0$ heißt ***Differenzenquotient*** der Funktion f bezüglich x_0. Er gibt die Steigung m_S der Sekante durch die Punkte $P(x|f(x))$ und $P_0(x_0|f(x_0))$ des Graphen G_f an. Für den ***Neigungswinkel*** α der Sekante gilt: $\tan \alpha = m_S$.

Besitzen die Steigungen der Sekanten durch den festen $P_0 \in G_f$ einen Grenzwert m, wenn sich der andere Sekantenschnittpunkt P auf dem Graphen P_0 annähert, so heißt die Gerade durch P_0 mit diesem Grenzwert m als Steigung die *Tangente* im Punkt P_0 an den Graphen G_f.

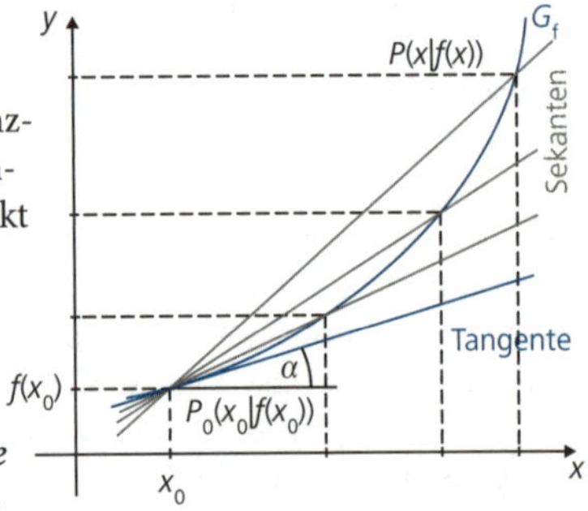

Differentialquotient

> Eine Funktion $f\colon x \mapsto f(x)$, $x \in D_f$, heißt an der Stelle x_0 im Innern von D_f ***differenzierbar*** genau dann, wenn der Grenzwert $\lim\limits_{x \to x_0} \dfrac{f(x) - f(x_0)}{x - x_0}$ des Differenzenquotienten existiert.
> Dieser Grenzwert heißt ***Differentialquotient*** oder ***Ableitung*** der Funktion f an der Stelle x_0 und wird mit $\boldsymbol{f'}(x_0)$ bezeichnet (lies: „f Strich von x_0“).

Schreibweisen: $f'(x_0) = \lim\limits_{x \to x_0} \dfrac{f(x) - f(x_0)}{x - x_0}$, mit $x \neq x_0$.

Setzt man die Differenz $x - x_0 = h$ ($h \neq 0$), so erhält man die sogenannte „h-Form“ der Ableitung:

$$f'(x_0) = \lim_{h \to 0} \frac{f(x_0 + h) - f(x_0)}{h}.$$

Steigung eines Funktionsgraphen

> Ist eine Funktion f an der Stelle x_0 differenzierbar mit der Ableitung $f'(x_0)$, dann ist die ***Steigung*** des Graphen im Punkt $P_0(x_0|f(x_0))$ definiert als $f'(x_0)$. Für den Neigungswinkel α der Tangente in P_0 gilt: $\tan \alpha = f'(x_0)$.

BEISPIEL $f: x \mapsto x^2 - 1, x \in \mathbb{R}$. f ist an der Stelle $x_0 = 2$ differenzierbar:

Mit $x_0 = 2, f(x_0) = 3, f(x_0 + h) = (2 + h)^2 - 1$ erhält man:

$$f'(x_0) = \lim_{h \to 0} \frac{f(x_0 + h) - f(x_0)}{h} = \lim_{h \to 0} \frac{[(2 + h)^2 - 1] - 3}{h}$$

$$= \lim_{h \to 0} \frac{4h + h^2}{h} = \lim_{h \to 0} (4 + h) = 4.$$

Berechnung des Neigungswinkels α der Tangente im Punkt $P_0(2|3)$. Aus $\tan \alpha = 4$ folgt: $\alpha \approx 76°$.

Differenzierbarkeit und Stetigkeit

> **SATZ**
>
> Ist die Funktion f an der Stelle $x_0 \in D_f$ differenzierbar, so ist sie dort auch stetig.

▶ANMERKUNG

1. Mit dem oft einfacheren Nachweis der Differenzierbarkeit zeigt man automatisch die Stetigkeit einer Funktion in x_0.
2. Die Umkehrung des Satzes gilt nicht!

GEGENBEISPIEL Die Funktion $f\colon x \mapsto |x|$, $x \in \mathbb{R}$, (Graph ▶ S. 26) ist an der Stelle $x_0 = 0$ zwar stetig (es gilt: $\lim\limits_{x \to 0} |x| = 0 = f(0)$), aber nicht differenzierbar.
Der linksseitige und der rechtsseitige Grenzwert des Differenzenquotienten stimmen nicht überein:

$$\lim_{\substack{h \to 0 \\ h < 0}} \frac{f(0+h) - f(0)}{h} = -1 \text{ und } \lim_{\substack{h \to 0 \\ h > 0}} \frac{f(0+h) - f(0)}{h} = +1.$$

▶**FOLGERUNG** aus dem Satz: Ist eine Funktion an der Stelle x_0 nicht stetig, so ist sie dort auch nicht differenzierbar.

Differenzierbarkeit in einem Intervall

> Eine Funktion f heißt ***im offenen Intervall]a; b[differenzierbar,*** wenn f an jeder Stelle des Intervalls differenzierbar ist.
> Eine Funktion f heißt ***im abgeschlossenen Intervall [a; b] differenzierbar,*** wenn f im offenen Intervall $]a; b[$ differenzierbar ist und an den Intervallgrenzen a bzw. b der rechtsseitige bzw. der linksseitige Differentialquotient von f existiert.

Ableitungsfunktion einer Funktion

Die Menge derjenigen x-Werte aus der Definitionsmenge D_f, für die f differenzierbar ist, nennt man ***Differenzierbarkeitsmenge*** $D_{f'}$ der Funktion f.
Es gilt: $D_{f'} \subseteq D_f$. Damit wird definiert:

> Die Funktion $f'\colon x \mapsto f'(x)$, die für alle x aus der Differenzierbarkeitsmenge $D_{f'}$ definiert ist, heißt ***Ableitungsfunktion*** (kurz auch ***„Ableitung“***) der Funktion f.

▶**ANMERKUNG** f heißt ***Stammfunktion*** (▶ S. 99) zu f'.

BEISPIEL Für $f: x \mapsto x^2$ gilt: $f'(x_0) = \lim\limits_{x \to x_0} \frac{f(x) - f(x_0)}{x - x_0}$ $= \lim\limits_{x \to x_0} \frac{x^2 - {x_0}^2}{x - x_0} = \lim\limits_{x \to x_0} (x + x_0) = 2x_0$ für alle $x_0 \in \mathbb{R}$.
f ist also für alle $x \in \mathbb{R}$ differenzierbar: $D_{f'} = \mathbb{R}$.
Für die Ableitungsfunktion f' gilt: $f': x \mapsto 2x, x \in \mathbb{R}$.

Schreibweisen für die Ableitungsfunktion:

Leibnizsche Form: $f'(x) = \frac{\mathrm{d}f(x)}{\mathrm{d}x} = \frac{\mathrm{d}}{\mathrm{d}x} f(x)$
(lies: „d *f* von *x* nach d *x*“).
Ist $y = f(x)$, schreibt man auch $f'(x) = \frac{\mathrm{d}y}{\mathrm{d}x} = y'$
(lies: „d *y* nach d *x*" bzw. „*y* Strich“).
In der Physik wird die Ableitung nach der Zeit durch einen Punkt gekennzeichnet: $v(t) = \dot{s}(t) = \frac{\mathrm{d}s}{\mathrm{d}t}$ bzw. $a(t) = \dot{v}(t) = \frac{\mathrm{d}v}{\mathrm{d}t}$.

Ableitungen höherer Ordnung

Ist die Ableitungsfunktion f' ebenfalls differenzierbar, so nennt man die Ableitungsfunktion von f' die ***zweite Ableitung*** von *f*. Sie wird mit f'' (lies: „*f* zwei Strich“) bezeichnet.
Schreibweisen:
$f'': x \mapsto f''(x), x \in D_{f''}$ bzw. $f''(x) = \frac{\mathrm{d}^2 f(x)}{\mathrm{d}x^2} = \frac{\mathrm{d}^2}{\mathrm{d}x^2} f(x)$
(lies: „d zwei *f* von *x* nach d *x* Quadrat“) und mit
$y = f(x)$ auch $f''(x) = \frac{\mathrm{d}^2 y}{\mathrm{d}x^2} = y''$
(lies: „d 2 *y* nach d *x* Quadrat“ bzw. „*y* 2 Strich“).
Genauso wird die dritte, vierte, … ***n-te Ableitung*** einer Funktion definiert. Sie wird mit $f''', f^{(4)}, f^{(5)}, \ldots f^{(n)}$ bezeichnet.
f' heißt auch die erste Ableitung von *f*.

> Existiert für eine Funktion *f* in einer Teilmenge von D_f ihre *n*-te Ableitung $f^{(n)}$, so heißt *f* dort ***n-mal differenzierbar.***

Thema: Differentiationsregeln

Ableitung einer konstanten Funktion

SATZ

Ist $f(x) = c$, $c \in \mathbb{R}$ konstant, so gilt: $f'(x) = 0$.

Ableitung bei konstanten Summanden und Faktoren

SATZ

Ist $c \in \mathbb{R}$ konstant, dann gilt:
$f(x) = u(x) + c \Rightarrow f'(x) = u'(x)$
$f(x) = c \cdot u(x) \Rightarrow f'(x) = c \cdot u'(x)$

BEISPIELE

- $f(x) = x^2 + 5$ mit $u(x) = x^2$, $c = 5$. $f'(x) = u'(x) = 2x$
- $f(x) = 3 \cdot x^4$, $u(x) = x^4$, $c = 3$. $f'(x) = c \cdot u'(x) = 3 \cdot 4x^3 = 12x^3$

Ableitung zusammengesetzter Funktionen

Sind die Funktionen u und v in einem gemeinsamen Bereich D differenzierbar, so gilt dies auch für ihre Summe $u + v$, ihre Differenz $u - v$, ihr Produkt $u \cdot v$ und (wenn $v(x) \neq 0$) auch für ihren Quotienten $\frac{u}{v}$.

SATZ

Summenregel:
$f(x) = u(x) \pm v(x) \Rightarrow f'(x) = u'(x) \pm v'(x)$

Produktregel:
$f(x) = u(x) \cdot v(x) \Rightarrow f'(x) = u'(x) \cdot v(x) + u(x) \cdot v'(x)$

Quotientenregel:
$$f(x) = \frac{u(x)}{v(x)} \quad \Rightarrow f'(x) = \frac{u'(x) \cdot v(x) - u(x) \cdot v'(x)}{[v(x)]^2}$$

BEISPIELE

- Summenregel: Es ist $u(x) = x^2$ und $v(x) = \cos x$. Dann gilt: $f(x) = x^2 + \cos x \Rightarrow f'(x) = u'(x) + v'(x) = 2x - \sin x$.
- Produktregel: Es ist $u(x) = x^3$ und $v(x) = \sin x$. Dann gilt: $f(x) = x^3 \cdot \sin x \Rightarrow$ $f'(x) = u'(x) \cdot v(x) + u(x) \cdot v'(x) = 3x^2 \cdot \sin x + x^3 \cdot \cos x$.
- Quotientenregel: Es ist $u(x) = x^3 + 1$ und $v(x) = 2x$.

Dann ist für $x \neq 0$ die Funktion $f = \frac{u}{v}$ mit $f(x) = \frac{u(x)}{v(x)} = \frac{x^3+1}{2x}$ differenzierbar und es gilt:

$$f'(x) = \frac{u'(x) \cdot v(x) - u(x) \cdot v'(x)}{[v(x)]^2}$$
$$= \frac{3x^2 \cdot 2x - (x^3+1) \cdot 2}{(2x)^2} = \frac{4x^3 - 2}{4x^2} = \frac{2x^3 - 1}{2x^2}.$$

2

Ableitung verketteter Funktionen (Kettenregel)

Ist die Funktion $v: x \mapsto v(x)$ an der Stelle x_0 und die Funktion $u: z \mapsto u(z)$ an der Stelle $z_0 = v(x_0)$ differenzierbar, so ist auch die Verkettung (▶ S. 22) $f = u \circ v$ mit $f(x) = u(v(x))$ an der Stelle x_0 differenzierbar und es gilt:

SATZ

Kettenregel: $f'(x_0) = u'(v(x_0)) \cdot v'(x_0)$.

Die Leibnizsche Schreibweise $\frac{dy}{dx} = \frac{dy}{dz} \cdot \frac{dz}{dx}$ macht die Regel besonders deutlich: Zuerst wird die „äußere" Funktion u differenziert und dann noch die „innere" Funktion v ***„nachdifferenziert"***.

BEISPIEL $f(x) = \sqrt{5x+3}$. Äußere Funktion: $u(z) = \sqrt{z}$ mit $z = 5x + 3$; innere Funktion $v(x) = 5x + 3$.
Somit: $f'(x) = u'(v(x)) \cdot v'(x) = \frac{1}{2\sqrt{5x+3}} \cdot 5 = \frac{5}{2\sqrt{5x+3}}$.

Ableitung der Umkehrfunktion einer Funktion

SATZ

f sei eine in einem Intervall definierte, umkehrbare (↗ S. 18) und differenzierbare Funktion und es gelte $f'(x_0) \neq 0$.
Dann ist die Umkehrfunktion $f^{-1}: y \mapsto f^{-1}(y)$ an der Stelle $y_0 = f(x_0)$ ebenfalls differenzierbar mit
$(f^{-1})'(y_0) = \frac{1}{f'(x_0)}$.

BEISPIEL $f: x \mapsto y = x^2$ ist in $\mathbb{R}_0^+$ umkehrbar mit der Umkehrfunktion $f^{-1}: y \mapsto x = \sqrt{y}$, $y \in \mathbb{R}_0^+$. Für $x \neq 0$ ist auch $f'(x) \neq 0$. Somit gilt für alle $x \in \mathbb{R}_0^+$: $(f^{-1})'(y) = \frac{1}{f'(x)} = \frac{1}{2x} = \frac{1}{2\sqrt{y}}$.

Ableitungen der Grundfunktionen

$f(x)$	D_f	$D_{f'}$	$f'(x)$
x^n, $n \in \mathbb{N}$, $n > 0$	$\mathbb{R}$	D_f	$n \cdot x^{n-1}$
x^n, $n \in \mathbb{Z}$, $n < 0$	$\mathbb{R}\setminus\{0\}$	D_f	$n \cdot x^{n-1}$
x^r, $r \in \mathbb{R}$	$\mathbb{R}^+ =]0; \infty[$	D_f	$r \cdot x^{r-1}$
$\sqrt{x}$	$\mathbb{R}_0^+ = [0; \infty[$	$D_f\setminus\{0\}$	$\frac{1}{2\sqrt{x}}$
a^x, $a \in \mathbb{R}^+\setminus\{1\}$	$\mathbb{R}$	D_f	$a^x \cdot \ln a$
e^x	$\mathbb{R}$	D_f	e^x
$\log_b x$, $b \in \mathbb{R}^+\setminus\{1\}$	$\mathbb{R}^+$	D_f	$\frac{1}{x \cdot \ln b}$
$\ln x$	$\mathbb{R}^+$	D_f	$\frac{1}{x}$
$\sin x$	$\mathbb{R}$	D_f	$\cos x$
$\cos x$	$\mathbb{R}$	D_f	$-\sin x$
$\tan x$	$\left\{x \mid x \neq (2k+1)\frac{\pi}{2};\ k \in \mathbb{Z}\right\}$	D_f	$\frac{1}{\cos^2 x}$

2.4 Eigenschaften von Funktionsgraphen und Ableitungen

Geometrische Bedeutung der 1. Ableitung

Monotonieverhalten

SATZ

Ist eine Funktion f in einem Intervall $[a;b]$ stetig und zumindest im Innern des Intervalls differenzierbar, so gilt:

Ist $f'(x) > 0$ für alle $x \in\ ]a;b[$, so ist f in $[a;b]$ streng monoton zunehmend.

Ist $f'(x) < 0$ für alle $x \in\ ]a;b[$, so ist f in $[a;b]$ streng monoton abnehmend.

BEISPIEL zur Untersuchung des Monotonieverhaltens:
Sei $f\colon x \mapsto x^2$, $x \in \mathbb{R}$. Vorzeichenuntersuchung von $f'(x) = 2x$:

$f'(x) > 0$ für $x > 0$
f ist also im Intervall $[0;\infty[$ streng monoton zunehmend

$f'(x) < 0$ für $x < 0$
f ist also im Intervall $]-\infty;0]$ streng monoton abnehmend

Bedeutung für den Graphen und seine Tangenten:
Ist die Steigung $m = \tan\alpha = f'(x_0)$ der Tangente in jedem Punkt $P(x_0|f(x_0))$, $x_0 \in\ ]a;b[$

positiv, so **steigt** der Graph G_f in $[a;b]$ streng monoton.

negativ, so **fällt** der Graph G_f in $[a;b]$ streng monoton.

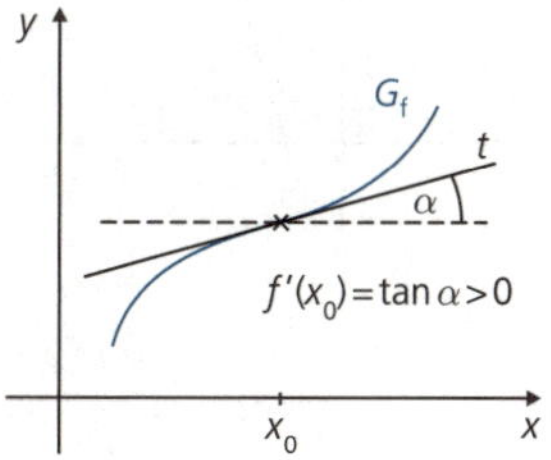

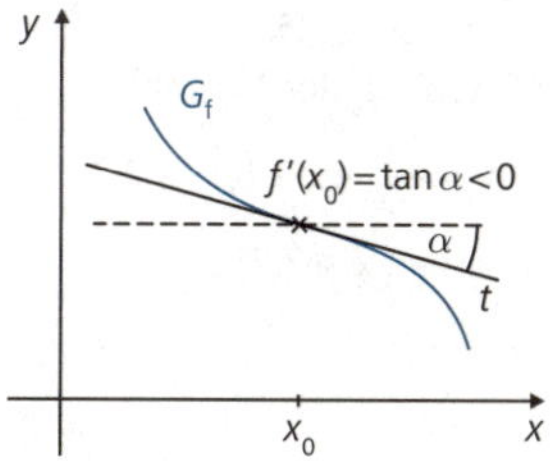

BEACHTE Der Graph G_f besitzt an einer Stelle x_0 genau dann eine waagrechte Tangente, wenn $f'(x) = 0$.

Tangente und Normale

Gleichung der ***Tangente*** t in einem Punkt $P(x_0|f(x_0))$ des Graphen G_f einer in x_0 differenzierbaren Funktion f:

SATZ

Gleichung der Tangente t: $y = f'(x_0)(x - x_0) + f(x_0)$

Als ***Normale*** n in einem Punkt $P(x_0|f(x_0))$ des Graphen G_f bezeichnet man diejenige Gerade durch P, die auf der Tangente im Punkt P senkrecht steht. Für die Steigung m_n der Normale gilt:

$m_n = -\frac{1}{m_t} = -\frac{1}{f'(x_0)}$ mit $f'(x_0) \neq 0$.

SATZ

Gleichung der Normale n: $y = -\frac{1}{f'(x_0)}(x - x_0) + f(x_0)$.

BEISPIEL

$f: x \mapsto x^2$, $P(1{,}5|2{,}25)$

Mit $f'(x) = 2x$ gilt:

$f'(1{,}5) = 3$.

Gleichung der Tangente:

$t: y = 3 \cdot (x - 1{,}5) + 2{,}25$

$t: y = 3x - 2{,}25$

Gleichung der Normale:

$n: y = -\frac{1}{3} \cdot (x - 1{,}5) + 2{,}25$

$n: y = -\frac{1}{3}x + 2{,}75$

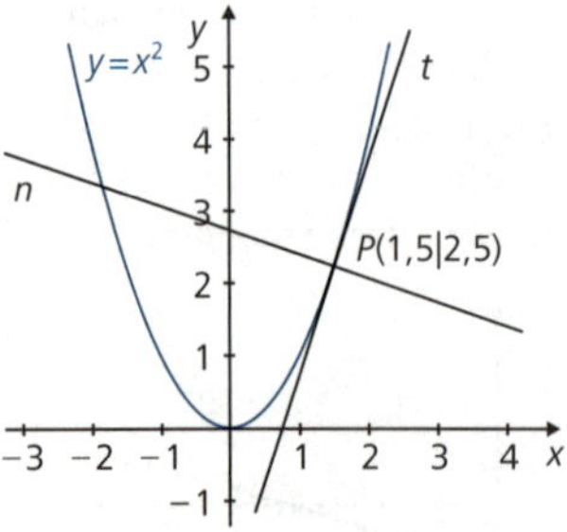

Schnittwinkel zweier Graphen

Schneiden sich die Graphen G_{f_1} und G_{f_2} zweier Funktionen f_1 und f_2 an einer Stelle x_0, so wird der ***Schnittwinkel*** (▶ S. 24) der beiden Graphen definiert als der nichtstumpfe Winkel φ, den die beiden Tangenten im Schnittpunkt einschließen. Sind m_1 und m_2 die zugehörigen Tangentensteigungen, so gilt für φ:

SATZ

$$\tan \varphi = \left|\frac{m_1 - m_2}{1 + m_1 \cdot m_2}\right| = \left|\frac{f_1'(x_0) - f_2'(x_0)}{1 + f_1'(x_0) \cdot f_2'(x_0)}\right|$$

Spezialfall: Schneiden sich die Graphen senkrecht, so gilt:
$f_1'(x_0) \cdot f_2'(x_0) = m_1 \cdot m_2 = -1$.

BEISPIEL

Die Graphen der Funktionen $f_1\colon x \mapsto x^2$ und $f_2\colon x \mapsto (x-2)^2$ schneiden sich an der Stelle $x_0 = 1$. Mit $m_1 = f_1'(x_0) = 2x_0 = 2$ und $m_2 = f_2'(x_0) = 2x_0 - 4 = -2$ ergibt sich

$$\tan \varphi = \left|\frac{2-(-2)}{1+2\cdot(-2)}\right| = \frac{4}{3} \text{ und}$$

damit $\varphi \approx 53°$.

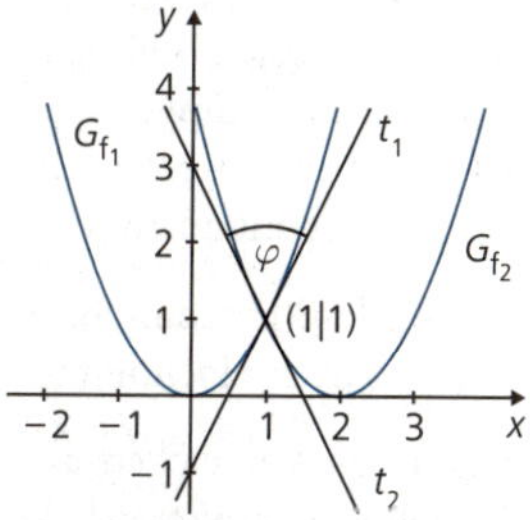

Die Tangenten im Schnittpunkt (1|1) sind
$t_1\colon y = 2x - 1$ und $t_2\colon y = -2x + 3$.

Extremwerte und Extrempunkte

◆ **Notwendige Bedingung für Extrema** (▶ S. 17)

f sei eine in einem Intervall differenzierbare Funktion. Hat f an der Stelle x_0 im Innern des Intervalls einen lokalen Extremwert, so gilt $f'(x_0) = 0$.

BEACHTE

1. Diese Bedingung ist nicht hinreichend.
Für $f: x \mapsto f(x) = x^3$ gilt zwar mit $f'(x) = 3x^2$ für $x_0 = 0$: $f'(0) = 0$, die Funktion hat jedoch an der Stelle $x_0 = 0$ kein lokales Extremum.

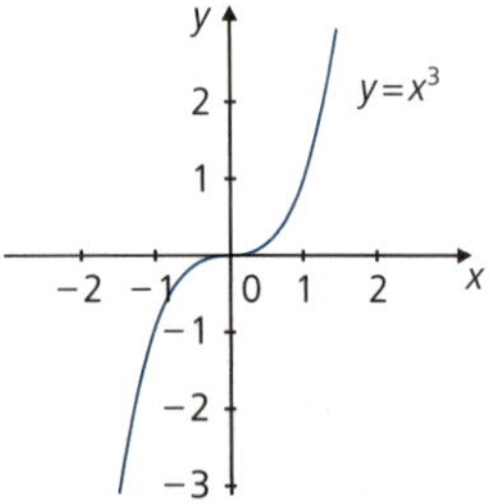

2. Der Satz gilt nur für differenzierbare Funktionen.
Zum Beispiel hat die Betragsfunktion (▶ S. 26) $f: x \mapsto |x|$ an der Stelle $x_0 = 0$ ein Extremum (Minimum), ist dort aber nicht differenzierbar: $f'(x)$ ist für $x_0 = 0$ nicht definiert.

◆ **Hinreichende Bedingung für Extrema**

1. Ist f in einer Umgebung einer Stelle x_0 differenzierbar und gilt $f'(x_0) = 0$ und f' wechselt bei x_0 das Vorzeichen, dann besitzt f bei x_0 ein Extremum bzw. G_f einen Extrempunkt, und zwar

ein lokales Maximum bzw. einen lokalen Hochpunkt,	ein lokales Minimum bzw. einen lokalen Tiefpunkt,

wenn das Vorzeichen an der Stelle x_0 beim Übergang von kleineren zu größeren x-Werten von

+ nach – wechselt.	– nach + wechselt.

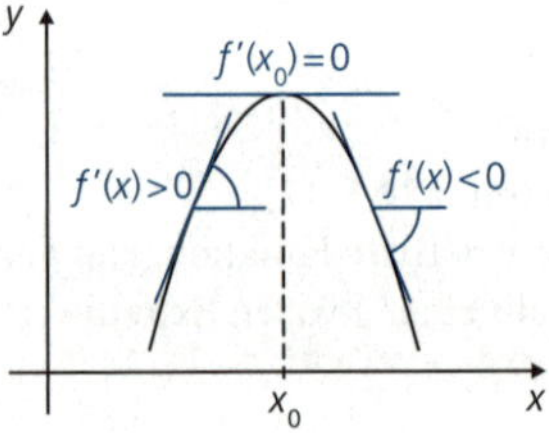

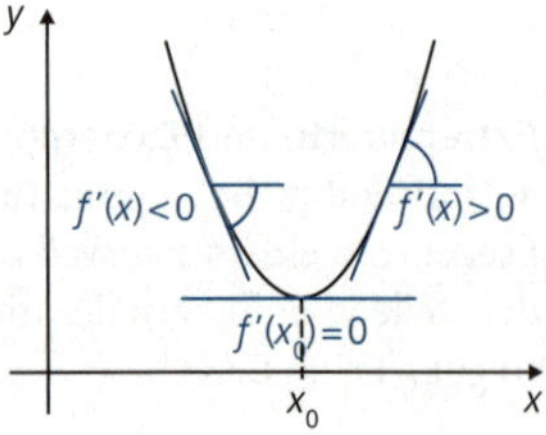

2. Ist f an einer Stelle x_0 zweimal differenzierbar und gilt:

$f'(x_0) = 0$ und $f''(x_0) < 0$,	$f'(x_0) = 0$ und $f''(x_0) > 0$,
dann hat f an der Stelle x_0 ein	
lokales Maximum.	lokales Minimum.

BEACHTE Diese Bedingung ist nicht notwendig.

BEISPIEL

Für die Funktion $f\colon x \mapsto f(x) = x^4$ mit $f''(x) = 12x^2$ gilt für $x_0 = 0$: $f''(0) = 0$, aber die Funktion f besitzt dort trotzdem ein lokales Minimum.

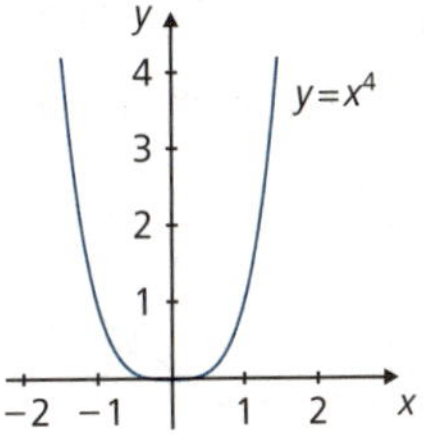

Weiter ist zu beachten:

1. Ist f auf einem abgeschlossenen Intervall $[a; b]$ definiert, so können außer an den Nullstellen von f' in $]a; b[$ noch an den beiden Randstellen a und b Extrema auftreten.

2. Gesondert muss auch bei denjenigen Stellen, an denen f nicht differenzierbar ist, untersucht werden, ob ein Extremum vorliegt.

SATZ

Besitzt f an der Stelle x_0 ein lokales Maximum (Minimum), so ist $P(x_0 | f(x_0))$ ein lokaler Hochpunkt (Tiefpunkt).

Die Vorgehensweise zur **Berechnung von Extrema** wird an einem Beispiel (▶ S. 85, Punkt 8) dargestellt.

Geometrische Bedeutung der 2. Ableitung

Krümmung des Graphen

Der Graph G_f heißt in einem Intervall

rechtsgekrümmt oder ***konkav***,	***linksgekrümmt*** oder ***konvex***,

wenn die Steigung der Tangente in diesem Intervall

streng monoton abnimmt.	streng monoton zunimmt.

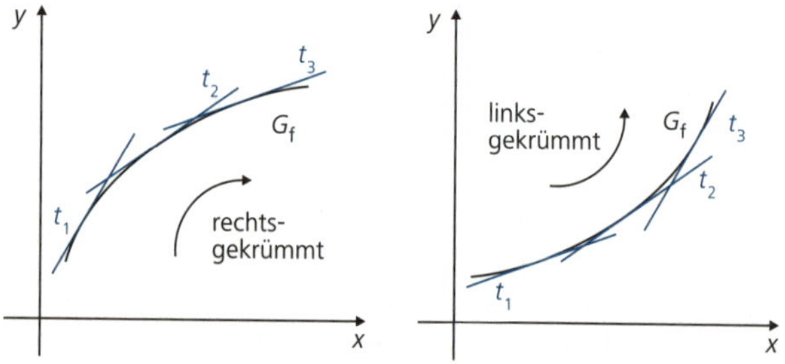

Die Tangente dreht sich bei einer

Rechtskrümmung nach rechts, d. h. im Uhrzeigersinn.	Linkskrümmung nach links, d. h. gegen den Uhrzeigersinn.

Kriterium für das Krümmungsverhalten

SATZ

Ist f in einem Intervall I zweimal differenzierbar und gilt:

$f''(x) < 0$	$f''(x) > 0$

für alle $x \in I$, dann ist der Graph G_f im Intervall I

rechtsgekrümmt.	linksgekrümmt.

Wendepunkt und Wendestelle

> Ein Punkt $P(x_0|f(x_0))$ des Graphen G_f einer Funktion f heißt ***Wendepunkt***, wenn G_f in P seine Krümmung ändert.
> Die Stelle x_0 heißt ***Wendestelle.*** Die Tangente im Wendepunkt heißt ***Wendetangente.***
> Ein Wendepunkt mit horizontaler Tangente heißt ***Terrassenpunkt.***

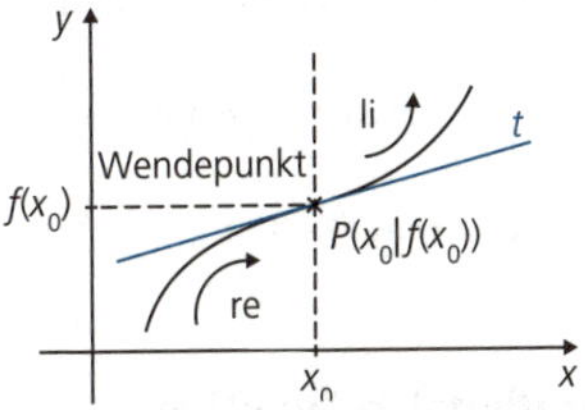

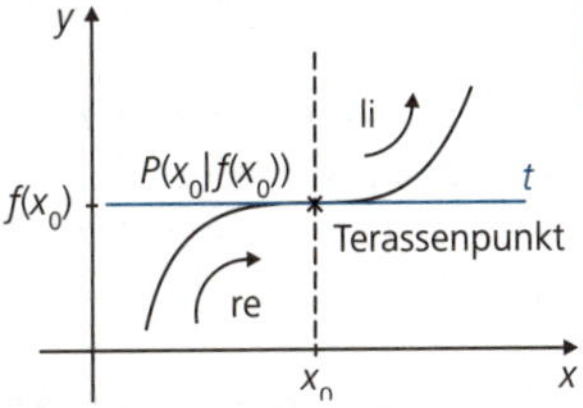

◆ **Notwendige Bedingung für einen Wendepunkt**
Hat der Graph G_f einer zweimal differenzierbaren Funktion f an der Stelle x_0 einen Wendepunkt, so gilt $f''(x_0) = 0$.

AUGEN AUF! Dass die Bedingung nicht hinreichend ist, zeigt die Funktion $f: x \mapsto f(x) = x^4$ mit $f''(x) = 12x^2$. Für $x_0 = 0$ ist $f''(x) = 0$, aber der Graph G_f (▶ S. 81) besitzt dort keinen Wendepunkt.

◆ **Hinreichende Bedingungen für einen Wendepunkt**
1. Ist f an der Stelle x_0 zweimal differenzierbar mit $f''(x_0) = 0$ und wechselt f'' in x_0 das Vorzeichen, so hat G_f an der Stelle x_0 einen Wendepunkt.
2. Ist f in x_0 dreimal differenzierbar mit $f''(x_0) = 0$ und $f'''(x_0) \neq 0$, so hat G_f an der Stelle x_0 einen Wendepunkt.

Die Vorgehensweise zur **Berechnung von Wendepunkten** wird an einem Beispiel (▶ S. 86, Punkt 10) dargestellt.

2.5 Anwendungsbeispiele

Die Differentialrechnung ist ein mächtiges Instrument bei der Untersuchung von gegebenen Funktionen oder bei der mathematischen Modellierung von realen Sachverhalten durch Funktionen. Beispielaufgaben zeigen

- die Untersuchung einer gebrochenrationalen Funktion,
- das Erstellen einer Polynomfunktion zu vorgegebenen Bedingungen (▸ S. 87),
- das **Newton**-Verfahren zur näherungsweisen Berechnung von Nullstellen (▸ S. 89),
- die mathematische Modellierung eines Extremalproblems (▸ S. 91).

Diskussion einer gebrochenrationalen Funktion

Bei der „Diskussion“ einer Funktion werden elementare Eigenschaften vor allem des Funktionsgraphen aus der Untersuchung der Terme der Funktion und der Ableitungen ermittelt.

BEISPIEL $f(x) = \frac{2x^2 - 4x + 2}{x^2} = 2 + \frac{-4x + 2}{x^2} = 2 - \frac{4}{x} + \frac{2}{x^2}$

1. Definitionsbereich D_f

$f(x) = \frac{2x^2 - 4x + 2}{x^2} = \frac{u(x)}{v(x)}$. f ist an der Nullstelle $x = 0$ des Nenners $v(x)$ nicht definiert: Also gilt: $D_f = \mathbb{R}\setminus\{0\}$.

2. Symmetrieeigenschaften des Graphen G_f

Es liegt keine ausgezeichnete Symmetrie vor.

3. Nullstellen von f

Für $x \in D_f$ gilt:

$f(x) = 0 \Leftrightarrow u(x) = 0 \Leftrightarrow 2x^2 - 4x + 2 = 0 \Leftrightarrow$

$2 \cdot (x - 1)^2 = 0 \Leftrightarrow x = 1$.

f hat also bei $x = 1$ eine doppelte Nullstelle (d. h. ohne Vorzeichenwechsel).

4. Schnittpunkt von G_f mit der y-Achse

Da f für $x = 0$ nicht definiert ist, existiert kein Schnittpunkt mit der y-Achse.

5. Verhalten von f am Rand von D_f

Es gilt $\lim\limits_{x \to \pm\infty} f(x) = \lim\limits_{x \to \pm\infty} \left(2 - \frac{4}{x} + \frac{2}{x^2}\right) = 2.$

Die Gerade g: $y = 2$ ist horizontale Asymptote von G_f.

$\lim\limits_{\substack{x \to 0 \\ x > 0}} f(x) = \lim\limits_{\substack{x \to 0 \\ x < 0}} f(x) = +\infty$. Die y-Achse ist vertikale Asymptote.

Die Definitionslücke $x = 0$ ist Unendlichkeitsstelle 2. Ordnung, also ohne Vorzeichenwechsel.

6. Vorzeichenbereiche von f

Vorzeichentabelle für f

x	$x < 0$	$0 < x < 1$	$1 < x$
Vorzeichen von $f(x)$	+	+	+

f ist nicht negativ, der Graph G_f verläuft also im I. und II. Quadranten.

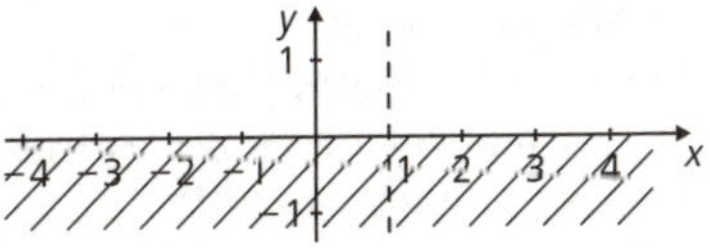

7. Berechnung von f' und f'':

$$f'(x) = \frac{(4x - 4) \cdot x^2 - (2x^2 - 4x + 2) \cdot 2x}{x^4} = \frac{4x - 4}{x^3};$$

$$f''(x) = \frac{4x^3 - (4x - 4) \cdot 3x^2}{x^6} = \frac{-8x + 12}{x^4}, D_{f'} = D_{f''} = \mathbb{R} \setminus \{0\}.$$

8. Extrema von f bzw. Extrempunkte von G_f

1. Nullstellen von f': $f'(x) = 0 \Leftrightarrow 4x - 4 = 0 \Leftrightarrow x = 1$
2. Entscheidung, ob Extremum vorliegt:

$f''(1) = 4 > 0$, somit hat f bei $x = 1$ ein lokales Minimum.
Mit $f(1) = 0$ erhält man den Tiefpunkt $T(1|0)$.

9. Monotonie von f bzw. Steigen und Fallen von G_f
Eine Vorzeichenbetrachtung von f' ergibt:
$x < 0 \quad \Rightarrow f'(x) > 0 \Rightarrow G_f$ steigt streng monoton,
$0 < x < 1 \quad \Rightarrow f'(x) < 0 \Rightarrow G_f$ fällt streng monoton,
$1 < x \quad \Rightarrow f'(x) > 0 \Rightarrow G_f$ steigt streng monoton.

10. Wendestellen von f bzw. Wendepunkte von G_f
1. Nullstelle von f'': $f''(x) = 0 \Leftrightarrow -8x + 12 = 0 \Leftrightarrow x = 1{,}5$
2. Entscheidung, ob Wendepunkt vorliegt:
Da f'' bei $x = 1{,}5$ das Vorzeichen wechselt, liegt bei $x = 1{,}5$ ein Wendepunkt vor.

Mit $f(1{,}5) = \frac{2}{9} \approx 0{,}22$: Wendepunkt $W\left(1{,}5 \middle| \frac{2}{9}\right)$.

11. Krümmungsverhalten von G_f
Vorzeichenuntersuchung von $f''(x) = \frac{-8x + 12}{x^4}$ ergibt:
$x < 0 \quad \Rightarrow f''(x) > 0 \Rightarrow G_f$ ist linksgekrümmt,
$0 < x < 1{,}5 \quad \Rightarrow f''(x) > 0 \Rightarrow G_f$ ist linksgekrümmt,
$1{,}5 < x \quad \Rightarrow f''(x) < 0 \Rightarrow G_f$ ist rechtsgekrümmt.

12. Wertemenge W_f
Aufgrund des lokalen Minimums, des Verhaltens von f für $x \to \pm\infty$ und $x \to 0$ sowie der Stetigkeit von f gilt:
$W_f = \mathbb{R}_0^+ = [0; \infty[$.

13. Zeichnung des Graphen

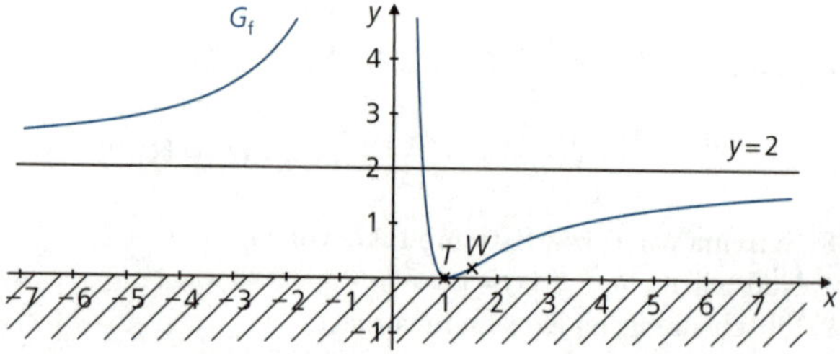

Polynomfunktionen zu vorgegebenen Bedingungen

Anzahl der Bedingungen und Grad der Polynomfunktion

Sind über den Verlauf einer Polynomfunktion eine Anzahl von Bedingungen z. B. über Nullstellen, Extremalstellen, Wendestellen vorgegeben, so lässt sich damit ein Satz von Gleichungen aufstellen, aus denen der Term der Polynomfunktion ermittelt werden kann.
Es gilt dabei: Zur Bestimmung der $n + 1$ Koeffizienten des Terms einer Polynomfunktion n-ten Grades (▶ S. 40)
$f(x) = a_n x^n + a_{n-1} x^{n-1} + \ldots + a_1 x + a_0$ sind $n + 1$ Bedingungen nötig.

Dabei sind folgende **„Übersetzungsregeln"** hilfreich:	
Der Punkt $P(a\|b)$ liegt auf G_f	$\Leftrightarrow f(a) = b$.
Die Steigung bei $x = a$ hat den Wert m	$\Leftrightarrow f'(a) = m$.
Bei $x = a$ liegt ein Extremum vor	$\Rightarrow f'(a) = 0$.
Bei $x = a$ ist eine Wendestelle	$\Rightarrow f''(a) = 0$.
Bei $x = a$ ist ein Terrassenpunkt	$\Rightarrow f'(a) = 0 \wedge f''(a) = 0$.

▶ ALLGEMEINES VORGEHEN:

1. Setze den Funktionsterm mit variablen Koeffizienten an.
Als Koeffizientenvariablen verwendet man dabei aus Gründen der Vereinfachung $a, b, c, \ldots$ anstelle von $a_n, a_{n-1}, a_{n-2}, \ldots$
Berechne die Ableitungen.
2. Übersetze die gegebenen Bedingungen in Gleichungen
3. Löse das entstandene Gleichungssystem (▶ S. 114 f.).
4. Überprüfe, ob auch alle nicht äquivalent übersetzten Bedingungen (Extrema, Wendepunkte) erfüllt sind.

BEISPIEL Bestimme den Term $f(x)$ einer Polynomfunktion 3. Grades, für die gilt:

- Die Funktion hat bei $x = 2$ eine Nullstelle.
- Bei $x = -2$ liegt ein Extremum vor.
- Der Graph G_f hat den Wendepunkt $W(0|-4)$.

1. Ansatz

$f(x) = ax^3 + bx^2 + cx + d$ hat den Grad 3. Weiter gilt dann:
$f'(x) = 3ax^2 + 2bx + c$ und $f''(x) = 6ax + 2b$.

2. Aufstellen der Gleichungen

Nullstelle bei 2:	(1) $f\ (2) = 0$	$\Leftrightarrow$	$8a + 4b + 2c + d = 0$
Extremum bei –2:	(2) $f'\ (-2) = 0$	$\Leftrightarrow$	$12a - 4b + c = 0$
Wendestelle bei 0:	(3) $f''(0) = 0$	$\Leftrightarrow$	$2b = 0$
Wendepunkt (0|–4):	(4) $f\ (0) = -4$	$\Leftrightarrow$	$d = -4$

3. Lösen des Gleichungssystems

Aus (3) folgt $\boldsymbol{b = 0}$ und (4) zeigt $\boldsymbol{d = -4}$.
Werden $b = 0$ und $d = -4$ in den Gleichungen (1) und (2) eingesetzt, erhält man das einfachere Gleichungssystem

(1*) $8a + 2c - 4 = 0$
(2*) $12a + c = 0$

Aus (2*) erhält man $c = -12a$, eingesetzt in (1*) ergibt:
(1**) $8a + 2 \cdot (-12a) - 4 = 0 \Leftrightarrow -16a = 4 \Leftrightarrow \boldsymbol{a = -0{,}25}$.
Daraus folgt $\boldsymbol{c = 3}$.

4. Überprüfung des Ergebnisses

$f\colon x \mapsto -0{,}25x^3 + 3x - 4$

Für f liegt bei $x = -2$ ein Minimum vor.
G_f hat den Wendepunkt (0|–4).
Und so sieht der Graph G_f aus:

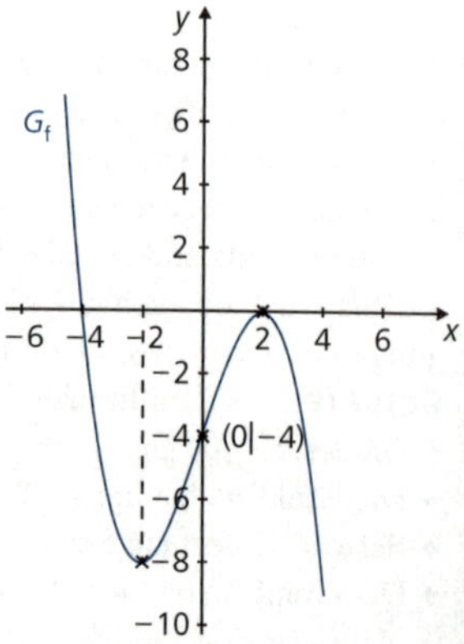

Newton-Verfahren – näherungsweise Berechnung von Nullstellen

Die Bestimmung von Nullstellen wird häufig dann kompliziert, wenn nichtlineare Gleichungen zu lösen sind. Bei differenzierbaren (also auch stetigen) Funktionen liefert das sogenannte Newton-Verfahren in den meisten Fällen schnell einen Näherungswert für die gesuchte Nullstelle.
Die Grundidee bei dieser Methode ist es, die gegebene Funktion in einem Intervall $[a; b]$, in dem sicher eine Nullstelle liegt, durch ihre Tangente in einem „Startpunkt" $P_1(x_1|f(x_1))$ (mit $a < x_1 <$ b) anzunähern.

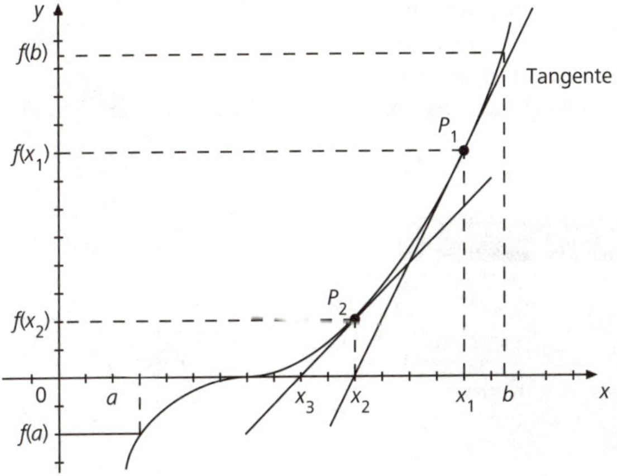

Die Nullstelle x_2 dieser Tangente wird nun als Näherung für die Nullstelle der Funktion angesehen. Der Punkt $P_2(x_2|f(x_2))$ dient als Ausgangspunkt für den nächsten Iterationsschritt. Das Verfahren wird so lange wiederholt, bis die Näherungslösungen sich weniger als eine vorgegebene Genauigkeit unterscheiden.
Für die Steigungen $m_n = f'(x_n)$ der n-ten Tangenten im Punkt

$P_n\left(x_n|f(x_n)\right)$ gilt: $f'(x_n) = \dfrac{f(x_n)}{x_n - x_{n+1}}$.

Daraus erhält man als nächste Näherung der gesuchten Nullstelle:

$$x_{n+1} = x_n - \frac{f(x_n)}{f'(x_n)}; f'(x_n) \neq 0.$$

Diese Folge der Näherungswerte konvergiert immer dann gegen die Nullstelle, wenn der Startwert x_1 genügend dicht an der gesuchten Nullstelle liegt.

BEISPIEL

Berechnung einer Nullstelle von $f: x \mapsto 0{,}1x^5 - x + 2$ auf sechs Dezimalen genau.
Erste Abschätzungen ergeben, dass eine Nullstelle im Intervall $[-2{,}5; -2]$ liegen muss.
Ableitung: $f'(x) = 0{,}5x^4 - 1$
Wahl des Startwertes $x_1 = -2$
Die Berechnung der Folge der Iterationswerte x_n erfolgt mit

$$x_{n+1} = x_n - \frac{f(x_n)}{f'(x_n)} = x_n - \frac{0{,}1x_n^{\,5} - x_n + 2}{0{,}5x_n^{\,4} - 1}.$$

n	x_n
1	−2
2	−2,114285714
3	−2,101981329
4	−2,101818946
5	−2,101818918

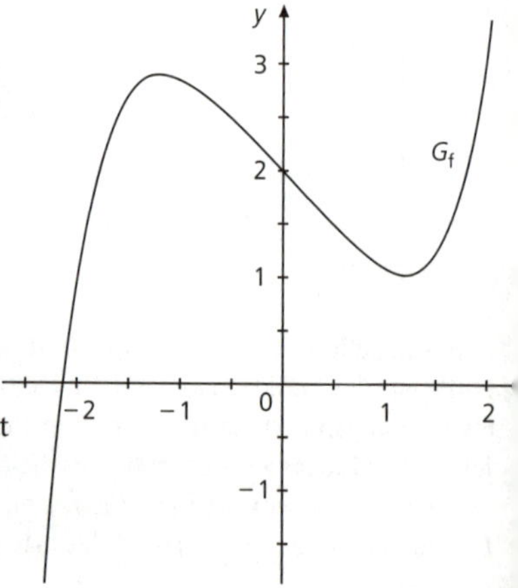

Beim 5. Iterationsschritt ist die gewünschte Genauigkeit erreicht: Die Nullstelle ist $x \approx -2{,}101\,819$.

Extremwertaufgaben

Bei Extremwertaufgaben werden mithilfe der Differentialrechnung Optimierungsprobleme bearbeitet: Für eine Größe wird der optimale Wert gesucht, dies kann je nach Fragestellung der kleinste oder der größte Wert sein.

▶ ALLGEMEINES VORGEHEN

1. Formuliere die Aufgabenstellung „mathematisch". Übersetze dazu alltagssprachliche Begriffe in mathematische Fachtermini. Lege, wenn möglich, eine beschriftete Skizze an und stelle alle gegebenen Größen und die angegebenen Bedingungen, die sogenannten ***Nebenbedingungen***, zusammen.

2. Bestimme für die zu optimierende Größe eine Funktionsgleichung in Abhängigkeit von den anderen Variablen. Reduziere die Anzahl der Variablen durch Beachtung der Nebenbedingungen.

3. Lege aus den Angaben die Definitionsmenge D fest.

4. Bestimme die lokalen Extrema.

5. Bestimme das globale Extremum. Berücksichtige dabei die Werte an den Rändern von D.

BEISPIEL Aus einem Stück Pappe (60 cm × 70 cm) soll eine offene Schachtel hergestellt werden, deren Länge und Breite gleich ist. Das Volumen der Schachtel soll maximal sein.

1. Mathematisierung der Aufgabe

Vorüberlegungen: Die Schachtel soll einen quadratischen Boden haben. Daher kann von dem Stück Pappe nur ein quadratisches Stück mit der Seitenlänge 60 cm verwendet werden. Ausgangspunkt ist also ein Quadrat mit Seitenlänge $a = 60$ (cm). Das entstehende Schachtelvolumen V soll maximal werden. Gesucht: Länge x eines zu entfernenden Quadrats in cm.

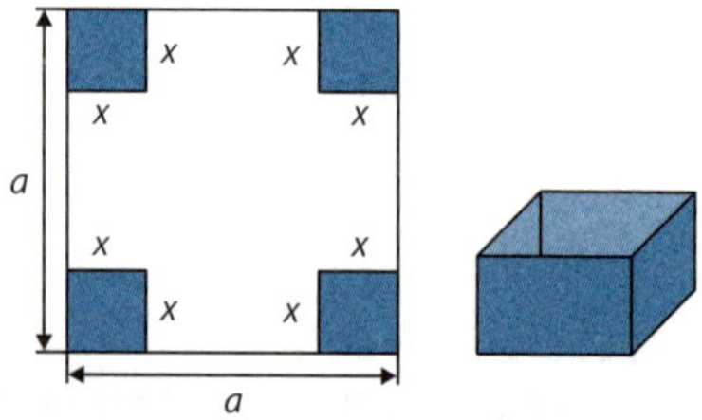

2. Funktionsgleichung

Die Schachtel hat nach dem Entfernen der Eckquadrate und dem Zusammenfalten die Höhe x und eine quadratische Grundfläche mit der Seitenlänge $a - 2x$. Damit ergibt sich die Funktionsgleichung für V mit a als Parameter:

$V(x) = (a - 2x)^2 \cdot x = (a^2 - 4ax + 4x^2) \cdot x = 4x^3 - 4ax^2 + a^2x.$

3. Definitionsbereich

x kann alle Werte zwischen 0 (cm) und 30 (cm) annehmen, also gilt $D =]0; 30[$.

4. Bestimmung der lokalen Extrema

Aus $V(x) = (a - 2x)^2 \cdot x = 4x^3 - 4ax^2 + a^2x$ folgt:

$V'(x) = 12x^2 - 8ax + a^2$ und $V''(x) = 24x - 8a$.

Notwendige Bedingung für Extrema: $V'(x) = 0$.

$V'(x) = 0 \Leftrightarrow 12x^2 - 8ax + a^2 = 0$.

Mit der Lösungsformel für die quadratische Gleichung ergibt sich: $x_{1/2} = \frac{8a \pm \sqrt{64a^2 - 4 \cdot 12 \cdot a^2}}{2 \cdot 12} = \frac{8a \pm 4a}{24}$ bzw.

$x_1 = \frac{a}{6}$ oder $x_2 = \frac{a}{2}$.

BEACHTE
$x_2 = \frac{a}{2} = 30$ liegt jedoch nicht mehr im Definitionsbereich

$D =]0; 30[$.

Wegen $V''\left(\frac{a}{6}\right) = 24 \cdot \frac{a}{6} - 8a = -4a < 0$ liegt bei $x_1 = \frac{a}{6}$ ein lokales Maximum von V vor: Mit $a = 60$ ist $x_1 = 10$. Für das Volumen ergibt sich: $V(10) = 16\,000$.

5. Bestimmung des globalen Maximums
Am Rand von D gilt: $\lim\limits_{x \to 0} V(x) = \lim\limits_{x \to 30} V(x) = 0$.

Da $V(x)$ in $D =]0; 30[$ differenzierbar ist, gibt es in D außer bei $x = 10$ (cm) kein weiteres Maximum.
Für $x = 10\,\text{cm}$ ist das Volumen der offenen Schachtel maximal, nämlich $16\,000\,\text{cm}^3 = 16\,\text{dm}^3$.

3 Integralrechnung

3.1 Das bestimmte Integral

Flächenberechnung mit Obersumme und Untersumme

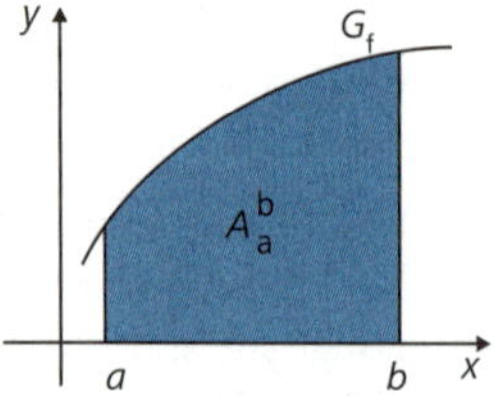

Die Flächenmaßzahl A_a^b der Fläche zwischen dem Graphen G_f einer Funktion f und der x-Achse über einem Intervall $[a;b]$ soll bestimmt werden. Die Funktion f sei in dem Intervall $[a;b]$ zunächst stetig, nicht negativ und monoton zunehmend.

Die Fläche zwischen dem Graphen G_f und der x-Achse über dem Intervall $[a;b]$ kann durch Rechtecksflächen approximiert werden. Dazu werden dieser Fläche n Rechtecke gleicher Breite $(b - a) : n$ ein- bzw. umbeschrieben (s. Abb. unten).

> Die Summe der Flächenmaßzahlen der n einbeschriebenen Rechtecke heißt ***Untersumme*** $\underline{A_n}$, die der n umbeschriebenen Rechtecke ***Obersumme*** $\overline{A_n}$.

Durch eine fortgesetzte Verkleinerung der Rechtecksbreiten (z. B. Halbierung) erhält man immer bessere Näherungswerte.

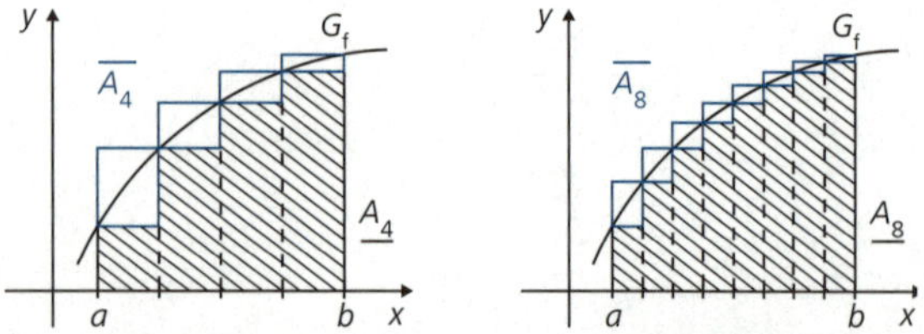

Für alle $m, n \in \mathbb{N}$ mit $m > n$ lässt sich zeigen:

1. $\underline{A}_n \leq A_a^b \leq \overline{A}_n$, d. h., die Flächenmaßzahl A_a^b ist eine obere Grenze für die Folge der Untersummen und eine untere Grenze für die Folge der Obersummen.

2. $\underline{A}_n < \underline{A}_m$, d. h., die Folge der Untersummen ist monoton zunehmend. Da sie in A_a^b auch eine obere Grenze besitzt, hat sie einen Grenzwert $\underline{A} = \lim\limits_{n \to \infty} \underline{A}_n \leq A_a^b$.

3. $\overline{A}_n \geq \overline{A}_m$, d. h., die Folge der Obersummen ist monoton abnehmend. Da sie in A_a^b auch eine untere Grenze besitzt, hat sie einen Grenzwert $\overline{A} = \lim\limits_{n \to \infty} \overline{A}_n \geq A_a^b$.

4. $\lim\limits_{n \to \infty} \left(\overline{A}_n - \underline{A}_n\right) = \lim\limits_{n \to \infty} \left([f(b) - f(a)] \cdot \frac{b-a}{n}\right) = 0$, d. h., die Differenzenfolge der Ober- und Untersummen ist eine Nullfolge.

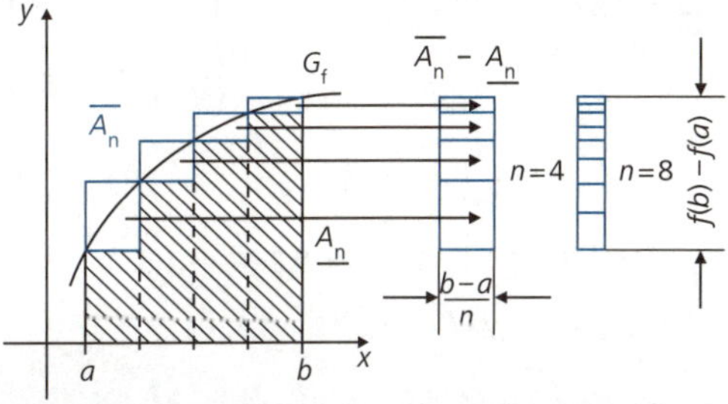

SATZ

Die Intervalle $[\underline{A}_n; \overline{A}_n]$ bilden eine Intervallschachtelung für die Flächenmaßzahl A_a^b. Es gilt: $A_a^b = \lim\limits_{n \to \infty} \underline{A}_n = \lim\limits_{n \to \infty} \overline{A}_n$.

Man berechnet A_a^b mit den ***Summengrenzwertformeln:***

$$A_a^b = \lim_{n \to \infty} \sum_{i=0}^{n-1} f\left(a + i \cdot \frac{b-a}{n}\right) \cdot \frac{b-a}{n} \text{ bzw.}$$

$$A_a^b = \lim_{n \to \infty} \sum_{i=1}^{n} f\left(a + i \cdot \frac{b-a}{n}\right) \cdot \frac{b-a}{n}.$$

BEISPIEL $f: x \mapsto 0{,}2x^3 + 1{,}5$, $x \in \mathbb{R}$ und $[a;b] = [0;2]$.

Wir berechnen zunächst allgemein für das Intervall $[0;b]$ die Untersumme $\underline{A}_n$ und dann den Grenzwert $\underline{A} = A_0^b$:

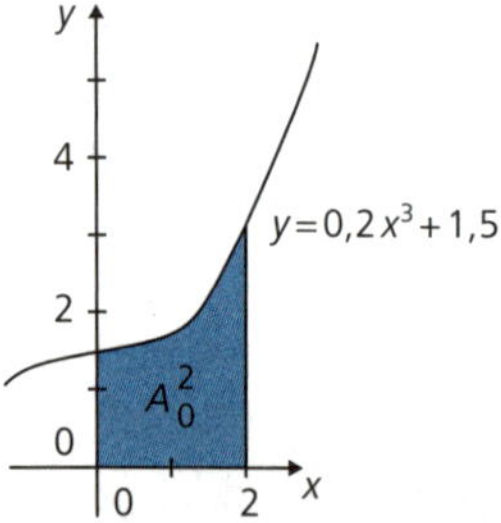

$$\underline{A}_n = \sum_{i=0}^{n-1} f\left(0 + i \cdot \frac{b}{n}\right) \cdot \frac{b-0}{n} = \sum_{i=0}^{n-1} \left[0{,}2 \cdot \left(i \cdot \frac{b}{n}\right)^3 + 1{,}5\right] \cdot \frac{b}{n}$$

$$= \sum_{i=0}^{n-1} \left[0{,}2 \cdot \left(i \cdot \frac{b}{n}\right)^3\right] \cdot \frac{b}{n} + \sum_{i=0}^{n-1} 1{,}5 \cdot \frac{b}{n}$$

$$= 0{,}2 \cdot \sum_{i=0}^{n-1} i^3 \cdot \left(\frac{b}{n}\right)^4 + 1{,}5 \cdot n \cdot \frac{b}{n} = 0{,}2 \cdot \frac{(n-1)^2 \cdot n^2}{4} \cdot \left(\frac{b}{n}\right)^4 + 1{,}5 \cdot b$$

$$= 0{,}2 \cdot \frac{b^4}{4} \cdot \frac{(n-1)^2 \cdot n^2}{n^4} + 1{,}5 \cdot b = 0{,}2 \cdot \frac{b^4}{4} \cdot \left(1 - \frac{1}{n}\right)^2 + 1{,}5 \cdot b.$$

$$A_0^b = \underline{A} = \lim_{n \to \infty} \underline{A}_n = \lim_{n \to \infty} \left[0{,}2 \cdot \frac{b^4}{4} \cdot \left(1 - \frac{1}{n}\right)^2 + 1{,}5 \cdot b\right]$$

$$= 0{,}2 \cdot \frac{b^4}{4} \cdot \lim_{n \to \infty} \left[\left(1 - \frac{1}{n}\right)^2\right] + 1{,}5 \cdot b = 0{,}2 \cdot \frac{b^4}{4} + 1{,}5 \cdot b.$$

Für $b = 2$ folgt: $A_0^2 = 0{,}2 \cdot \frac{2^4}{4} + 1{,}5 \cdot 2 = 3{,}8$.

Ist die Funktion f im Intervall $[a;b]$ negativ statt positiv (G_f liegt unter der x-Achse), so erhält man mit der Summengrenzwertformel das Negative der Flächenmaßzahl:

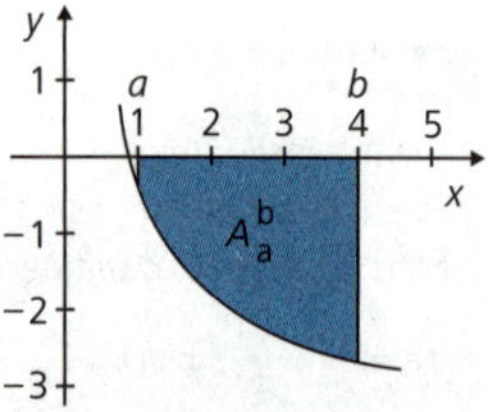

$$\lim_{n \to \infty} \sum_{i=0}^{n-1} f\left(a + i \cdot \frac{b-a}{n}\right) \cdot \frac{b-a}{n} = -A_a^b.$$

Weiter existieren die Grenzwerte der Unter- und Obersummen und stimmen auch dann überein, wenn für die Funktion f nur die Stetigkeit im Intervall $[a;b]$ vorausgesetzt wird.

Wechselt die Funktion f im Intervall $[a;b]$ das Vorzeichen, so gibt der Summengrenzwert nunmehr eine Bilanz der Flächenmaßzahlen an.

$$\lim_{n\to\infty}\sum_{i=0}^{n-1} f\left(a+i\cdot\frac{b-a}{n}\right)\cdot\frac{b-a}{n} = A_a^c - A_c^d + A_d^e - A_e^b$$

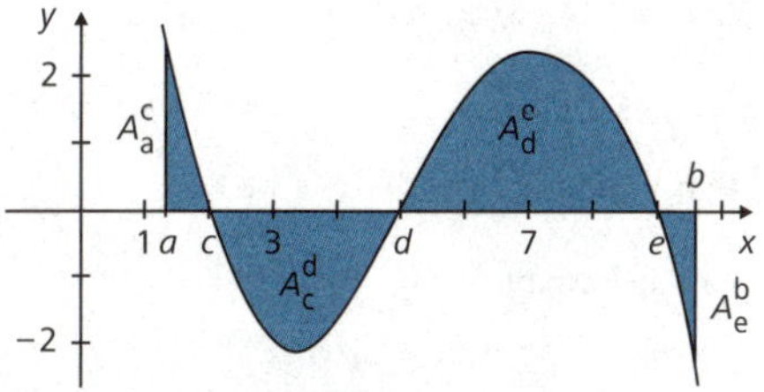

Definition und Eigenschaften

Es sei f eine in einem Intervall $[a;b]$ definierte Funktion, für die die Grenzwerte der Unter- und Obersummen existieren und übereinstimmen. Dann heißt

$$\int_a^b f(x)\,dx = \lim_{n\to\infty}\sum_{i=0}^{n-1} f\left(a+i\cdot\frac{b-a}{n}\right)\cdot\frac{b-a}{n}$$
$$= \lim_{n\to\infty}\sum_{i=1}^{n} f\left(a+i\cdot\frac{b-a}{n}\right)\cdot\frac{b-a}{n}$$

das ***bestimmte Integral*** der Funktion f im Intervall $[a;b]$.
(Sprechweise: „Integral von a bis b über f von x dx")
Die Funktion f heißt dann ***Integrandenfunktion*** und $[a;b]$ ***Integrationsbereich.*** f heißt im Intervall $[a;b]$ ***integrierbar.***

SATZ

Eine in einem Intervall $[a;b]$ definierte Funktion f ist integrierbar, wenn f im Intervall $[a;b]$ stetig oder monoton ist.

Eigenschaften des bestimmten Integrals

Es seien f und g in einem Intervall $[a; b]$ definierte Funktionen, die im Intervall $[a; b]$ integrierbar sind, $c \in [a; b]$, $k \in \mathbb{R}$.

1. Umkehrung der Integrationsrichtung
$$\int_b^a f(x)\,dx = \lim_{n\to\infty} \sum_{i=0}^{n-1} f\left(b + i \cdot \frac{a-b}{n}\right) \cdot \frac{a-b}{n} = -\int_a^b f(x)\,dx$$

2. $\int_a^a f(x)\,dx = 0$

3. $\int_a^b k \cdot f(x)\,dx = k \cdot \int_a^b f(x)\,dx$

4. Additivitätseigenschaft
$$\int_a^b f(x)\,dx = \int_a^c f(x)\,dx + \int_c^b f(x)\,dx$$

5. Linearitätseigenschaft
$$\int_a^b (f(x) + g(x))\,dx = \int_a^b f(x)\,dx + \int_a^b g(x)\,dx$$

6. Monotonieeigenschaft
Ist $f(x) < g(x)$ für alle $x \in [a; b]$, so gilt: $\int_a^b f(x)\,dx < \int_a^b g(x)\,dx$

7. Ist $m \leq f(x) \leq M$ für alle $x \in [a; b]$, so gilt:
$$m \cdot (b-a) \leq \int_a^b f(x)\,dx \leq M \cdot (b-a).$$

Eine algebraische Summe stetiger Funktionen kann gliedweise integriert werden.

BEISPIEL

$$\int_{-6}^{0} (2x - 0{,}5)^2\,dx = \int_{-6}^{0} (4x^2 - 2x + 0{,}25)\,dx$$

$$= 4 \cdot \int_{-6}^{0} x^2\,dx - 2 \cdot \int_{-6}^{0} x\,dx + 0{,}25 \cdot \int_{-6}^{0} 1\,dx = 325{,}5$$

3.2 Stammfunktion und Integralfunktion

Definitionen, Beispiele, Sätze

Ist die Funktion f im Intervall I integrierbar, so heißt eine in I definierte Funktion $F: x \mapsto F(x) = \int_a^x f(t)\,dt$ mit $a \in I$ eine ***Integralfunktion*** von f in I. f heißt ***Integrandenfunktion***.

SATZ

Jede Integralfunktion hat mindestens eine Nullstelle, nämlich die untere Integrationsgrenze.

Sind die Funktionen f und F in einem gemeinsamen Bereich D definiert und ist F in D differenzierbar, so heißt die Funktion F ***Stammfunktion*** zu f in D, wenn $F'(x) = f(x)$ für alle $x \in D$ gilt.

BEISPIELE $f(x) = 2x + 4$, $x \in \mathbb{R}$, ist integrierbar in $\mathbb{R}$.

- $F_0: x \mapsto F_0(x) = \int_0^x f(t)\,dt = \int_0^x (2t + 4)\,dt = x^2 + 4x$
- $F_2: x \mapsto F_2(x) = \int_2^x f(t)\,dt = \int_2^x (2t + 4)\,dt = x^2 + 4x - 12$

Die Integralfunktionen F_0 und F_2 sind auch Stammfunktionen zu f. Die Funktion F mit $F(x) = (x + 2)^2 + 2$, $x \in \mathbb{R}$, ist eine Stammfunktion zu f, jedoch keine Integralfunktion (keine Nullstelle).

SATZ

Jede Integralfunktion einer stetigen Funktion f ist eine Stammfunktion zu f. Die Differenz zweier Stammfunktionen einer Funktion f ist auf jedem Intervall des gemeinsamen Definitionsbereichs eine konstante Funktion.

Der Hauptsatz der Differential- und Integralrechnung

SATZ

Jede Integralfunktion einer stetigen Integrandenfunktion ist differenzierbar, ihre Ableitung ist gleich der Integrandenfunktion.

$\left(f \text{ stetig in } I \text{ und } a \in I \text{ und } F(x) = \int_a^x f(t)\,dt,\ x \in I \right) \Rightarrow$

$F'(x) = f(x)$ für alle $x \in I$.

(Hauptsatz der Differential- und Integralrechnung).

BEISPIELE

- $F(x) = \int_0^x (2t + 4)\,dt,\ x \in \mathbb{R} \Rightarrow F'(x) = 2x + 4$
- $F(x) = \int_0^x 2 \cdot \sin(t - \pi)\,dt,\ x \in \mathbb{R} \Rightarrow F'(x) = 2 \cdot \sin(x - \pi)$

Jede Integralfunktion einer stetigen Integrandenfunktion ist also eine Stammfunktion der Integrandenfunktion.
Hiermit erhält man eine Berechnungsformel für Integrale:

SATZ

Das bestimmte Integral einer im Intervall I stetigen Funktion f zwischen der unteren Grenze a und der oberen Grenze b ist gleich der Differenz $F(b) - F(a)$ der Funktionswerte einer beliebigen Stammfunktion F zu f.

$\int_a^b f(x)\,dx = F(b) - F(a) = [F(x)]_a^b$ ***(Integrationsformel)***

BEISPIELE

- $\int_0^\pi \sin x\,dx = [-\cos x]_0^\pi = -\cos \pi - (-\cos 0) = 2$
- $\int_2^3 \frac{1}{x^2}\,dx = \left[\frac{x^{-2+1}}{-2+1}\right]_2^3 = \left[-\frac{1}{x}\right]_2^3 = -\frac{1}{3} - \left(-\frac{1}{2}\right) = \frac{1}{6}$

Das unbestimmte Integral

> Die Menge aller Stammfunktionen einer Funktion f heißt ***unbestimmtes Integral*** von f. Man schreibt kurz:
> $\int f(x)\,dx = F(x) + C$, wobei C eine Konstante ist.

(Dies ist keine Gleichung im algebraischen Sinn! Mit ihr wird zum Ausdruck gebracht, dass auf jedem Intervall I des Differenzierbarkeitsbereiches von F gilt: $(F(x) + C)' = f(x)$.)

Grundintegrale:

- $\int x^n\,dx = \frac{x^{n+1}}{n+1} + C,\ n \in \mathbb{R},\ n \neq -1$
- $\int \frac{1}{x}\,dx = \ln|x| + C$
- $\int \ln x\,dx = -x + x \cdot \ln x + C$
- $\int \sin x\,dx = -\cos x + C$
- $\int \cos x\,dx = \sin x + C$
- $\int e^x\,dx = e^x + C$
- $\int a^x\,dx = \frac{a^x}{\ln a} + C,\ a > 0,\ a \neq 1$

- Weitere häufig benötigte Integrale:
- $\int \frac{f'(x)}{f(x)}\,dx = \ln|f(x)| + C$
- $\int \sin^2 x\,dx = \frac{1}{2}(x - \sin x \cdot \cos x) + C$
- $\int \cos^2 x\,dx = \frac{1}{2}(x + \sin x \cdot \cos x) + C$
- $\int \tan x\,dx = -\ln|\cos x| + C$

3.3 Integrationsverfahren

Integration durch Substitution

Durch „Umkehrung" der Kettenregel der Differentialrechnung (▶ S. 75) kann man „kompliziertere" Funktionen integrieren.

BEISPIEL $F(x) = \sin(1 + x^3), x \in \mathbb{R}$. Nach der Kettenregel gilt: $F'(x) = \cos(1 + x^3) \cdot 3x^2 = f(x), x \in \mathbb{R}$.
Damit folgt: $\int \cos(1 + x^3) \cdot 3x^2 \, dx = \sin(1 + x^3) + C$.
Die Funktion F des Beispiels lässt sich als Verkettung zweier Funktionen darstellen ($x \mapsto t = 1 + x^3$ und $t \mapsto \sin t = \sin(1 + x^3) = F(x)$) und ist Stammfunktion der „komplizierteren" Funktion f mit $f(x) = \cos(1 + x^3) \cdot 3x^2$.
Verallgemeinerung:
Ist $x \mapsto g(x) = t$ (Substitution) und $t \mapsto F(t) = F(g(x))$ und $f(t) = F'(t) = [F(g(x))]' = F'(g(x)) \cdot g'(x) = f(g(x)) \cdot g'(x)$, so gilt:
$\int f(g(x)) \cdot g'(x) \, dx = \int f(t) \, dt = F(x) + C$, mit $t = g(x)$.
Es genügt dann, eine Stammfunktion von f zu bestimmen.

Bei der Berechnung bestimmter Integrale mit dieser Methode kann man nach der Anwendung der Formel entweder die Substitution rückgängig machen und die gegebenen Integrationsgrenzen verwenden oder die Substitution beibehalten und die gegebenen Integrationsgrenzen umrechnen.

BEISPIEL $\int_{-1}^{1} \cos(1 + x^3) \cdot 3x^2 \, dx$

1. Weg: $\int_{-1}^{1} \cos(1 + x^3) \cdot 3x^2 \, dx = [\sin(1 + x^3)]_{-1}^{1}$
(Die Stammfunktion ist bekannt, siehe oben.)
$= \sin(1 + 1^3) - \sin(1 + (-1)^3) = \sin 2 - \sin 0 = \sin 2 \approx 0{,}91$

2. Weg: $\int_{-1}^{1} \cos(1 + x^3) \cdot 3x^2 \, dx = \int_{1+(-1)^3}^{1+1} \cos t \, dt = [\sin t]_0^2$
$= \sin 2 - \sin 0 = \sin 2 \approx 0{,}91$

1. Fassung der ***Substitutionsregel:***

SATZ

Lässt sich eine Integrandenfunktion als Verkettung zweier Funktionen in der Form $f(g(x)) \cdot g'(x)$ darstellen, wobei g eine in dem Intervall $[a; b]$ stetig differenzierbare Funktion und f eine im Bereich $g([a; b])$ stetige Funktion ist, so gilt:

$$\int_a^b f(g(x)) \cdot g'(x)\,dx = \int_{g(a)}^{g(b)} f(t)\,dt, \text{ mit } t = g(x).$$

BEACHTE Praktisches Vorgehen:

1. Suche einen geeigneten Substitutionsterm $g(x)$, dass $g'(x)$ (ggf. bis auf einen konstanten Faktor) im Integranden als Faktor vorkommt.
2. Substituiere $g(x)$ durch t und $g'(x)\,dx$ durch dt und die Integrationsgrenzen a und b durch $g(a)$ und $g(b)$.
3. Berechne das neue Integral.

BEISPIELE

- $\int_0^b \sqrt{b^2 - x^2} \cdot x\,dx = \int_0^b \sqrt{b^2 - x^2} \cdot \left(-\frac{1}{2}\right) \cdot (-2x)\,dx$

(Durch die Umformung erhält man die Ableitung des Radikanden als Faktor. Substitution: $t = b^2 - x^2 = g(x)$.)

$$= \left(-\frac{1}{2}\right) \cdot \int_0^b \sqrt{b^2 - x^2} \cdot (-2x)\,dx = \left(-\frac{1}{2}\right) \cdot \int_{b^2-0^2}^{b^2-b^2} \sqrt{t}\,dt$$

$$= \left(-\frac{1}{2}\right) \cdot \left[\frac{t^{0,5+1}}{0,5+1}\right]_{b^2}^{0} = -\frac{1}{2} \cdot \left(\frac{0^{1,5}}{1,5} - \frac{(b^2)^{1,5}}{1,5}\right) = \frac{1}{3}\,b^3$$

- $\int_1^e \frac{1}{x \cdot \sqrt{\ln x}}\,dx = \int_1^e \frac{1}{\sqrt{\ln x}} \cdot \frac{1}{x}\,dx = \int_{\ln 1}^{\ln e} \frac{1}{\sqrt{t}}\,dt = \left[\frac{t^{0,5}}{0,5}\right]_0^1$

$= 2\sqrt{1} - 2\sqrt{0} = 2$ (Substitution: $t = \ln x = g(x)$.)

Bisher wurden die Integranden in der Form $f(g(x)) \cdot g'(x)$ dargestellt und nach der Substitution $t = g(x)$ war die Funktion f zu integrieren. Dieser Weg lässt sich auch umkehren:

$$\int f(x)\,\mathrm{d}x = \int f(g(t)) \cdot g'(t)\,\mathrm{d}t, \text{ mit } x = g(t).$$

(Um die Integralformel in der gewohnten Form zu erhalten, wurden die Integrationsvariablen x und t vertauscht.)

BEISPIEL $\int \frac{x}{(2-x)^3}\,\mathrm{d}x;\ f(x) = \frac{x}{(2-\mathrm{x})^3}$

Substitution: $t = 2 - x = g^{-1}(t) \Rightarrow x = 2 - t = g(t)$

$$g'(t) = \frac{\mathrm{d}x}{\mathrm{d}t} = -1 \Rightarrow \mathrm{d}x = g'(t)\,\mathrm{d}t = (-1)\,\mathrm{d}t$$

$$\int \frac{x}{(2-x)^3}\,\mathrm{d}x = \int \frac{2-t}{t^3} \cdot (-1)\,\mathrm{d}t = \int (-2t^{-3} + t^{-2})\,\mathrm{d}t$$

$$= t^{-2} - t^{-1} + C = (2-x)^{-2} - (2-x)^{-1} + C$$

Bei der Berechnung bestimmter Integrale mit dieser Methode kann man nach der Anwendung der Formel entweder die Substitution rückgängig machen und die gegebenen Integrationsgrenzen verwenden oder die Substitution beibehalten und die gegebenen Integrationsgrenzen umrechnen.

BEISPIEL $\int_3^4 \frac{x}{(2-x)^3}\,\mathrm{d}x$

1. Weg: $\int_3^4 \frac{x}{(2-x)^3}\,\mathrm{d}x = [(2-x)^{-2} - (2-x)^{-1}]_3^4 = -1{,}25$

(Die Stammfunktion ist bekannt. Siehe oben)

2. Weg: $\int_3^4 \frac{x}{(2-x)^3}\,\mathrm{d}x = \int_{2-3}^{2-4} \frac{2-t}{t^3} \cdot (-1)\,\mathrm{d}t =$

$$\int_{-1}^{-2} (-2t^{-3} + t^{-2})\,\mathrm{d}t = [t^{-2} - t^{-1}]_{-1}^{-2} = \frac{1}{4} + \frac{1}{2} - 1 - 1 = -1{,}25$$

2. Fassung der ***Substitutionsregel:***

SATZ

Ist die Funktion f in dem Intervall $[a; b]$ stetig und existiert auf $[a; b]$ die Umkehrfunktion g^{-1} zur Funktion g, die im Bereich $g^{-1}([a; b])$ stetig differenzierbar ist, so gilt:

$$\int_a^b f(x)\,\mathrm{d}x = \int_{g^{-1}(a)}^{g^{-1}(b)} f(g(t)) \cdot g'(t)\,\mathrm{d}t \text{ mit } x = g(t).$$

BEACHTE Praktisches Vorgehen:

1. Suche einen geeigneten Substitutionsterm $t = g^{-1}(x)$ oder $x = g(t)$, löse nach der anderen Variablen auf und bestimme $g'(t)$.

2. Substituiere x durch $g(t)$ und dx durch $g'(t)$ dt und die Integrationsgrenzen a und b durch $g^{-1}(a)$ und $g^{-1}(b)$.

3. Berechne das neue Integral.

BEISPIELE

- $$\int_0^{0{,}75} \frac{x}{\sqrt{1-x}}\,\mathrm{d}x = \int_{\sqrt{1-0}}^{\sqrt{1-0{,}75}} \frac{(1-t^2)}{t} \cdot (-2t)\,\mathrm{d}t = -2\int_1^{0{,}5} (1-t^2)\,\mathrm{d}t$$

(Substitution: $t = \sqrt{1-x} = g^{-1}(x) \Rightarrow x = 1 - t^2 = g(t)$ und $\mathrm{d}x = -2t\,\mathrm{d}t$.)

$$= -2 \cdot \left[t - \frac{t^3}{3}\right]_1^{0{,}5} = -2 \cdot \left[\left(0{,}5 - \frac{0{,}5^3}{3}\right) - \left(1 - \frac{1^3}{3}\right)\right] = \frac{5}{12}$$

- $$\int_0^1 \mathrm{e}^x \cdot \sqrt{\mathrm{e}^x - 1}\,\mathrm{d}x = \int_{\mathrm{e}^0-1}^{\mathrm{e}^1-1} (t+1) \cdot \sqrt{t} \cdot \frac{1}{t+1}\,\mathrm{d}t$$

(Substitution: $t = \mathrm{e}^x - 1 = g^{-1}(x) \Rightarrow \mathrm{e}^x = t + 1$,

$= x = \ln(t+1) = g(t)$ und $\mathrm{d}x = \frac{1}{t+1}\,\mathrm{d}t$.)

$$\int_0^{\mathrm{e}-1} \sqrt{t}\,\mathrm{d}t = \left[\frac{t^{1,5}}{1{,}5}\right]_0^{\mathrm{e}-1} = \frac{2}{3}(\mathrm{e}-1)^{1,5} \approx 1{,}5$$

Partielle Integration

Durch „Umkehrung" der Produktregel der Differentialrechnung (▶ S. 74) kann man „kompliziertere" Funktionen integrieren. Sind die Funktionen u und v im Intervall $[a; b]$ differenzierbar, so ist auch die Funktion $f = u \cdot v$ in $[a; b]$ differenzierbar, und es gilt nach der Produktregel für alle $x \in [a; b]$:

$$f'(x) = [u(x) \cdot v(x)]' = u'(x) \cdot v(x) + u(x) \cdot v'(x).$$

$$\int_a^b f'(x)\,\mathrm{d}x = \int_a^b u'(x) \cdot v(x)\,\mathrm{d}x + \int_a^b u(x) \cdot v'(x)\,\mathrm{d}x \Rightarrow$$

$$[f(x)]_a^b = [u(x) \cdot v(x)]_a^b = \int_a^b u'(x) \cdot v(x)\,\mathrm{d}x + \int_a^b u(x) \cdot v'(x)\,\mathrm{d}x$$

SATZ

Partielle Integration:

Lässt sich eine Integrandenfunktion als Produkt zweier Funktionen u und v' darstellen, wobei u eine in dem Intervall $[a; b]$ stetig differenzierbare Funktion und v' eine in $[a; b]$ stetige Funktion ist, so gilt:

$$\int_a^b u(x) \cdot v'(x)\,\mathrm{d}x = [u(x) \cdot v(x)]_a^b - \int_a^b u'(x) \cdot v(x)\,\mathrm{d}x,$$

wobei v eine Stammfunktion von v' ist und u' die stetige Ableitung von u ist.

BEISPIELE

- $\int_0^\pi x \cdot \sin x\,\mathrm{d}x = [x \cdot (-\cos x)]_0^\pi - \int_0^\pi 1 \cdot (-\cos x)\,\mathrm{d}x$
$= [\pi \cdot 1 - 0 \cdot (-1)] - [\sin x]_0^\pi = \pi - (0 - 0) = \pi$
$(u(x) = x,\ v'(x) = \sin x \Rightarrow u'(x) = 1$ und $v(x) = -\cos x)$

- $\int_0^1 x \cdot \mathrm{e}^x\,\mathrm{d}x = [x \cdot \mathrm{e}^x]_0^1 - \int_0^1 1 \cdot \mathrm{e}^x\,\mathrm{d}x = (\mathrm{e} - 0) - [\mathrm{e}^x]_0^1 = 1$
$(u(x) = x,\ v'(x) = \mathrm{e}^x \Rightarrow u'(x) = 1$ und $v(x) = \mathrm{e}^x)$

Integration durch Partialbruchzerlegung

Bei der Integration rationaler Funktionen, bei denen der Grad des Zählerpolynoms kleiner ist als der Grad des Nennerpolynoms, kann die Methode der ***Partialbruchzerlegung*** helfen: Der Bruchterm wird als Summe von Teilbrüchen dargestellt.

BEISPIEL

$$f(x) = \frac{2x+6}{x^2-1} = \frac{2x+6}{(x+1)(x-1)} = \frac{A}{x+1} + \frac{B}{x-1}$$
$$= \frac{A(x-1)+B(x+1)}{(x+1)(x-1)} = \frac{(A+B)x+(B-A)}{(x+1)(x-1)}$$

Da die Zähler übereinstimmen müssen, folgt:

$A + B = 2$ und $B - A = 6 \Leftrightarrow A = -2$ und $B = 4$.

Also gilt: $f(x) = \frac{2x+6}{x^2-1} = \frac{-2}{x+1} + \frac{4}{x-1}$ und damit:

$$\int f(x)\,dx = \int \frac{2x+6}{x^2-1}\,dx = \int \frac{-2}{x+1}\,dx + \int \frac{4}{x-1}\,dx$$
$$= -2\ln|x+1| + 4\ln|x-1| + C.$$

Jede rationale Funktion lässt sich durch Polynomdivision (▶ S. 43) so umformen, dass eine Summe aus einem Polynom und einer echt gebrochenrationalen Funktion entsteht. Dann kann mithilfe der Partialbruchzerlegung integriert werden.

BEISPIEL

$$f(x) = \frac{3x^4-5x^2+2x+8}{x^2-1} = 3x^2 - 2 + \frac{2x+6}{x^2-1}$$
$$\int \frac{3x^4-5x^2+2x+8}{x^2-1}\,dx = \int (3x^2-2)\,dx + \int \frac{2x+6}{x^2-1}\,dx$$

$= x^3 - 2x - 2\ln|x+1| + 4\ln|x-1| + C.$ (▶ letztes Beispiel).

3.4 Uneigentliche Integrale

Integrale mit nicht beschränktem Integrationsbereich

In diesem Abschnitt werden nicht beschränkte Intervalle als Integrationsbereiche betrachtet.

> Ist die Funktion $f\colon x \mapsto f(x)$ für $x \geq a$ bzw. $x \leq b$ integrierbar, so ist, sofern der Grenzwert existiert,
> $\int\limits_a^{\infty} f(x)\,dx = \lim\limits_{b\to\infty} \int\limits_a^{b} f(x)\,dx$ bzw. $\int\limits_{-\infty}^{b} f(x)\,dx = \lim\limits_{a\to-\infty} \int\limits_a^{b} f(x)\,dx$.
> Solche Integrale heißen ***uneigentliche Integrale*** 1. Art.

BEISPIELE

- $\int\limits_1^{\infty} x^{-2}\,dx = \lim\limits_{b\to\infty} \int\limits_1^{b} x^{-2}\,dx = \lim\limits_{b\to\infty} [-x^{-1}]_1^b = \lim\limits_{b\to\infty} (-b^{-1} + 1) = 1$

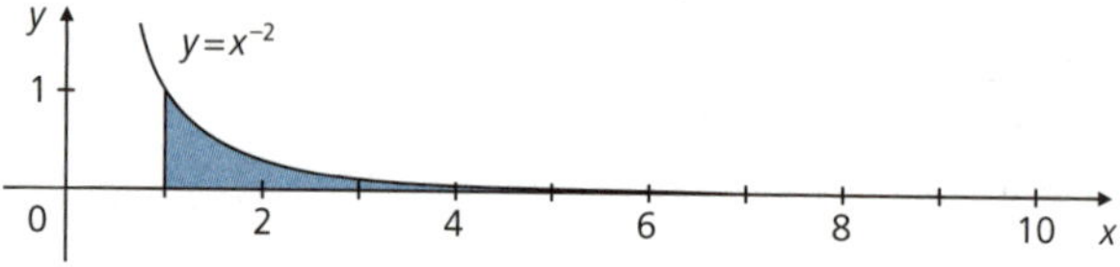

- $\int\limits_{-\infty}^{1} e^x\,dx = \lim\limits_{a\to-\infty} \int\limits_a^{1} e^x\,dx$
$= \lim\limits_{a\to-\infty} [e^x]_a^1 = \lim\limits_{a\to-\infty} (e^1 - e^a) = e$

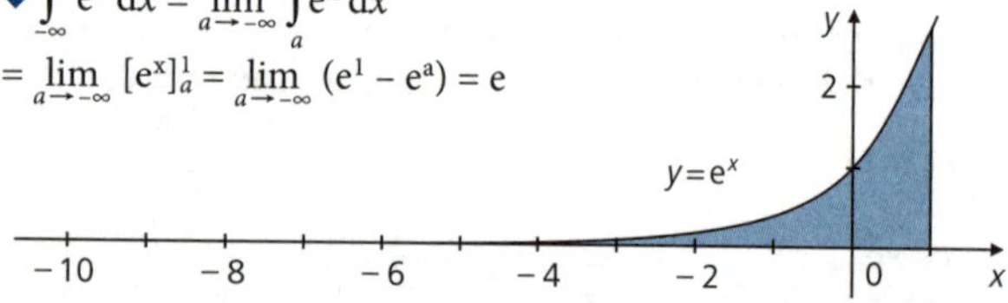

- Für $a \in \mathbb{R}^+$ und $k > 1$ gilt: $\int\limits_a^{\infty} \frac{1}{x^k}\,dx = -\frac{a^{1-k}}{1-k}$.
- Für die Gaußsche *Integralfunktion* (▶ S. 232)

$\Phi(x) = \frac{1}{\sqrt{2\pi}} \cdot \int\limits_{-\infty}^{x} e^{-\frac{1}{2}\cdot t^2}\,dt,\ x \in \mathbb{R}$, gilt: $\frac{1}{\sqrt{2\pi}} \cdot \int\limits_{-\infty}^{+\infty} e^{-\frac{1}{2}\cdot t^2}\,dt = 1$.

Integrale mit nicht beschränktem Integranden

Es werden Integrale betrachtet, deren Integrandenfunktionen am Rand des Integrationsbereiches nicht beschränkt sind.

> Ist die Funktion $f\colon x \mapsto f(x)$ im Intervall $]a; b]$ bzw. $[a; b[$ integrierbar und bei $x = a$ bzw. $x = b$ nicht beschränkt, so bedeutet
>
> $$\int_a^b f(x)\,dx = \lim_{\substack{t \to a \\ t > a}} \int_t^b f(x)\,dx \text{ bzw. } \int_a^b f(x)\,dx = \lim_{\substack{t \to b \\ t < b}} \int_a^t f(x)\,dx,$$
>
> vorausgesetzt der jeweilige Grenzwert existiert.
> Solche Integrale heißen ***uneigentliche Integrale*** 2. Art.

BEISPIELE

- $$\int_0^{16} x^{-0{,}25}\,dx = \lim_{\substack{t \to 0 \\ t > 0}} \int_t^{16} x^{-0{,}25}\,dx = \lim_{\substack{t \to 0 \\ t > 0}} \left[\frac{x^{-0{,}25+1}}{-0{,}25+1}\right]_t^{16}$$

$$= \lim_{\substack{t \to 0 \\ t > 0}} \left(\frac{4}{3} \cdot 16^{0{,}75} - \frac{4}{3} \cdot t^{0{,}75}\right) = \frac{32}{3}$$

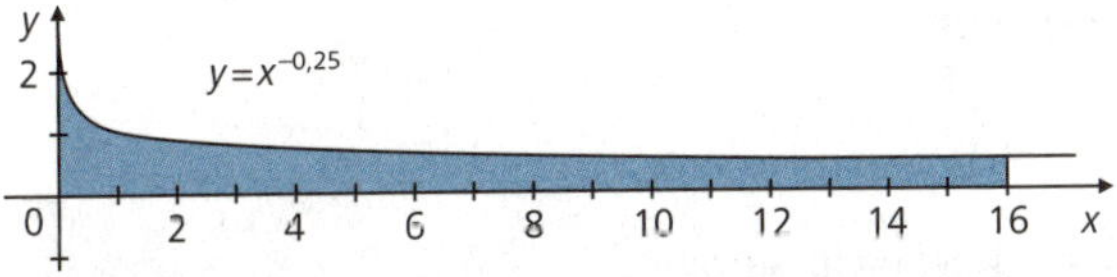

- Für $b \in \mathbb{R}^+$ und $0 < k < 1$ gilt:

$$\int_0^b \frac{1}{x^k}\,dx = \frac{b^{1-k}}{1-k}$$

- $$\int_0^1 \ln x\,dx = -\int_{-\infty}^0 e^x\,dx = -1$$

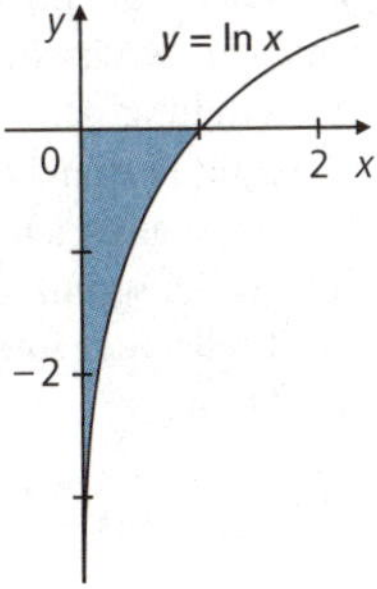

3.5 Anwendungen

Berechnung von Flächeninhalten

Zunächst soll die Flächenmaßzahl A einer Fläche zwischen dem Graphen G_f einer Funktion f und der x-Achse über einem Intervall $[a; b]$ bestimmt werden. Wechselt die Funktion f im Intervall $[a; b]$ das Vorzeichen, so gibt das Integral von a bis b über f nur eine Bilanz der Flächenmaßzahlen an. Deshalb gilt:

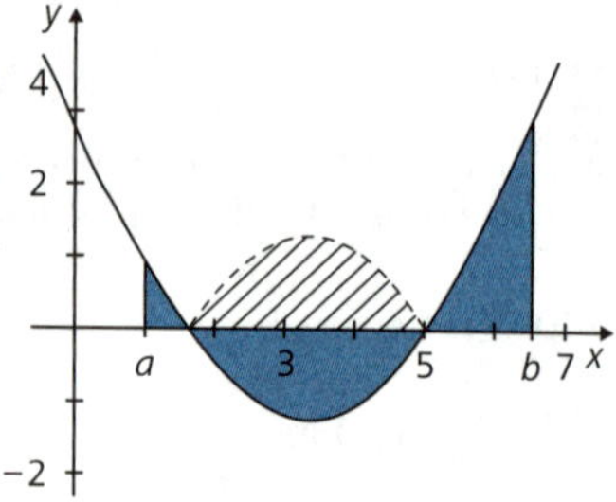

$$A = \left| \int_a^b |f(x)| \, dx \right|.$$

Für $a \leq b$ fallen die äußeren Betragsstriche weg. Ist $f(x) \geq 0$ für alle $x \in [a; b]$, fallen die inneren Betragsstriche weg.

BEISPIELE

- $A = \int_{-1}^{3} |x^2 - 2x| \, dx$

Da die Funktion im Integrationsbereich zweimal das Vorzeichen wechselt, wird zur Beseitigung des Betrags das Integral in drei Teilintegrale aufgespalten. Die neuen Integrationsgrenzen sind die Nullstellen der Integrandenfunktion.

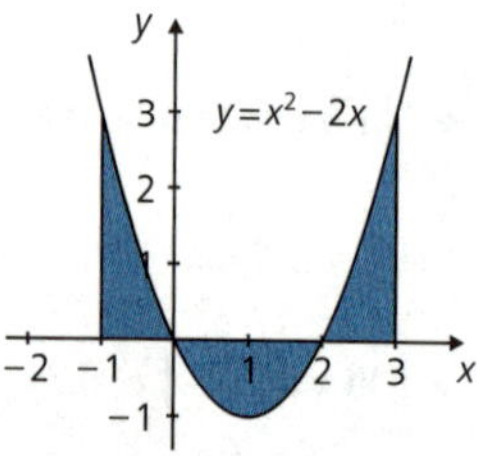

$$A = \int_{-1}^{0} (x^2 - 2x) \, dx + \int_{0}^{2} -(x^2 - 2x) \, dx + \int_{2}^{3} (x^2 - 2x) \, dx$$

$$= \left[\frac{x^3}{3} - x^2 \right]_{-1}^{0} - \left[\frac{x^3}{3} - x^2 \right]_{0}^{2} + \left[\frac{x^3}{3} - x^2 \right]_{2}^{3} = \frac{4}{3} + \frac{4}{3} + \frac{4}{3} = 4$$

◆ $A = \int_{-2}^{2} |x^3|\,dx = 2 \cdot \int_{0}^{2} x^3\,dx$

$= 2 \cdot \left[\frac{x^4}{4}\right]_0^2 = 2 \cdot 4 = 8$

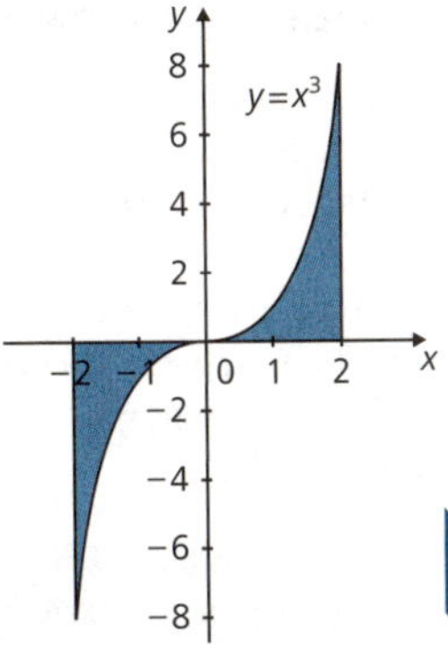

> Ist der Integrationsbereich symmetrisch bezüglich 0 und die Integrandenfunktion f gerade oder ungerade, so gilt:
>
> $A = \int_{-a}^{a} |f(x)|\,dx = 2 \cdot \int_{0}^{a} |f(x)|\,dx$
>
> mit $a \geq 0$.

Nun soll die Flächenmaßzahl A einer Fläche zwischen den Graphen G_f und G_g zweier Funktionen f und g über einem Intervall $[a; b]$ bestimmt werden.

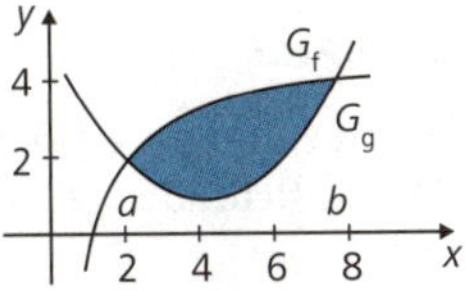

Ist $f(x) \geq g(x) \geq 0$ für alle $x \in [a; b]$, so gilt:

$$A = \int_a^b f(x)\,dx - \int_a^b g(x)\,dx = \int_a^b (f(x) - g(x))\,dx.$$

> Allgemein gilt: $A = \left|\int_a^b |f(x) - g(x)| \cdot dx\right|$.

BEISPIEL Fläche zwischen Parabel und Gerade:

$f\colon x \mapsto -0{,}5x^2 + 1;\ x \in \mathbb{R}$

$g\colon x \mapsto 0{,}5x;\ x \in \mathbb{R}$

Die Schnittpunkte sind $S_1(-2|-1)$ und $S_2(1|0{,}5)$.

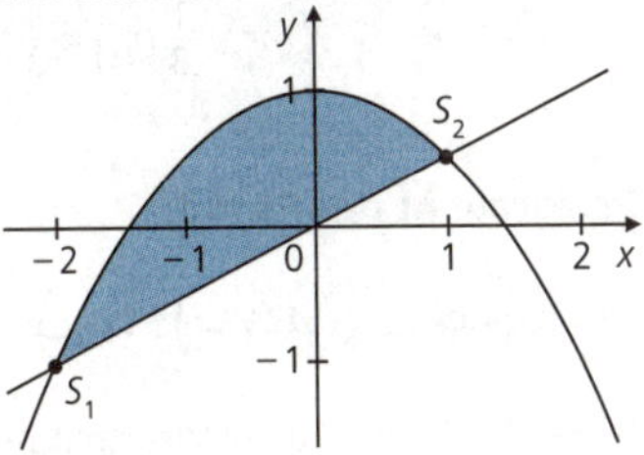

$A = \int_{-2}^{1} (f(x) - g(x))\,dx$

$= \int_{-2}^{1} \big((-0{,}5x^2 + 1) - 0{,}5x\big)\,dx = 2{,}25$

Berechnung von Rauminhalten von Rotationskörpern

Es sei $f\colon x \mapsto f(x)$ eine im Intervall $[a; b]$ definierte und stetige Funktion. Das von der x-Achse und dem Graphen G_f in $[a; b]$ begrenzte Flächenstück rotiere um die x-Achse. Dabei entsteht ein ***Rotationskörper*** mit der Raummaßzahl V.

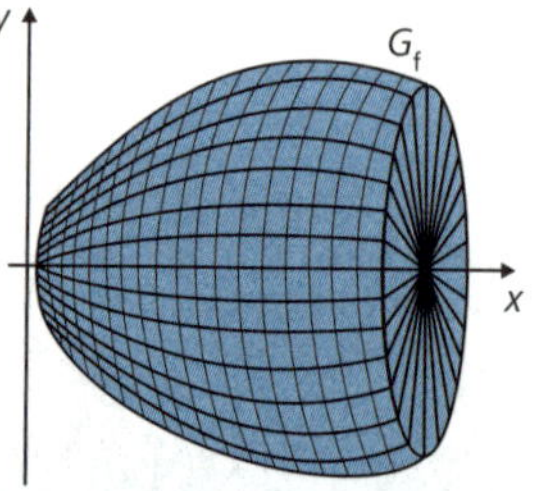

Für dieses Volumen gilt: $V = \int_a^b \pi \cdot (f(x))^2 \, dx$.

BEISPIEL

$f\colon x \mapsto \sqrt{r^2 - x^2};\ x \in [-r; r]$

Der entstehende Rotationskörper ist eine Kugel.

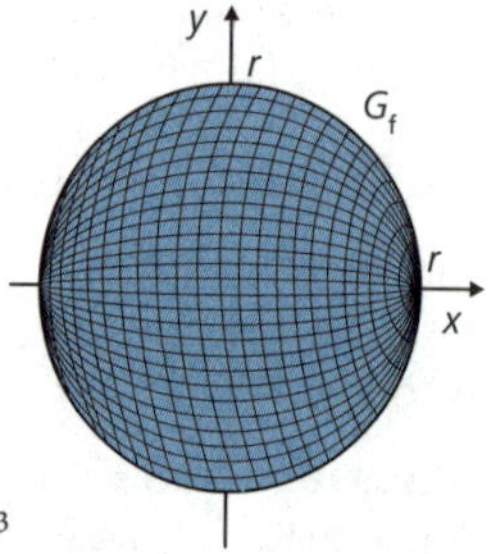

$$V_{\text{Kugel}} = \int_{-r}^{r} \pi \cdot (f(x))^2 \, dx$$

$$\int_{-r}^{r} \pi \cdot \left(\sqrt{r^2 - x^2}\right)^2 dx$$

$$= \pi \cdot \int_{-r}^{r} (r^2 - x^2) \, dx$$

$$= \pi \cdot \left[r^2 x - \frac{x^3}{3}\right]_{-r}^{r}$$

$$= \pi \cdot \left(\left(r^3 - \frac{1}{3} r^3\right) - \left(-r^3 + \frac{1}{3} r^3\right)\right) = \frac{4}{3} \pi r^3$$

Integrale in der Physik

Das ***Arbeitsintegral*** $W = \int_a^b F(x) \, dx$ ist die von einer Kraft

$F\colon x \mapsto F(x), x \in [a; b]$, in Wegrichtung längs des Weges von a nach b verrichtete Arbeit W.

BEISPIEL Arbeit im Coulombfeld

Eine Ladung q wird der ortsfesten Ladung Q aus großer Entfernung (dem Unendlichen) bis auf den Abstand d angenähert. Dabei ist die erforderliche Kraft $F(x)$ gegengleich zur Coulombkraft $F_c(x)$: $F(x) = -F_c(x)$.

Mit $F_c(x) = \frac{qQ}{4\pi\varepsilon_0 r^2}$ (Coulombsches Kraftgesetz) gilt:

$$W = \int_\infty^d F(x)\,\mathrm{d}x = \int_\infty^d -F_c(x)\,\mathrm{d}x = \int_\infty^d -\frac{qQ}{4\pi\varepsilon_0 r^2}\,\mathrm{d}r = -\frac{qQ}{4\pi\varepsilon_0}\int_\infty^d \frac{1}{r^2}\,\mathrm{d}r$$

$$= \lim_{a\to\infty} -\frac{qQ}{4\pi\varepsilon_0}\cdot\int_a^d \frac{1}{r^2}\,\mathrm{d}r = -\frac{qQ}{4\pi\varepsilon_0}\cdot\lim_{a\to\infty}\left[-\frac{1}{r}\right]_a^d = \frac{qQ}{4\pi\varepsilon_0 d}$$

Der zeitliche ***Mittelwert:*** Ändert sich eine Größe im Zeitintervall $[t_1; t_2]$ nach der Zeit-Größen-Funktion: $G\colon t \mapsto G(t)$, $t \in [t_1; t_2]$,

so gilt für den zeitlichen Mittelwert $\overline{G}$: $\overline{G} = \frac{1}{t_2 - t_1}\cdot\int_{t_1}^{t_2} G(t)\,\mathrm{d}t$.

BEISPIEL

Die mittlere Leistung $\overline{P}$ eines sinusförmigen Wechselstromes T ist die Periodendauer, für die gilt: $\omega \cdot T = 2\cdot\pi$.

Mit $P(t) = U(t)\cdot I(t) = U_0 \cdot \sin\omega t \cdot I_0 \cdot \sin\omega t$ gilt:

$$\overline{P} = \frac{1}{T}\cdot\int_0^T U(t)\cdot I(t)\,\mathrm{d}t = \frac{1}{T}\cdot\int_0^T (U_0\cdot\sin\omega t\cdot I_0\cdot\sin\omega t)\,\mathrm{d}t$$

$$= \frac{U_0\cdot I_0}{T}\cdot\int_0^T \sin^2\omega t\,\mathrm{d}t = \frac{U_0\cdot I_0}{T}\cdot\int_0^{2\pi}\sin^2\varphi\cdot\frac{1}{\omega}\,\mathrm{d}\varphi$$

(Substitution: $\varphi = \omega t$, $t = \frac{1}{\omega}\cdot\varphi$ und $\mathrm{d}t = \frac{1}{\omega}\,\mathrm{d}\varphi$ (▶ S. 105 f).

$$= \frac{U_0\cdot I_0}{\omega\cdot T}\cdot\int_0^{2\pi}\sin^2\varphi\,\mathrm{d}\varphi = \frac{U_0\cdot I_0}{\omega\cdot T}\left[\frac{1}{2}\cdot(\varphi - \sin\varphi\cdot\cos\varphi)\right]_0^{2\pi}$$

$$= \frac{U_0\cdot I_0}{\omega\cdot T}\cdot\frac{1}{2}\cdot 2\pi = \frac{U_0\cdot I_0}{2}$$

4 Lineare Algebra und Analytische Geometrie

4.1 Lineare Gleichungssysteme

Homogene und inhomogene Gleichungssysteme

Eine Und-Verknüpfung von linearen Gleichungen heißt ***lineares Gleichungssystem.***
Das System
(I) $a_{11}x_1 + a_{12}x_2 + a_{13}x_3 = b_1$
(II) $a_{21}x_1 + a_{22}x_2 + a_{23}x_3 = b_2$
(III) $a_{31}x_1 + a_{32}x_2 + a_{33}x_3 = b_3$
mit $a_{11}, \ldots, a_{33}, b_1, b_2, b_3 \in \mathbb{R}$ heißt ***lineares Gleichungssystem*** aus drei Gleichungen mit drei Variablen. Die reellen Zahlen $a_{11}, \ldots, a_{33}$ heißen ***Koeffizienten***.
Ist $b_1 = b_2 = b_3 = 0$, so heißt das Gleichungssystem ***homogen,*** sonst ***inhomogen***.

In der vektoriellen Geometrie wird das Gleichungssystem auch so geschrieben: $x_1 \cdot \vec{a_1} + x_2 \cdot \vec{a_2} + x_3 \cdot \vec{a_3} = \vec{b}$, wobei

$$\vec{a_1} = \begin{pmatrix} a_{11} \\ a_{21} \\ a_{31} \end{pmatrix}, \vec{a_2} = \begin{pmatrix} a_{12} \\ a_{22} \\ a_{32} \end{pmatrix}, \vec{a_3} = \begin{pmatrix} a_{13} \\ a_{23} \\ a_{33} \end{pmatrix}, \vec{b} = \begin{pmatrix} b_1 \\ b_2 \\ b_3 \end{pmatrix}.$$

Im Folgenden werden auch lineare Gleichungssysteme aus zwei Gleichungen mit zwei Variablen behandelt.

Einsetzungs- und Additionsverfahren

Das *Einsetzungsverfahren*
BEACHTE Eine der Gleichungen wird nach einer Variablen aufgelöst. Der ermittelte Term für diese Variable wird in die anderen Gleichungen eingesetzt.

Das *Additionsverfahren*
Man multipliziert zwei Gleichungen so, dass eine Variable in beiden entstehenden Gleichungen bis auf das entgegengesetzte Vorzeichen den gleichen Koeffizienten hat. Dann addiert man die linken und die rechten Seiten der entstandenen Gleichungen, wobei diese Variable herausfällt, und setzt die Ergebnisse gleich.

BEISPIEL

$$\begin{array}{ll} \text{(I)} & x_1 + x_2 + x_3 = 1 \\ \text{(II)} & 2x_1 - x_2 - 3x_3 = -2 \\ \text{(III)} & 3x_1 + 2x_2 - 2x_3 = -5 \end{array} \quad \Leftrightarrow$$

Erst Additionsverfahren: (II) + (I) und (III) + 2 · (I)

$$\begin{array}{ll} \text{(I)} & x_1 + x_2 + x_3 = 1 \\ \text{(II) + (I)} & 3x_1 - 2x_3 = -1 \\ \text{(III) + 2} \cdot \text{(I)} & 5x_1 + 4x_2 = -3 \end{array} \quad \Leftrightarrow$$

2. Zeile nach x_3, 3. Zeile nach x_2 auflösen

$$\begin{array}{ll} \text{(I)} & x_1 + x_2 + x_3 = 1 \\ \text{(II*)} & x_3 = 1{,}5x_1 + 0{,}5 \\ \text{(III*)} & x_2 = -1{,}25x_1 - 0{,}75 \end{array} \quad \Leftrightarrow$$

Dann Einsetzungsverfahren: (II*) und (III*) in (I)

$$\begin{array}{ll} \text{(I*)} & x_1 + \mathbf{(-1{,}25}x_1 \mathbf{- 0{,}75)} + \mathbf{(1{,}5}x_1 \mathbf{+ 0{,}5)} = 1 \\ \text{(II*)} & x_3 = 1{,}5x_1 + 0{,}5 \\ \text{(III*)} & x_2 = -1{,}25x_1 - 0{,}75 \end{array} \quad \Leftrightarrow$$

Ergebnis von (I*) in (II*) und (III*) einsetzen:

$$\begin{array}{ll} \text{(I*)} & 1{,}25x_1 = 1{,}25 \\ \text{(II*)} & x_3 = 1{,}5 \cdot \mathbf{1} + 0{,}5 \\ \text{(III*)} & x_2 = -1{,}25 \cdot \mathbf{1} - 0{,}75 \end{array} \quad \Leftrightarrow \quad \begin{array}{l} x_1 = 1 \\ x_3 = 2 \\ x_2 = -2 \end{array}$$

$L = \{(1|-2|2)\}$.

4

Matrizen

Eine *Matrix* ist ein System von $m \cdot n$ Zahlen, die in einem rechteckigen Schema von m Zeilen und n Spalten angeordnet sind.

BEISPIELE

- $\begin{pmatrix} a_{11} & a_{12} \\ a_{21} & a_{22} \end{pmatrix}$ ist eine $2 \cdot 2$-Matrix;
- $\begin{pmatrix} a_{11} & a_{12} & a_{13} \\ a_{21} & a_{22} & a_{23} \\ a_{31} & a_{32} & a_{33} \end{pmatrix}$ ist eine $3 \cdot 3$-Matrix.

Matrizen finden z. B. als Koeffizientenschema für ein System von m linearen Gleichungen mit n Variablen Verwendung.

BEISPIEL

(I) $a_{11}x_1 + a_{12}x_2 + a_{13}x_3 = b_1$
(II) $a_{21}x_1 + a_{22}x_2 + a_{23}x_3 = b_2$
(III) $a_{31}x_1 + a_{32}x_2 + a_{33}x_3 = b_3$

Koeffizientenmatrix A bzw. erweiterte Koeffizientenmatrix

$$A = \begin{pmatrix} a_{11} & a_{12} & a_{13} \\ a_{21} & a_{22} & a_{23} \\ a_{31} & a_{32} & a_{33} \end{pmatrix}; \qquad \left(\begin{array}{ccc|c} a_{11} & a_{12} & a_{13} & b_1 \\ a_{21} & a_{22} & a_{23} & b_2 \\ a_{31} & a_{32} & a_{33} & b_3 \end{array}\right)$$

Eine $n \cdot n$-Matix heißt ***Diagonalmatrix,*** wenn alle Zahlen a_{ij} ($i \neq j$), die nicht in der Diagonale stehen, 0 sind. Eine $n \cdot n$-Matix heißt ***Dreiecksmatrix,*** wenn alle Zahlen a_{ij} ($i > j$ bzw. $i < j$), die unterhalb bzw. oberhalb der Diagonale stehen, 0 sind.

BEISPIELE

- Dreiecksmatrix: $\begin{pmatrix} 1 & 2 & 3 \\ 0 & 5 & 6 \\ 0 & 0 & 9 \end{pmatrix}$
- Diagonalmatrix: $\begin{pmatrix} 1 & 0 & 0 \\ 0 & 5 & 0 \\ 0 & 0 & 9 \end{pmatrix}$

Eine Matrix kann man als System von n Vektoren ansehen.

Determinanten

$$D = \begin{vmatrix} a_{11} & a_{12} \\ a_{21} & a_{22} \end{vmatrix} = a_{11} \cdot a_{22} - a_{21} \cdot a_{12}$$

heißt ***zweireihige Determinante.***

$$D = \begin{vmatrix} a_{11} & a_{12} & a_{13} \\ a_{21} & a_{22} & a_{23} \\ a_{31} & a_{32} & a_{33} \end{vmatrix} = \begin{matrix} a_{11} \cdot a_{22} \cdot a_{33} + a_{12} \cdot a_{23} \cdot a_{31} + a_{13} \cdot a_{21} \cdot a_{32} \\ - a_{31} \cdot a_{22} \cdot a_{13} - a_{32} \cdot a_{23} \cdot a_{11} - a_{33} \cdot a_{21} \cdot a_{12} \end{matrix}$$

heißt ***dreireihige Determinante.***

Regel von Sarrus:

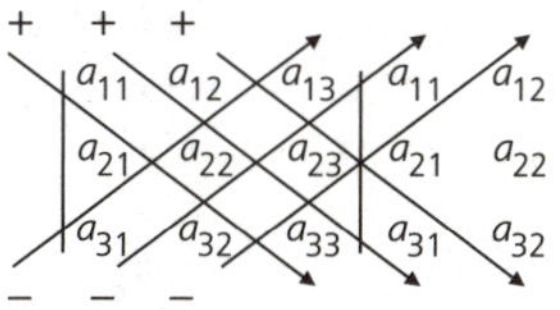

Die Elemente längs der einzelnen Pfeile werden miteinander multipliziert. Anschließend addiert man die Produkte mit den angegebenen Vorzeichen.

BEISPIEL

$$\begin{vmatrix} 1 & 2 & 3 \\ 4 & 5 & 6 \\ 7 & 8 & 9 \end{vmatrix} = \begin{matrix} 1 \cdot 5 \cdot 9 + 2 \cdot 6 \cdot 7 + 3 \cdot 4 \cdot 8 \\ -7 \cdot 5 \cdot 3 - 8 \cdot 6 \cdot 1 - 9 \cdot 4 \cdot 2 \end{matrix} = 0$$

DETERMINANTENSÄTZE:

- Der Wert einer Determinante ändert sich nicht, wenn man die Zeilen mit den Spalten vertauscht oder die mit dem gleichen Faktor multiplizierten Elemente einer Reihe (d. h. Spalte oder Zeile) zu den entsprechenden Elementen einer parallelen Reihe addiert.
- Eine Determinante ändert ihr Vorzeichen, wenn man zwei parallele Reihen vertauscht.
- Eine Determinante hat den Wert null, wenn alle Elemente einer Reihe null sind oder zwei parallele Reihen gleich oder proportional sind.

Das Gauß-Verfahren

BEACHTE Das zu lösende Gleichungssystem wird durch Äquivalenzumformungen (vgl. Additionsverfahren) auf Stufenform gebracht und dann wird schrittweise nach den Variablen x_3, x_2 und x_1 aufgelöst.

BEISPIEL

$$\begin{array}{llcl} \text{(I)} & 4x_1 - x_2 + 3x_3 & = & -1 \\ \text{(II)} & -x_1 + x_2 - x_3 & = & 1 \\ \text{(III)} & 2x_1 + x_2 - 4x_3 & = & -2 \end{array} \quad \Leftrightarrow$$

$$\begin{array}{llcl} \text{(I)} & 4x_1 - x_2 + 3x_3 & = & -1 \\ \text{(II)} + 0{,}25 \cdot \text{(I)} & 0{,}75x_2 - 0{,}25x_3 & = & 0{,}75 \\ \text{(III)} - 0{,}5 \cdot \text{(I)} & 1{,}5x_2 - 5{,}5x_3 & = & -1{,}5 \end{array} \quad \Leftrightarrow$$

$$\begin{array}{llcl} \text{(I)} & 4x_1 - x_2 + 3x_3 & = & -1 \\ \text{(II*)} & 0{,}75x_2 - 0{,}25x_3 & = & 0{,}75 \\ \text{(III)} - 2 \cdot \text{(II*)} & -5x_3 & = & -3 \end{array} \quad \Leftrightarrow$$

(Die Stufenform ist erreicht. x_3 wird aus der dritten Gleichung berechnet und in die beiden anderen Gleichungen eingesetzt.)

$$\begin{array}{rcl} 4x_1 - x_2 + 3 \cdot 0{,}6 & = & -1 \\ 0{,}75x_2 - 0{,}25 \cdot 0{,}6 & = & 0{,}75 \\ x_3 & = & 0{,}6 \end{array} \quad \Leftrightarrow$$

(Jetzt wird x_2 aus der zweiten Gleichung berechnet, in die erste Gleichung eingesetzt und x_1 berechnet.)

$$\begin{array}{rcl} 4x_1 - 1{,}2 + 3 \cdot 0{,}6 & = & -1 \\ x_2 & = & 1{,}2 \\ x_3 & = & 0{,}6 \end{array} \quad \Leftrightarrow$$

$$\begin{array}{rcl} x_1 & = & -0{,}4 \\ x_2 & = & 1{,}2 \\ x_3 & = & 0{,}6 \end{array}$$

Das Zahlentripel $(-0{,}4|1{,}2|0{,}6)$ ist die Lösung des Gleichungssystems. $L = \{(-0{,}4|1{,}2|0{,}6)\}$.

Dieses Lösungsverfahren lässt sich auch mit Matrizen durchführen:

BEISPIEL (Fortsetzung)
Die zugehörige erweiterte Koeffizientenmatrix ist:

$$\left(\begin{array}{rrr|r} 4 & -1 & 3 & -1 \\ -1 & 1 & -1 & 1 \\ 2 & 1 & -4 & -2 \end{array}\right)$$

Die Koeffizientenmatrix (links vom Trennstrich) wird nun auf Diagonalform gebracht. Dazu wird z. B. zur zweiten Zeile die mit 0,25 multiplizierte erste Zeile addiert und zur dritten Zeile die mit – 0,5 multiplizierte erste Zeile:

$$\left(\begin{array}{rrr|r} 4 & -1 & 3 & -1 \\ -1 & 1 & -1 & 1 \\ 2 & 1 & -4 & -2 \end{array}\right) \quad |\cdot 0{,}25 \quad |\cdot(-0{,}5)$$

Man erhält dadurch folgende Matrix, bei der zur dritten Zeile die mit – 2 multiplizierte zweite Zeile addiert wird:

$$\left(\begin{array}{rrr|r} 4 & -1 & 3 & -1 \\ 0 & 0{,}75 & -0{,}25 & 0{,}75 \\ 0 & 1{,}5 & -5{,}5 & -1{,}5 \end{array}\right) \quad |\cdot(-2) \quad |:4$$

Die Dreiecksform wird nun auf Diagonalform gebracht.

$$\left(\begin{array}{rrr|r} 1 & -0{,}25 & 0{,}75 & -0{,}25 \\ 0 & 0{,}75 & -0{,}25 & 0{,}75 \\ 0 & 0 & -5 & -3 \end{array}\right) \quad |:(-5) \quad |\cdot(-0{,}75) \quad |\cdot 0{,}25$$

$$\left(\begin{array}{rrr|r} 1 & -0{,}25 & 0 & -0{,}7 \\ 0 & 0{,}75 & 0 & 0{,}9 \\ 0 & 0 & 1 & 0{,}6 \end{array}\right) \quad |:3 \quad |:0{,}75$$

$$\left(\begin{array}{rrr|r} 1 & 0 & 0 & -0{,}4 \\ 0 & 1 & 0 & 1{,}2 \\ 0 & 0 & 1 & 0{,}6 \end{array}\right)$$ Damit ist das Gleichungssystem gelöst.

Das Zahlentripel $(-0{,}4|1{,}2|0{,}6)$ ist die Lösung des Gleichungssystems. $L = \{(-0{,}4|1{,}2|0{,}6)\}$.

Die Cramersche Regel

SATZ

Das lineare Gleichungssystem

(I) $a_{11}x_1 + a_{12}x_2 = b_1$ mit $(a_{11}|a_{12}) \neq (0|0)$

(II) $a_{21}x_1 + a_{22}x_2 = b_2$ mit $(a_{21}|a_{22}) \neq (0|0)$

mit den reellen Zahlen a_{11}, a_{12}, a_{21}, a_{22}, b_1 und b_2 besitzt:

- ***genau eine Lösung*** $(x_1|x_2)$, wenn

$D = \begin{vmatrix} a_{11} & a_{12} \\ a_{21} & a_{22} \end{vmatrix} = a_{11} \cdot a_{22} - a_{21} \cdot a_{12} \neq 0.$ (▸ S 117)

Für die Lösung $(x_1|x_2)$ gilt dann:

$$x_1 = \frac{D_1}{D} = \frac{\begin{vmatrix} b_1 & a_{12} \\ b_2 & a_{22} \end{vmatrix}}{\begin{vmatrix} a_{11} & a_{12} \\ a_{21} & a_{22} \end{vmatrix}} = \frac{b_1 \cdot a_{22} - b_2 \cdot a_{12}}{a_{11} \cdot a_{22} - a_{21} \cdot a_{12}}$$

$$x_2 = \frac{D_2}{D} = \frac{\begin{vmatrix} a_{11} & b_1 \\ a_{21} & b_2 \end{vmatrix}}{\begin{vmatrix} a_{11} & a_{12} \\ a_{21} & a_{22} \end{vmatrix}} = \frac{a_{11} \cdot b_2 - a_{21} \cdot b_1}{a_{11} \cdot a_{22} - a_{21} \cdot a_{12}}$$

- ***keine Lösung,*** wenn $D = 0$ und $(D_1 \neq 0$ oder $D_2 \neq 0)$.
- ***unendlich viele Lösungen,*** wenn $D = D_1 = D_2 = 0$.

Dann gilt: $L = \{(x_1|x_2) \mid x_1, x_2 \in \mathbb{R} \wedge a_{11}x_1 + a_{12}x_2 = b_1\}$

BEISPIEL

(I) $4x_1 + 3x_2 = 2$

(II) $8x_1 + 6x_2 = 5$

$$D = \begin{vmatrix} 4 & 3 \\ 8 & 6 \end{vmatrix} = 4 \cdot 6 - 8 \cdot 3 = 0; D_1 = \begin{vmatrix} 2 & 3 \\ 5 & 6 \end{vmatrix} = 2 \cdot 6 - 5 \cdot 3 \neq 0$$

Das Gleichungssystem besitzt keine Lösung. $L = \{\ \}$.

SATZ

Das lineare Gleichungssystem

(I) $a_{11}x_1 + a_{12}x_2 + a_{13}x_3 = b_1$

(II) $a_{21}x_1 + a_{22}x_2 + a_{23}x_3 = b_2$

(III) $a_{31}x_1 + a_{32}x_2 + a_{33}x_3 = b_3$

mit den reellen Zahlen $a_{11}, \dots, a_{33}, b_1, b_2, b_3$ und mit $(a_{11}|a_{12}|a_{13}) \neq (0|0|0)$, $(a_{21}|a_{22}|a_{23}) \neq (0|0|0)$ und $(a_{31}|a_{32}|a_{33}) \neq (0|0|0)$ besitzt:

- ***genau eine Lösung*** $(x_1|x_2|x_3)$, wenn

$$D = \begin{vmatrix} a_{11} & a_{12} & a_{13} \\ a_{21} & a_{22} & a_{23} \\ a_{31} & a_{32} & a_{33} \end{vmatrix} \neq 0$$ (Zur Berechnung (▸ S. 117).

Für die Lösung $(x_1|x_2|x_3)$ gilt dann:

$x_1 = \frac{D_1}{D}$, $x_2 = \frac{D_2}{D}$ und $x_3 = \frac{D_3}{D}$, wobei

$$D_1 = \begin{vmatrix} b_1 & a_{12} & a_{13} \\ b_2 & a_{22} & a_{23} \\ b_3 & a_{32} & a_{33} \end{vmatrix}, D_2 = \begin{vmatrix} a_{11} & b_1 & a_{13} \\ a_{21} & b_2 & a_{23} \\ a_{31} & b_3 & a_{33} \end{vmatrix} \text{ und } D_3 = \begin{vmatrix} a_{11} & a_{12} & b_1 \\ a_{21} & a_{22} & b_2 \\ a_{31} & a_{32} & b_3 \end{vmatrix}.$$

- ***keine Lösung,*** wenn $D = 0$ und $D_1 \neq 0$ oder $D_2 \neq 0$ oder $D_3 \neq 0$.
- ***unendlich viele Lösungen oder keine Lösung,*** wenn $D = D_1 = D_2 = D_3 = 0$.

BEISPIELE

- (I) $4x_1 - x_2 + 3x_3 = -2$
  (II) $-x_1 + x_2 - x_3 = 1$
  (III) $3x_1 + 2x_3 = 3$

$$D = \begin{vmatrix} 4 & -1 & 3 \\ -1 & 1 & -1 \\ 3 & 0 & 2 \end{vmatrix} = 4 \cdot 1 \cdot 2 + (-1) \cdot (-1) \cdot 3 + 3 \cdot (-1) \cdot 0 - 3 \cdot 1 \cdot 3 - 0 \cdot (-1) \cdot 4 - 2 \cdot (-1) \cdot (-1)$$
$$= 8 + 3 + 0 - 9 - 0 - 2 = 0$$

4

$$D_1 = \begin{vmatrix} -2 & -1 & 3 \\ 1 & 1 & -1 \\ 3 & 0 & 2 \end{vmatrix} = (-2)\cdot 1\cdot 2 + (-1)\cdot(-1)\cdot 3 + 3\cdot 1\cdot 0$$
$$-3\cdot 1\cdot 3 - 0\cdot(-1)\cdot(-2) - 2\cdot 1\cdot(-1)$$
$$= -4 + 3 + 0 - 9 - 0 + 2 = -8 \neq 0$$

Das Gleichungssystem hat keine Lösung. $L = \{\,\}$.

- (I) $4x_1 - x_2 + 3x_3 = -1$
  (II) $-x_1 + x_2 - x_3 = 1$
  (III) $2x_1 + x_2 - 4x_3 = -2$

$$D = \begin{vmatrix} 4 & -1 & 3 \\ -1 & 1 & -1 \\ 2 & 1 & -4 \end{vmatrix} = 4\cdot 1\cdot(-4) + (-1)\cdot(-1)\cdot 2 + 3\cdot(-1)\cdot 1$$
$$-2\cdot 1\cdot 3 - 1\cdot(-1)\cdot 4 - (-4)\cdot(-1)\cdot(-1)$$
$$= -15 \neq 0;$$

d.h., es gibt genau eine Lösung.

$$D_1 = \begin{vmatrix} -1 & -1 & 3 \\ 1 & 1 & -1 \\ -2 & 1 & -4 \end{vmatrix} = (-1)\cdot 1\cdot(-4) + (-1)\cdot(-1)\cdot(-2) + 3\cdot 1\cdot 1$$
$$-(-2)\cdot 1\cdot 3 - 1\cdot(-1)\cdot(-1) - (-4)\cdot 1\cdot(-1)$$
$$= 6$$

$$D_2 = \begin{vmatrix} 4 & -1 & 3 \\ -1 & 1 & -1 \\ 2 & -2 & -4 \end{vmatrix} = 4\cdot 1\cdot(-4) + (-1)\cdot(-1)\cdot 2 + 3\cdot(-1)\cdot(-2)$$
$$-2\cdot 1\cdot 3 - (-2)\cdot(-1)\cdot 4 - (-4)\cdot(-1)\cdot(-1)$$
$$= -18$$

$$D_3 = \begin{vmatrix} 4 & -1 & -1 \\ -1 & 1 & 1 \\ 2 & 1 & -2 \end{vmatrix} = 4\cdot 1\cdot(-2) + (-1)\cdot 1\cdot 2 + (-1)\cdot 1\cdot(-1)$$
$$-2\cdot 1\cdot(-1) - 1\cdot 1\cdot 4 - (-2)\cdot(-1)\cdot(-1)$$
$$= -9$$

$$x_1 = \frac{D_1}{D} = \frac{6}{-15} = -0{,}4;\ x_2 = \frac{D_2}{D} = \frac{-18}{-15} = 1{,}2;\ x_3 = \frac{D_3}{D} = \frac{-9}{-15} = 0{,}6$$

$L = \{(-0{,}4|1{,}2|0{,}6)\}$.

Übersicht über die Anzahl der Lösungen mit Deutungsmöglichkeiten im $\mathbb{R}^2$

Das lineare Gleichungssystem
(I) $a_{11}x_1 + a_{12}x_2 = b_1$ mit $(a_{11}|a_{12}) \neq (0|0)$
(II) $a_{21}x_1 + a_{22}x_2 = b_2$ mit $(a_{21}|a_{22}) \neq (0|0)$
mit den reellen Zahlen $a_{11}, a_{12}, a_{21}, a_{22}, b_1$ und b_2 besitzt entweder keine oder genau eine oder unendlich viele Lösungen (▶ S. 120). Ist $b_1 = b_2 = 0$ (homogenes Gleichungssystem), so gibt es immer die triviale Lösung $(0|0)$.

Deutungsmöglichkeiten:

- Schnitt zweier Geraden g und h im $\mathbb{R}^2$. (▶ S. 149 ff.)
g: $a_{11}x_1 + a_{12}x_2 = b_1$; h: $a_{21}x_1 + a_{22}x_2 = b_2$.
$L = \{\,\} \Leftrightarrow g \parallel h$ und $g \neq h$ (g echt parallel zu h).
$L = \{(s_1|s_2)\} \Leftrightarrow S(s_1|s_2)$ ist Schnittpunkt von g und h.
$L = \{(x_1|x_2) \in \mathbb{R}^2 \mid a_{11}x_1 + a_{12}x_2 = b_1\} \Leftrightarrow g = h$ (g und h sind identisch).

- Lineare Abhängigkeit zweier Vektoren im $\mathbb{R}^2$. (▶ S. 127)
$\vec{a_1} = \begin{pmatrix} a_{11} \\ a_{21} \end{pmatrix}; \vec{a_2} = \begin{pmatrix} a_{12} \\ a_{22} \end{pmatrix}; \vec{b} = \begin{pmatrix} b_1 \\ b_2 \end{pmatrix} = \begin{pmatrix} 0 \\ 0 \end{pmatrix} = \vec{0}$
$L = \{(0|0)\} \Leftrightarrow \vec{a_1}, \vec{a_2}$ sind linear unabhängig.
$L = \{(x_1|x_2) \in \mathbb{R}^2 \mid a_{11}x_1 + a_{12}x_2 = 0\} \Leftrightarrow$
a_1, a_2 sind linear abhängig. (▶ S. 127)

- Linearkombination im $\mathbb{R}^2$. (▶ S. 127)
$x_1 \cdot \vec{a_1} + x_2 \cdot \vec{a_2} = \vec{b}$, wobei
$\vec{a_1} = \begin{pmatrix} a_{11} \\ a_{21} \end{pmatrix}; \vec{a_2} = \begin{pmatrix} a_{12} \\ a_{22} \end{pmatrix}; \vec{b} = \begin{pmatrix} b_1 \\ b_2 \end{pmatrix}$

Falls $\{\vec{a_1}, \vec{a_2}\}$ linear unabhängig ist, gibt es genau eine Lösung. Ist $\{\vec{a_1}, \vec{a_2}\}$ linear abhängig, gibt es entweder keine Lösung, falls $\vec{b}$ linear unabhängig von $\{\vec{a_1}, \vec{a_2}\}$ ist, oder andernfalls unendlich viele Lösungen.

Übersicht über die Anzahl der Lösungen mit Deutungsmöglichkeiten im $\mathbb{R}^3$

Das lineare Gleichungssystem

$$\begin{aligned}
&\text{(I)} \quad a_{11}x_1 + a_{12}x_2 + a_{13}x_3 = b_1\\
&\text{(II)} \quad a_{21}x_1 + a_{22}x_2 + a_{23}x_3 = b_2\\
&\text{(III)} \quad a_{31}x_1 + a_{32}x_2 + a_{33}x_3 = b_3
\end{aligned}$$

mit den reellen Zahlen $a_{11}, \ldots, a_{33}, b_1, b_2, b_3$ und mit $(a_{11}|a_{12}|a_{13}) \neq (0|0|0)$, $(a_{21}|a_{22}|a_{23}) \neq (0|0|0)$ und $(a_{31}|a_{32}|a_{33}) \neq (0|0|0)$ besitzt entweder keine oder genau eine oder unendlich viele Lösungen. (▶ S. 121)

Ist $b_1 = b_2 = b_3 = 0$ (homogenes Gleichungssystem), so gibt es immer die triviale Lösung $(0|0|0)$.

Deutungsmöglichkeiten:

- Schnitt einer Geraden g mit einer Ebene E (▶ S. 167 ff.)

$g: \vec{x} = \vec{a} + \lambda \cdot \vec{u}, \lambda \in \mathbb{R}$, $E: \vec{x} = \vec{b} + \mu \cdot \vec{v} + \sigma \cdot \vec{w}, \mu, \sigma \in \mathbb{R}$.
Das Gleichsetzungsverfahren ergibt:
$\vec{a} + \lambda \cdot \vec{u} = \vec{b} + \mu \cdot \vec{v} + \sigma \cdot \vec{w} \Leftrightarrow \lambda \cdot \vec{u} - \mu \cdot \vec{v} - \sigma \cdot \vec{w} = \vec{b} - \vec{a}$
$L = \{\ \} \Leftrightarrow g \parallel E$ und $g \not\subset E$ (g echt parallel zu E).
$L = \{(s_1|s_2|s_3)\} \Leftrightarrow S(s_1|s_2|s_3)$ ist Schnittpunkt von g und E.
$L = \{(x_1|x_2|x_3) \in \mathbb{R}^3 | \ \vec{x} = \vec{a} + \lambda \cdot \vec{u}, \lambda \in \mathbb{R}\} \Leftrightarrow g \subset E$ (g liegt in der Ebene E).

- Lineare Abhängigkeit dreier Vektoren im $\mathbb{R}^3$ (▶ S. 127)

$$\vec{a_1} = \begin{pmatrix} a_{11} \\ a_{21} \\ a_{31} \end{pmatrix}, \vec{a_2} = \begin{pmatrix} a_{12} \\ a_{22} \\ a_{32} \end{pmatrix}, \vec{a_3} = \begin{pmatrix} a_{13} \\ a_{23} \\ a_{23} \end{pmatrix}, \vec{b} = \begin{pmatrix} b_1 \\ b_2 \\ b_3 \end{pmatrix} = \begin{pmatrix} 0 \\ 0 \\ 0 \end{pmatrix}.$$

$L = \{(0|0|0)\} \Leftrightarrow \vec{a_1}, \vec{a_2}$ und $\vec{a_3}$ sind linear unabhängig.

- Linearkombination im $\mathbb{R}^3$ (▶ S. 127)

$x_1 \cdot \vec{a_1} + x_2 \cdot \vec{a_2} + x_3 \cdot \vec{a_3} = \vec{b}$. Falls $\{\vec{a_1}, \vec{a_2}, \vec{a_3}\}$ linear unabhängig ist, gibt es genau eine Lösung, mit der sich $\vec{b}$ eindeutig als Linearkombination von $\vec{a_1}, \vec{a_2}$ und $\vec{a_3}$ darstellen lässt.

4.2 Vektoren

Grundbegriffe

Ordnet man einer Strecke eine Orientierung zu, indem man Anfangs- und Endpunkt festlegt, so erhält man einen ***Pfeil.***
Unter einem *Vektor* (im $\mathbb{R}^2$ oder im $\mathbb{R}^3$) versteht man die Menge aller Pfeile mit gleicher Länge und Richtung. Pfeile derselben Länge und Richtung nennt man ***parallelgleich.*** Jeder Pfeil eines Vektors heißt ***Repräsentant*** des Vektors.

BEISPIEL

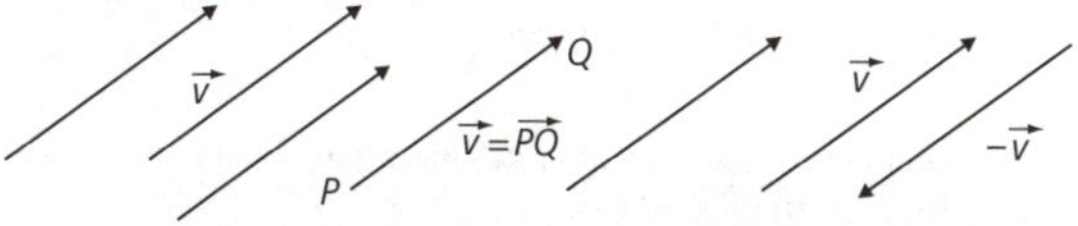

Die Schreibweise $\overrightarrow{PQ}$ wird für Pfeil und Vektor verwendet.

$-\vec{v}$ ist der ***Gegenvektor*** des Vektors $\vec{v}$. Der Vektor, dessen Repräsentanten die Länge 0 haben, heißt ***Nullvektor*** $\vec{0}$.
Der Vektor $\vec{a} + \vec{b}$ heißt ***Summenvektor,*** der Vektor $\vec{a} - \vec{b}$ heißt ***Differenzvektor.***

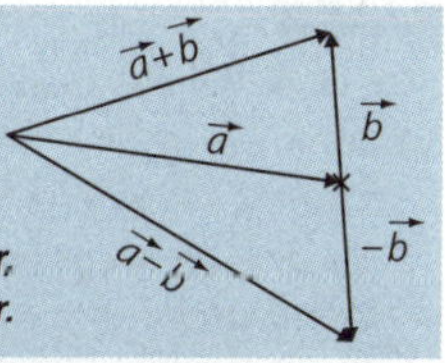

SATZ

1. Je zwei Vektoren $\vec{a}$ und $\vec{b}$ ist eindeutig ein Summenvektor $\vec{c}$ zugeordnet, sodass gilt: $\vec{c} = \vec{a} + \vec{b}$.
2. Für je drei Vektoren $\vec{a}$, $\vec{b}$ und $\vec{c}$ gilt das ***Assoziativgesetz:*** $(\vec{a} + \vec{b}) + \vec{c} = \vec{a} + (\vec{b} + \vec{c})$.
3. Für alle Vektoren $\vec{a}$ gilt: $\vec{a} + \vec{0} = \vec{0} + \vec{a} = \vec{a}$.
4. Zu jedem Vektor $\vec{a}$ gibt es eindeutig ein inverses Element, den Gegenvektor $-\vec{a}$, sodass gilt: $\vec{a} + (-\vec{a}) = (-\vec{a}) + \vec{a} = \vec{0}$.
5. Für je zwei Vektoren $\vec{a}$ und $\vec{b}$ gilt das ***Kommutativgesetz:*** $\vec{a} + \vec{b} = \vec{b} + \vec{a}$.

Eine ***geschlossene Vektorkette*** ist eine Summe von Vektoren mit dem Summenvektor $\vec{0}$.
$\vec{a} + \vec{b} + \vec{c} + \vec{d} + \vec{e} = \vec{0}$

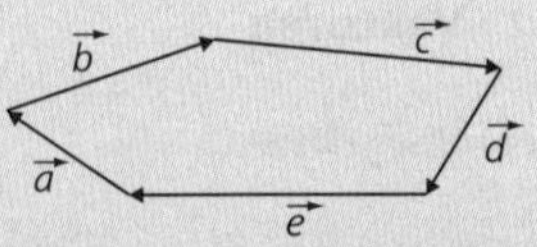

Die Multiplikation einer reellen Zahl mit einem Vektor nennt man ***S-Multiplikation***.
Der Vektor $r \cdot \vec{v}$ ($r \in \mathbb{R}$) ist r-mal so lang wir der Vektor $\vec{v}$.
Für $r > 0$ sind $r \cdot \vec{v}$ und $\vec{v}$ gleichgerichtet, für $r < 0$ sind sie entgegengesetzt gerichtet. Es gilt: $1 \cdot \vec{v} = \vec{v}$; $-1 \cdot \vec{v} = -\vec{v}$

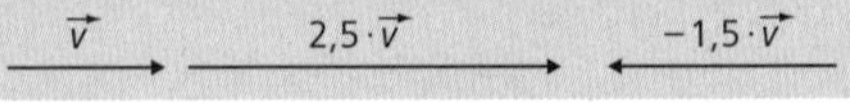

Zwei Vektoren $\vec{u}$ und $\vec{v}$ heißen ***kollinear***, wenn ein Vektor ein Vielfaches des anderen Vektors ist.

SATZ

Für die S-Multiplikation gilt:
1. Jeder reellen Zahl r und jedem Vektor $\vec{v}$ ist eindeutig ein Vektor $r \cdot \vec{v}$ zugeordnet.
2. Für zwei reelle Zahlen r und s und einen Vektor $\vec{v}$ gilt das ***Assoziativgesetz:*** $r \cdot (s \cdot \vec{v}) = (r \cdot s) \cdot \vec{v}$.
3. Für alle Vektoren $\vec{v}$ gilt: $1 \cdot \vec{v} = \vec{v}$.
4. Für zwei reelle Zahlen r und s und einen Vektor $\vec{v}$ gilt das **1. *Distributivgesetz:*** $(r + s) \cdot \vec{v} = (r \cdot \vec{v}) + (s \cdot \vec{v})$.
5. Für eine reelle Zahl r und zwei Vektoren $\vec{u}$ und $\vec{v}$ gilt das **2. *Distributivgesetz:*** $r \cdot (\vec{u} + \vec{v}) = (r \cdot \vec{u}) + (r \cdot \vec{v})$.

Eine Menge von Vektoren, in der die Vektoraddition und die S-Multiplikation definiert sind, heißt ***Vektorraum***.

Sind $\vec{v_1}, \vec{v_2}, \ldots, \vec{v_n}$ n Vektoren eines Vektorraumes V und $r_1, r_2, \ldots, r_n$ n reelle Zahlen, so heißt $r_1 \cdot \vec{v_1} + r_2 \cdot \vec{v_2} + \ldots + r_n \cdot \vec{v_n}$ ***Linearkombination*** der Vektoren $\vec{v_1}, \vec{v_2}, \ldots, \vec{v_n}$.

BEISPIEL

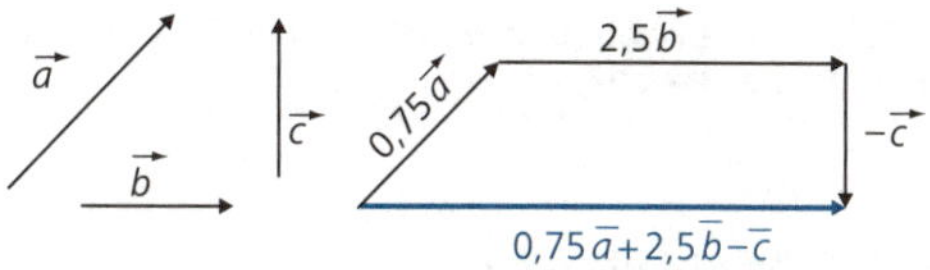

n Vektoren $\vec{v_1}, \vec{v_2}, \ldots, \vec{v_n}$ heißen ***linear abhängig***, wenn es reelle Zahlen $r_1, r_2, \ldots, r_n$ gibt, die nicht alle null sind, sodass gilt: $r_1 \cdot \vec{v_1} + r_2 \cdot \vec{v_2} + \ldots + r_n \cdot \vec{v_n} = \vec{0}$. Andernfalls heißen die Vektoren $\vec{v_1}, \vec{v_2}, \ldots, \vec{v_n}$ ***linear unabhängig***.

SATZ

n Vektoren $\vec{v_1}, \vec{v_2}, \ldots, \vec{v_n}$ sind genau dann linear abhängig, wenn sich mindestens ein Vektor als Linearkombination der anderen Vektoren darstellen lässt.

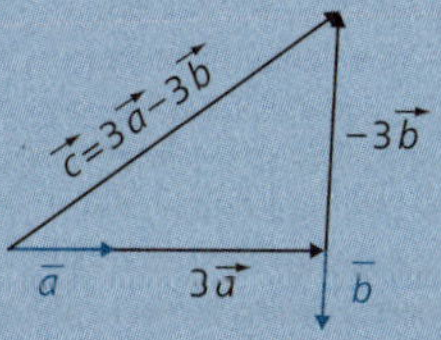

Zwei Vektoren der Ebene ($\mathbb{R}^2$) sind genau dann linear abhängig, wenn sie kollinear sind (▸ S. 126 und ▸ S. 140).

Drei Vektoren des Raumes ($\mathbb{R}^3$) sind genau dann linear abhängig, wenn sie ***komplanar*** sind, d. h. zu einer Ebene parallel sind. (▸ S. 140).

Eine Menge B linear unabhängiger Vektoren eines Vektorraumes V heißt ***Basis*** des Vektorraumes, wenn sich jeder Vektor des Vektorraumes als Linearkombination der Vektoren der Basis darstellen lässt.

Jede Basis eines Vektorraumes hat die gleiche Anzahl von Vektoren. Diese Anzahl dim (V) heißt ***Dimension*** des Vektorraumes V. $\dim(\mathbb{R}^2) = 2$, $\dim(\mathbb{R}^3) = 3$.

Grundlagen des Vektorrechnens

Kartesisches Koordinatensystem des $\mathbb{R}^2$ bzw. $\mathbb{R}^3$

Ein kartesisches ***Koordinatensystem*** besteht in der Ebene $\mathbb{R}^2$ aus zwei, im Raum $\mathbb{R}^3$ aus drei Zahlengeraden, die dieselbe Einheit besitzen und sich rechtwinklig in einem Punkt O, dem ***Ursprung,*** schneiden.
Die Zahlengeraden werden ***x_1-, x_2- und x_3-Achse*** genannt. Die Lage von Punkten der Ebene $\mathbb{R}^2$ bzw. des Raumes $\mathbb{R}^3$ lässt sich dann durch zwei bzw. drei Zahlen, die ***Koordinaten*** heißen, angeben.

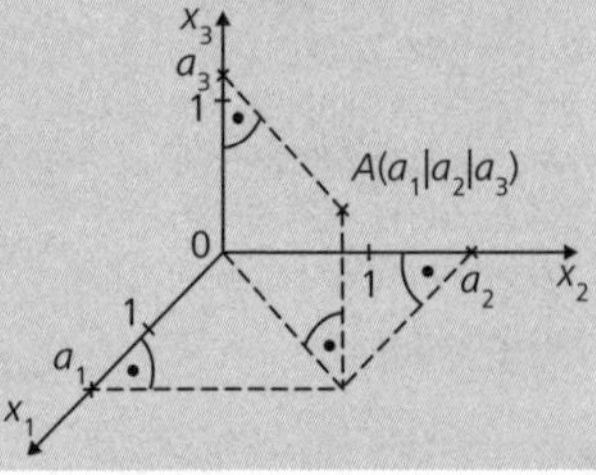

Komponenten- und Koordinatendarstellung von Vektoren

Die Vektoren $\vec{e_1}$ und $\vec{e_2}$ der Länge 1 in Richtung der x_1- und x_2-Achse bilden eine Basis des $\mathbb{R}^2$.	Die Vektoren $\vec{e_1}$, $\vec{e_2}$ und $\vec{e_3}$ der Länge 1 in Richtung der x_1-, x_2- und x_3-Achse bilden eine Basis des $\mathbb{R}^3$.

Jeder Vektor der Ebene bzw. des Raums lässt sich eindeutig als Summe von Vielfachen der Basisvektoren darstellen.

$\vec{a} = a_1 \vec{e_1} + a_2 \vec{e_2} = \begin{pmatrix} a_1 \\ a_2 \end{pmatrix}$; $a_1, a_2 \in \mathbb{R}$

Die Zahlen a_1 und a_2 heißen ***Koordinaten*** von $\vec{a}$.

Die Vektoren $a_1 \vec{e_1}$ und $a_2 \vec{e_2}$ heißen ***Komponenten*** von $\vec{a}$.

$\vec{a} = a_1 \vec{e_1} + a_2 \vec{e_2} + a_3 \vec{e_3}$

$= \begin{pmatrix} a_1 \\ a_2 \\ a_3 \end{pmatrix}$; $a_1, a_2, a_3 \in \mathbb{R}$

Die Zahlen a_1, a_2 und a_3 heißen ***Koordinaten*** von $\vec{a}$.

Die Vektoren $a_1 \vec{e_1}$, $a_2 \vec{e_2}$ und $a_3 \vec{e_3}$ heißen ***Komponenten*** von $\vec{a}$.

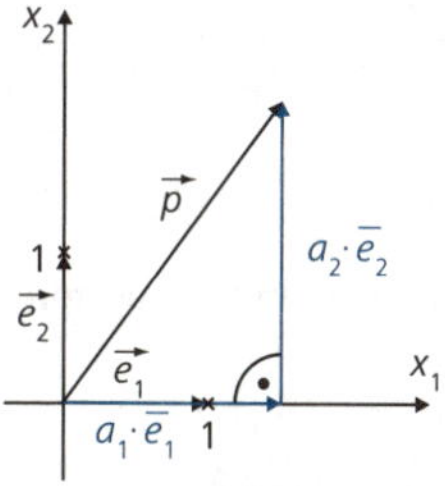

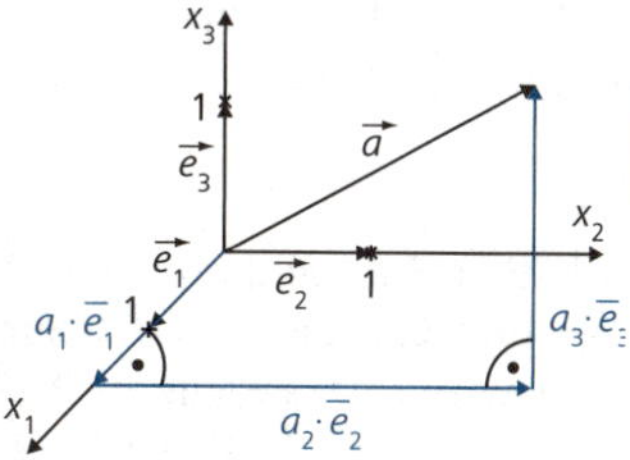

AUGEN AUF! Sonderfälle:

1. Eine Koordinate eines Vektors ist null:
Dieser Vektor ist im $\mathbb{R}^2$ parallel zu einer Koordinatenachse und im $\mathbb{R}^3$ parallel zu einer Koordinatenebene.
2. Zwei Koordinaten eines Vektors des $\mathbb{R}^3$ sind null:
Dieser Vektor ist im Raum parallel zu einer Koordinatenachse und damit zu zwei Koordinatenebenen.
3. Alle Koordinaten eines Vektors sind null:

$\vec{0} = \begin{pmatrix} 0 \\ 0 \end{pmatrix}$ bzw. $\vec{0} = \begin{pmatrix} 0 \\ 0 \\ 0 \end{pmatrix}$ heißt ***Nullvektor.***

BEISPIELE

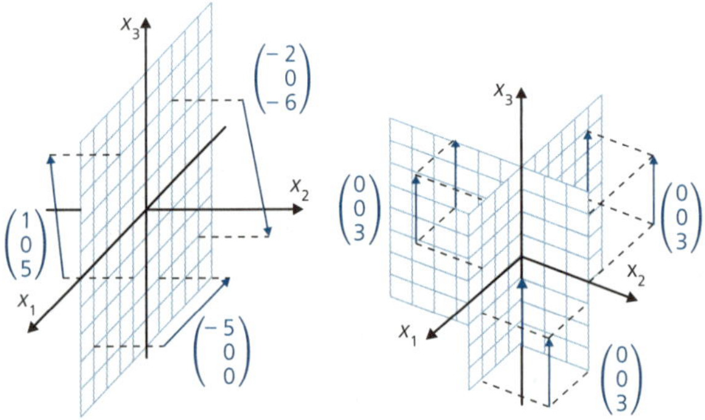

Addition, Subtraktion und S-Multiplikation in Komponenten- und Koordinatendarstellung

Komponentendarstellung im $\mathbb{R}^2$:

Es sei $\vec{a} = a_1\vec{e_1} + a_2\vec{e_2}, \vec{b} = b_1\vec{e_1} + b_2\vec{e_2}$ und $r \in \mathbb{R}$.

- $\vec{a} + \vec{b} = (a_1\vec{e_1} + a_2\vec{e_2}) + (b_1\vec{e_1} + b_2\vec{e_2})$
$= (a_1 + b_1)\vec{e_1} + (a_2 + b_2)\vec{e_2}$
- $\vec{a} - \vec{b} = (a_1\vec{e_1} + a_2\vec{e_2}) - (b_1\vec{e_1} + b_2\vec{e_2})$
$= (a_1 - b_1)\vec{e_1} + (a_2 - b_2)\vec{e_2}$
- $r \cdot \vec{a} = r \cdot (a_1\vec{e_1} + a_2\vec{e_2}) = (r \cdot a_1)\vec{e_1} + (r \cdot a_2)\vec{e_2}$

Komponentendarstellung im $\mathbb{R}^3$:

Es sei $\vec{a} = a_1\vec{e_1} + a_2\vec{e_2} + a_3\vec{e_3}, \vec{b} = b_1\vec{e_1} + b_2\vec{e_2} + b_3\vec{e_3}$.

- $\vec{a} + \vec{b} = (a_1\vec{e_1} + a_2\vec{e_2} + a_3\vec{e_3}) + (b_1\vec{e_1} + b_2\vec{e_2} + b_3\vec{e_3})$
$= (a_1 + b_1)\vec{e_1} + (a_2 + b_2)\vec{e_2} + (a_3 + b_3)\vec{e_3}$
- $\vec{a} - \vec{b} = (a_1\vec{e_1} + a_2\vec{e_2} + a_3\vec{e_3}) - (b_1\vec{e_1} + b_2\vec{e_2} + b_3\vec{e_3})$
$= (a_1 - b_1)\vec{e_1} + (a_2 - b_2)\vec{e_2} + (a_3 - b_3)\vec{e_3}$
- $r \cdot \vec{a} = r \cdot (a_1\vec{e_1} + a_2\vec{e_2} + a_3\vec{e_3})$
$= (r \cdot a_1)\vec{e_1} + (r \cdot a_2)\vec{e_2} + (r \cdot a_3)\vec{e_3}$ mit $r \in \mathbb{R}$.

In Koordinatendarstellung:

$\begin{pmatrix} a_1 \\ a_2 \end{pmatrix} + \begin{pmatrix} b_1 \\ b_2 \end{pmatrix} = \begin{pmatrix} a_1 + b_1 \\ a_2 + b_2 \end{pmatrix}$	$\begin{pmatrix} a_1 \\ a_2 \\ a_3 \end{pmatrix} + \begin{pmatrix} b_1 \\ b_2 \\ b_3 \end{pmatrix} = \begin{pmatrix} a_1 + b_1 \\ a_2 + b_2 \\ a_3 + b_3 \end{pmatrix}$
$\begin{pmatrix} a_1 \\ a_2 \end{pmatrix} - \begin{pmatrix} b_1 \\ b_2 \end{pmatrix} = \begin{pmatrix} a_1 - b_1 \\ a_2 - b_2 \end{pmatrix}$	$\begin{pmatrix} a_1 \\ a_2 \\ a_3 \end{pmatrix} - \begin{pmatrix} b_1 \\ b_2 \\ b_3 \end{pmatrix} = \begin{pmatrix} a_1 - b_1 \\ a_2 - b_2 \\ a_3 - b_3 \end{pmatrix}$
$r \cdot \begin{pmatrix} a_1 \\ a_2 \end{pmatrix} = \begin{pmatrix} r \cdot a_1 \\ r \cdot a_2 \end{pmatrix}$	$r \cdot \begin{pmatrix} a_1 \\ a_2 \\ a_3 \end{pmatrix} = \begin{pmatrix} r \cdot a_1 \\ r \cdot a_2 \\ r \cdot a_3 \end{pmatrix}$

BEACHTE Durch Abspalten eines Faktors lassen sich Vektoren oft einfacher schreiben.

BEISPIEL

$$\begin{pmatrix} 144 \\ -72 \\ 84 \end{pmatrix} = 12 \cdot \begin{pmatrix} 12 \\ -6 \\ 7 \end{pmatrix}; \quad \begin{pmatrix} \frac{3}{7} \\ \frac{-5}{14} \end{pmatrix} = \frac{1}{14} \cdot \begin{pmatrix} 6 \\ -5 \end{pmatrix}$$

Ortsvektoren

> Zu jedem Punkt P in der Ebene bzw. im Raum gibt es einen Pfeil, der im Ursprung beginnt und in P endet. Dieser Pfeil legt eindeutig einen Vektor $\overrightarrow{OP} = \vec{p}$ fest, der ***Ortsvektor*** des Punktes P heißt.

▶ **ANMERKUNG** Oft wird für $\overrightarrow{OP}$ auch $\vec{P}$ geschrieben.

Zum Punkt $P(p_1 \vert p_2)$ gehört der Ortsvektor $\vec{p} = \begin{pmatrix} p_1 \\ p_2 \end{pmatrix}$.	Zum Punkt $P(p_1 \vert p_2 \vert p_3)$ gehört der Ortsvektor $\vec{p} = \begin{pmatrix} p_1 \\ p_2 \\ p_3 \end{pmatrix}$.

Jeder Vektor kann als Ortsvektor aufgefasst werden.

Für den Verbindungsvektor zweier Punkte $A(a_1 \mid a_2)$ und $B(b_1 \mid b_2)$ gilt:	Für den Verbindungsvektor zweier Punkte $A(a_1 \mid a_2 \mid a_3)$ und $B(b_1 \mid b_2 \mid b_3)$ gilt:
$\overrightarrow{AB} = \vec{b} - \vec{a} = \begin{pmatrix} b_1 \\ b_2 \end{pmatrix} - \begin{pmatrix} a_1 \\ a_2 \end{pmatrix} = \begin{pmatrix} b_1 - a_1 \\ b_2 - a_2 \end{pmatrix}$	$\overrightarrow{AB} = \vec{b} - \vec{a} = \begin{pmatrix} b_1 \\ b_2 \\ b_3 \end{pmatrix} - \begin{pmatrix} a_1 \\ a_2 \\ a_3 \end{pmatrix} = \begin{pmatrix} b_1 - a_1 \\ b_2 - a_2 \\ b_3 - a_3 \end{pmatrix}$

BEISPIELE

- $A(1{,}5 \mid -0{,}5);\ B(1 \mid 1)$

$$\overrightarrow{AB} = \vec{b} - \vec{a} = \begin{pmatrix} 1 \\ 1 \end{pmatrix} - \begin{pmatrix} 1{,}5 \\ -0{,}5 \end{pmatrix} = \begin{pmatrix} -0{,}5 \\ 1{,}5 \end{pmatrix}$$

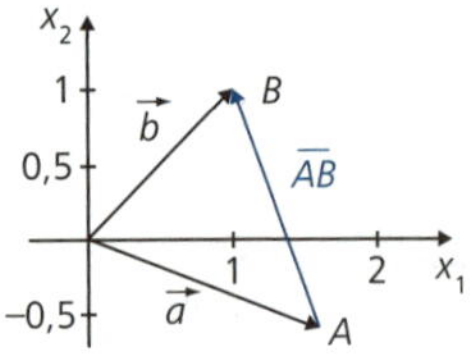

- $A(1 \mid 2 \mid -1);\ B(-1 \mid -1 \mid 1)$

$$\overrightarrow{AB} = \vec{b} - \vec{a} = \begin{pmatrix} -1 \\ -1 \\ 1 \end{pmatrix} - \begin{pmatrix} 1 \\ 2 \\ -1 \end{pmatrix} = \begin{pmatrix} -2 \\ -3 \\ 2 \end{pmatrix}$$

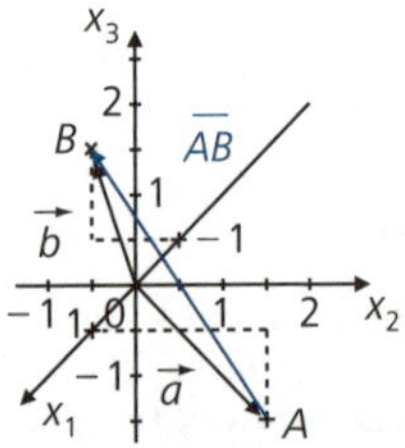

Der Betrag oder die Länge eines Vektors

Für den *Betrag* (die *Länge*) des Vektors $\vec{a}$ gilt:

Im $\mathbb{R}^2$:	Im $\mathbb{R}^3$:
$\vec{a} = a_1\vec{e_1} + a_2\vec{e_2} = \begin{pmatrix} a_1 \\ a_2 \end{pmatrix}$; $\lvert\vec{a}\rvert = \sqrt{a_1^2 + a_2^2}$	$\vec{a} = a_1\vec{e_1} + a_2\vec{e_2} + a_3\vec{e_3} = \begin{pmatrix} a_1 \\ a_2 \\ a_3 \end{pmatrix}$; $\lvert\vec{a}\rvert = \sqrt{a_1^2 + a_2^2 + a_3^2}$

BEISPIEL

$A(3|3{,}5|2{,}5)$; $|\vec{a}| = \sqrt{3^2 + 3{,}5^2 + 2{,}5^2} \approx 5{,}2$

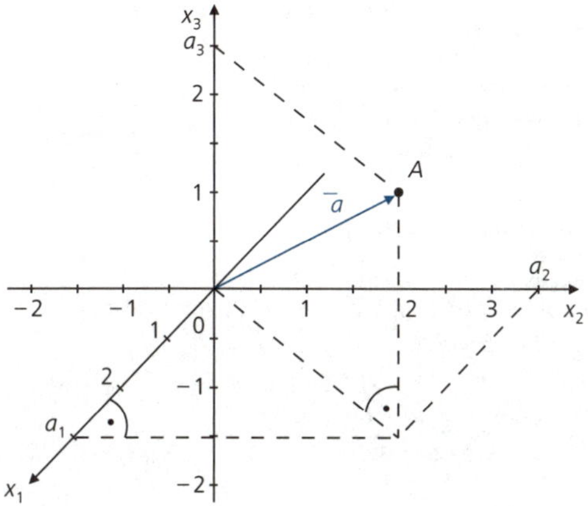

Für Vektoren $\vec{a}$ und $\vec{b}$ und reelle Zahlen r gilt:
1. $|\vec{a} \pm \vec{b}| \leq |\vec{a}| + |\vec{b}|$
2. $|r \cdot \vec{a}| = |r| \cdot |\vec{a}|$
3. $|\vec{a} \circ \vec{b}| \leq |\vec{a}|\ |\vec{b}|$ (▸ S. 134)

Ein Vektor der Länge 1 heißt ***Einheitsvektor.***

Der Einheitsvektor in Richtung $\vec{a} \neq \vec{0}$ ist: $\vec{a}^{\,0} = \frac{1}{|\vec{a}|} \cdot \vec{a}$.

BEISPIEL

$\vec{a} = \begin{pmatrix} 4 \\ -3 \end{pmatrix}$; $|\vec{a}| = \sqrt{4^2 + (-3)^2} = 5$; $\vec{a}^{\,0} = \frac{1}{5} \cdot \begin{pmatrix} 4 \\ -3 \end{pmatrix} = \begin{pmatrix} 0{,}8 \\ -0{,}6 \end{pmatrix}$

Das Skalarprodukt

Unter dem ***Skalarprodukt*** zweier Vektoren $\vec{a}$ und $\vec{b}$ versteht man die reelle Zahl $\vec{a} \circ \vec{b} = |\vec{a}| \cdot |\vec{b}| \cdot \cos \varphi$, wobei φ der Winkel zwischen den Vektoren $\vec{a}$ und $\vec{b}$ ist (mit $0° \leq \varphi \leq 180°$).

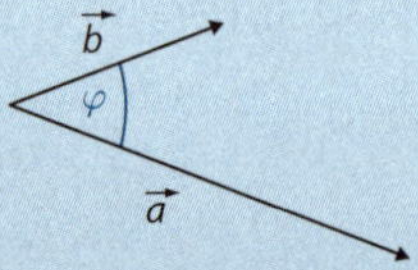

Eigenschaften des Skalarproduktes:

SATZ

Für Vektoren $\vec{a}$, $\vec{b}$ und $\vec{c}$ und reelle Zahlen r gilt:

1. $\vec{a} \circ \vec{b} = \vec{b} \circ \vec{a}$
2. $\vec{a} \circ (\vec{b} + \vec{c}) = (\vec{a} \circ \vec{b}) + (\vec{a} \circ \vec{c})$
3. $(r \cdot \vec{a}) \circ \vec{b} = r \cdot (\vec{a} \circ \vec{b})$
4. $\vec{a} \circ \vec{a} = 0 \Leftrightarrow \vec{a} = \vec{0}$

Koordinatendarstellung des Skalarproduktes:

SATZ

$$\begin{pmatrix} a_1 \\ a_2 \end{pmatrix} \circ \begin{pmatrix} b_1 \\ b_2 \end{pmatrix} = a_1 \cdot b_1 + a_2 \cdot b_2$$

$$\begin{pmatrix} a_1 \\ a_2 \\ a_3 \end{pmatrix} \circ \begin{pmatrix} b_1 \\ b_2 \\ b_3 \end{pmatrix} = a_1 \cdot b_1 + a_2 \cdot b_2 + a_3 \cdot b_3$$

BEISPIELE

- $\begin{pmatrix} 2 \\ -0{,}5 \end{pmatrix} \circ \begin{pmatrix} 2 \\ 2 \end{pmatrix} = 2 \cdot 2 + (-0{,}5) \cdot 2 = 3$
- $\begin{pmatrix} 3 \\ -3 \\ 1 \end{pmatrix} \circ \begin{pmatrix} 2 \\ 3 \\ 3 \end{pmatrix} = 3 \cdot 2 + (-3) \cdot 3 + 1 \cdot 3 = 0$

Winkel zwischen Vektoren

SATZ

Für den ***Winkel*** φ zwischen zwei Vektoren $\vec{a}$ und $\vec{b}$ gilt:

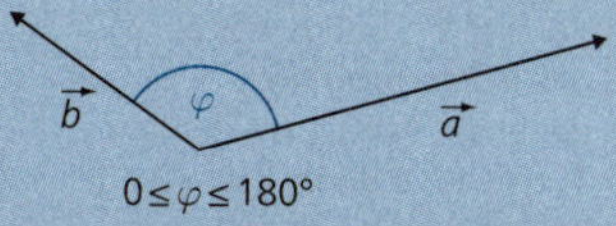

$$\cos\varphi = \frac{\vec{a} \circ \vec{b}}{|\vec{a}| \cdot |\vec{b}|}.$$

BEISPIELE

◆ $\vec{a} = \begin{pmatrix} -3 \\ 4 \end{pmatrix}, \vec{b} = \begin{pmatrix} 12 \\ 5 \end{pmatrix}$

$$\vec{a} \circ \vec{b} = \begin{pmatrix} -3 \\ 4 \end{pmatrix} \circ \begin{pmatrix} 12 \\ 5 \end{pmatrix} = -3 \cdot 12 + 4 \cdot 5 = -16$$

$$|\vec{a}| = \sqrt{(-3)^2 + 4^2} = 5, |\vec{b}| = \sqrt{12^2 + 5^2} = 13$$

$$\cos\varphi = \frac{\vec{a} \circ \vec{b}}{|\vec{a}| \cdot |\vec{b}|} = \frac{-16}{5 \cdot 13} \Rightarrow \varphi \approx 104°$$

■ $\vec{a} = \begin{pmatrix} 1 \\ -3 \\ 4 \end{pmatrix}, \vec{b} = \begin{pmatrix} 2 \\ 0 \\ -0{,}5 \end{pmatrix}$

$$\vec{a} \circ \vec{b} = \begin{pmatrix} 1 \\ -3 \\ 4 \end{pmatrix} \circ \begin{pmatrix} 2 \\ 0 \\ -0{,}5 \end{pmatrix} = 1 \cdot 2 + (-3) \cdot 0 + 4 \cdot (-0{,}5) = 0$$

$$|\vec{a}| = \sqrt{1^2 + (-3)^2 + 4^2} = \sqrt{26}, |\vec{b}| = \sqrt{2^2 + 0^2 + (-0{,}5)^2} = \sqrt{4{,}25}.$$

$$\cos\varphi = \frac{\vec{a} \circ \vec{b}}{|\vec{a}| \cdot |\vec{b}|} = \frac{0}{\sqrt{26} \cdot \sqrt{4{,}25}} = 0 \Rightarrow \varphi = 90°$$

Zwei Vektoren $\vec{a}$ und $\vec{b}$ heißen ***orthogonal,*** wenn sie einen Winkel von 90° einschließen ($\vec{a} \perp \vec{b}$).

Für $\vec{a} \neq \vec{0}$ und $\vec{b} \neq \vec{0}$ gilt: $\vec{a} \circ \vec{b} = 0 \Leftrightarrow \vec{a} \perp \vec{b}$.

Vektoren heißen ***orthonormiert,*** wenn sie die Länge 1 haben und paarweise orthogonal sind.

Das Vektorprodukt

Für zwei linear unabhängige Vektoren $\vec{a}$ und $\vec{b}$ des $\mathbb{R}^3$ ist das ***Vektorprodukt*** $\vec{a} \times \vec{b}$ derjenige Vektor, für den gilt:
1. $\vec{a} \times \vec{b} \perp \vec{a}$ und $\vec{a} \times \vec{b} \perp \vec{b}$.
2. $\vec{a}$, $\vec{b}$ und $\vec{a} \times \vec{b}$ bilden ein Rechtssystem.
3. $|\vec{a} \times \vec{b}| = |\vec{a}| \cdot |\vec{b}| \cdot \sin\varphi$, wobei φ der Winkel zwischen den Vektoren $\vec{a}$ und $\vec{b}$ ist (mit $0° \leq \varphi \leq 180°$).

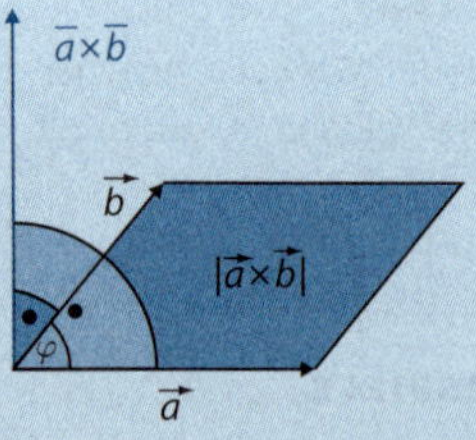

Der Betrag $|\vec{a} \times \vec{b}| = |\vec{a}| \cdot |\vec{b}| \cdot \sin\varphi$ des Vektorproduktes der Vektoren $\vec{a}$ und $\vec{b}$ entspricht der Maßzahl des Flächeninhalts des von den Vektoren $\vec{a}$ und $\vec{b}$ aufgespannten Parallelogramms (▶ S. 144).

Eigenschaften des Vektorproduktes:

Für Vektoren $\vec{a}$, $\vec{b}$ und $\vec{c}$ und reelle Zahlen r gilt:
1. $\vec{b} \times \vec{a} = -(\vec{a} \times \vec{b})$
2. $r \cdot (\vec{a} \times \vec{b}) = (r \cdot \vec{a}) \times \vec{b} = \vec{a} \times (r \cdot \vec{b})$
3. $(\vec{a} + \vec{b}) \times \vec{c} = (\vec{a} \times \vec{c}) + (\vec{b} \times \vec{c})$

Koordinatendarstellung des Vektorproduktes:

$$\begin{pmatrix} a_1 \\ a_2 \\ a_3 \end{pmatrix} \times \begin{pmatrix} b_1 \\ b_2 \\ b_3 \end{pmatrix} = \begin{pmatrix} a_2 \cdot b_3 - a_3 \cdot b_2 \\ a_3 \cdot b_1 - a_1 \cdot b_3 \\ a_1 \cdot b_2 - a_2 \cdot b_1 \end{pmatrix}$$

BEISPIEL

$$\begin{pmatrix} 5 \\ 6 \\ 1 \end{pmatrix} \times \begin{pmatrix} 2 \\ 3 \\ 4 \end{pmatrix} = \begin{pmatrix} 6 \cdot 4 - 1 \cdot 3 \\ 1 \cdot 2 - 5 \cdot 4 \\ 5 \cdot 3 - 6 \cdot 2 \end{pmatrix} = \begin{pmatrix} 21 \\ -18 \\ 3 \end{pmatrix}$$

Anwendungen

Besondere Punkte

SATZ

Für den ***Mittelpunkt*** *M* einer Strecke $\overline{AB}$ gilt:
$\vec{m} = \frac{1}{2} \cdot (\vec{a} + \vec{b})$.

Für den ***Spatmittelpunkt*** *M* eines Spates *ABCDEFGH*, das von den Vektoren $\overrightarrow{AB}$, $\overrightarrow{AD}$ und $\overrightarrow{AE}$ aufgespannt wird, gilt:
$\overrightarrow{AM} = \frac{1}{2} \cdot (\overrightarrow{AB} + \overrightarrow{AD} + \overrightarrow{AE})$.
Für den ***Schwerpunkt*** *S* eines Dreiecks *ABC* gilt:
$\vec{s} = \frac{1}{3} \cdot (\vec{a} + \vec{b} + \vec{c})$.

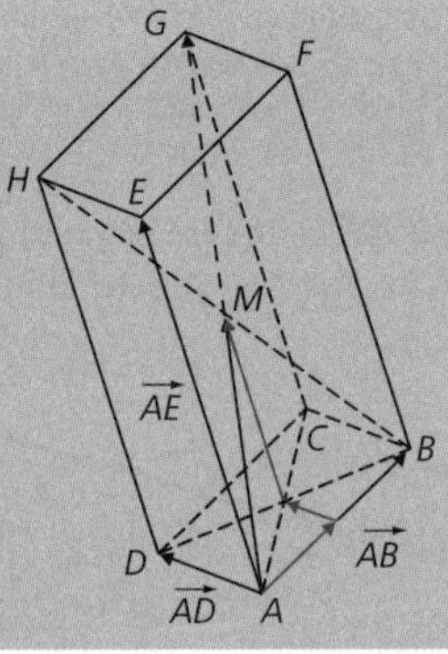

4

SATZ

Für den ***Schwerpunkt*** *S* eines Tetraeders *ABCD* gilt:
$\vec{s} = \frac{1}{4} \cdot (\vec{a} + \vec{b} + \vec{c} + \vec{d})$ bzw.

$$\begin{pmatrix} s_1 \\ s_2 \\ s_3 \end{pmatrix} = \frac{1}{4} \cdot \begin{pmatrix} a_1 + b_1 + c_1 + d_1 \\ a_2 + b_2 + c_2 + d_2 \\ a_3 + b_3 + c_3 + d_3 \end{pmatrix}$$

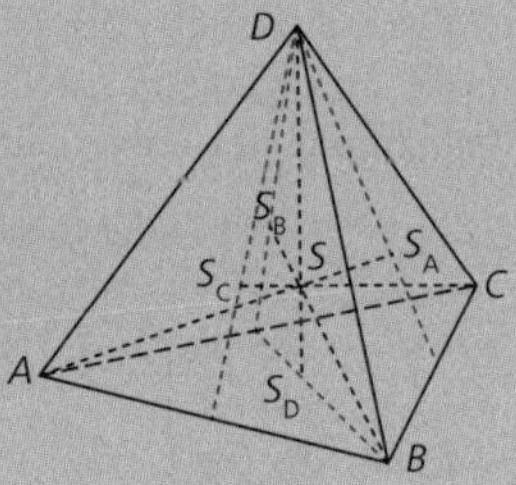

BEISPIEL

$A(1|-4|-2)$, $B(2|2|1)$, $C(4|0|-4)$ und $D(1|2|1)$

$$\begin{pmatrix} s_1 \\ s_2 \\ s_3 \end{pmatrix} = \frac{1}{4} \cdot \begin{pmatrix} 1 + 2 + 4 + 1 \\ -4 + 2 + 0 + 2 \\ -2 + 1 + (-4) + 1 \end{pmatrix} = \begin{pmatrix} 2 \\ 0 \\ -1 \end{pmatrix}; S(2|0|-1)$$

Das Teilverhältnis

Die reelle Zahl τ, die für die drei verschiedenen Punkte A, B und T einer Geraden die Gleichung $\overrightarrow{AT} = \tau \cdot \overrightarrow{TB}$ erfüllt, heißt ***Teilverhältnis*** des Punktes T bzgl. $\overline{AB}$.

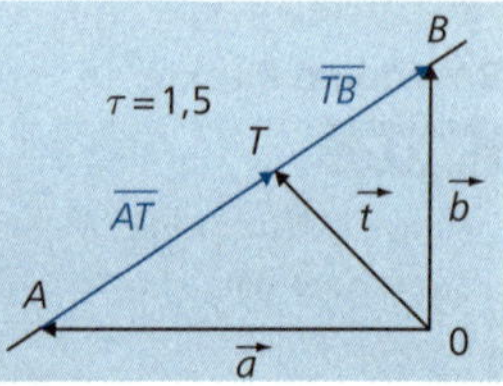

Für $T \in \overline{AB}$ (innere Teilung) gilt: $\tau \geq 0$.
Für $T \in AB\backslash\overline{AB}$ (äußere Teilung) gilt: $\tau < 0$.

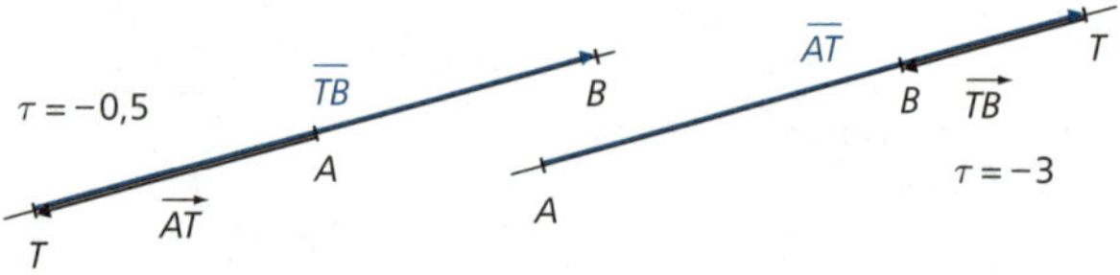

BEISPIELE

Es seien im Folgenden A, B und T drei verschiedene Punkte auf einer Geraden des $\mathbb{R}^2$ oder $\mathbb{R}^3$ und $\tau \in \mathbb{R}\backslash\{-1;0\}$.
Hinweis: Im $\mathbb{R}^2$ entfällt jeweils die dritte Koordinate.

1. Berechnung des Teilverhältnisses τ

$\vec{t} - \vec{a} = \tau \cdot (\vec{b} - \vec{t})$ oder in Koordinaten im $\mathbb{R}^3$:

$$\begin{pmatrix} t_1 - a_1 \\ t_2 - a_2 \\ t_3 - a_3 \end{pmatrix} = \tau \cdot \begin{pmatrix} b_1 - t_1 \\ b_2 - t_2 \\ b_3 - t_3 \end{pmatrix}.$$

Da $T \neq B$ ist, gilt für mindestens ein $i \in \{1;2;3\}$:

$b_i - t_i \neq 0$ und damit: $\tau = \dfrac{t_i - a_i}{b_i - t_i}$.

2. Berechnung der Koordinaten des Teilpunktes T

$\vec{t} = \frac{1}{1+\tau} \cdot \vec{a} + \frac{\tau}{1+\tau} \cdot \vec{b}$ oder in Koordinaten im $\mathbb{R}^3$:

$$\begin{pmatrix} t_1 \\ t_2 \\ t_3 \end{pmatrix} = \frac{1}{1+\tau} \cdot \begin{pmatrix} a_1 \\ a_2 \\ a_3 \end{pmatrix} + \frac{\tau}{1+\tau} \cdot \begin{pmatrix} b_1 \\ b_2 \\ b_3 \end{pmatrix}.$$

3. Berechnung der Koordinaten des Streckenpunktes B

$\vec{b} = \frac{1+\tau}{\tau} \cdot \vec{t} - \frac{1}{\tau} \cdot \vec{a}$ oder in Koordinaten im $\mathbb{R}^3$:

$$\begin{pmatrix} b_1 \\ b_2 \\ b_3 \end{pmatrix} = \frac{1+\tau}{\tau} \cdot \begin{pmatrix} t_1 \\ t_2 \\ t_3 \end{pmatrix} - \frac{1}{\tau} \cdot \begin{pmatrix} a_1 \\ a_2 \\ a_3 \end{pmatrix}.$$

4

4. Berechnung der Koordinaten des Streckenpunktes A
$\vec{a} = (1+\tau) \cdot \vec{t} - \tau \cdot \vec{b}$ oder in Koordinaten im $\mathbb{R}^3$:

$$\begin{pmatrix} a_1 \\ a_2 \\ a_3 \end{pmatrix} = (1+\tau) \cdot \begin{pmatrix} t_1 \\ t_2 \\ t_3 \end{pmatrix} - \tau \cdot \begin{pmatrix} b_1 \\ b_2 \\ b_3 \end{pmatrix}.$$

BEISPIELE

- Geg.: $A(4|6|-1)$, $B(8|12|-2)$, $T(12|18|-3)$; Ges.: τ

Lös.: $\tau = \frac{t_1 - a_1}{b_1 - t_1} = \frac{12-4}{8-12} = -2$

- Geg.: $A(4|-1|1)$, $B(6|7|7)$ und $\tau = 3$; Ges.: T

Lös.: $\vec{t} = \frac{1}{1+\tau} \cdot \vec{a} + \frac{\tau}{1+\tau} \cdot \vec{b} =$

$$\frac{1}{1+3} \cdot \begin{pmatrix} 4 \\ -1 \\ 1 \end{pmatrix} + \frac{3}{1+3} \cdot \begin{pmatrix} 6 \\ 7 \\ 7 \end{pmatrix} = \begin{pmatrix} 5{,}5 \\ 5 \\ 5{,}5 \end{pmatrix}; \; T(5{,}5|5|5{,}5)$$

Untersuchung von Vektoren auf lineare Abhängigkeit

SATZ

In der ***Ebene*** $\mathbb{R}^2$ gilt für zwei Vektoren $\vec{a}$ und $\vec{b}$:
$\vec{a}$ und $\vec{b}$ sind linear abhängig (▸ S. 127) ⇔
$\vec{a}$ und $\vec{b}$ sind kollinear (▸ S. 126) ⇔
$\det(\vec{a};\vec{b}) = 0$ (▸ S. 117) ⇔
Einer der Vektoren ist ein Vielfaches des anderen Vektors.

SATZ

Im ***Raum*** $\mathbb{R}^3$ gilt für drei Vektoren $\vec{a}$, $\vec{b}$ und $\vec{c}$:
$\vec{a}$, $\vec{b}$ und $\vec{c}$ sind linear abhängig (▸ S. 127) ⇔
$\vec{a}$, $\vec{b}$ und $\vec{c}$ sind komplanar (▸ S. 127) ⇔
$\lambda \cdot \vec{a} + \mu \cdot \vec{b} + \sigma \cdot \vec{c} = \vec{0}$ besitzt eine Lösung $(\lambda|\mu|\sigma) \neq (0|0|0)$ ⇔
$\det(\vec{a};\vec{b};\vec{c}) = 0$ (▸ S. 117).

In Koordinaten:

$\begin{pmatrix} a_1 \\ a_2 \\ a_3 \end{pmatrix}, \begin{pmatrix} b_1 \\ b_2 \\ b_3 \end{pmatrix}$ und $\begin{pmatrix} c_1 \\ c_2 \\ c_3 \end{pmatrix}$ sind linear abhängig ⇔

$$\lambda \cdot \begin{pmatrix} a_1 \\ a_2 \\ a_3 \end{pmatrix} + \mu \cdot \begin{pmatrix} b_1 \\ b_2 \\ b_3 \end{pmatrix} + \sigma \cdot \begin{pmatrix} c_1 \\ c_2 \\ c_3 \end{pmatrix} = \begin{pmatrix} 0 \\ 0 \\ 0 \end{pmatrix}$$

besitzt eine Lösung $(\lambda|\mu|\sigma) \neq (0|0|0)$ ⇔

$$0 = \begin{vmatrix} a_1 & b_1 & c_1 \\ a_2 & b_2 & c_2 \\ a_3 & b_3 & c_3 \end{vmatrix} = a_1b_2c_3 + b_1c_2a_3 + c_1a_2b_3 - a_3b_2c_1 - b_3c_2a_1 - c_3a_2b_1$$ (▸ S. 117)

BEISPIEL

$\vec{a} = \begin{pmatrix} 1 \\ 4 \\ 7 \end{pmatrix}, \vec{b} = \begin{pmatrix} 2 \\ 5 \\ 8 \end{pmatrix}, \vec{c} = \begin{pmatrix} 3 \\ 6 \\ 9 \end{pmatrix}, \begin{vmatrix} 1 & 2 & 3 \\ 4 & 5 & 6 \\ 7 & 8 & 9 \end{vmatrix} = 0$ (▸ S. 117)

$\vec{a}$, $\vec{b}$ und $\vec{c}$ sind linear abhängig (komplanar).

Lineare Unabhängigkeit bei Beweisen

BEACHTE Mithilfe der linearen Unabhängigkeit von Vektoren können Sätze über Streckenverhältnisse bewiesen werden. Man bildet eine geschlossene Vektorkette, in der die betreffenden Strecken als Vektoren enthalten sind. Die Vektoren der Kette werden als Linearkombinationen geeigneter linear unabhängiger Vektoren dargestellt. Man erhält so eine Linearkombination linear unabhängiger Vektoren, die den Nullvektor ergibt. Die Koeffizienten müssen alle null sein. Hieraus erhält man ein Gleichungssystem aus zwei bzw. drei Gleichungen. Aus den Lösungen können die Streckenverhältnisse gewonnen werden.

BEISPIEL Im Parallelogramm halbieren sich die Diagonalen. Die geschlossene Vektorkette mit den linear unabhängigen Vektoren $\vec{a} = \overrightarrow{AB}$ und $\vec{b} = \overrightarrow{AD}$:

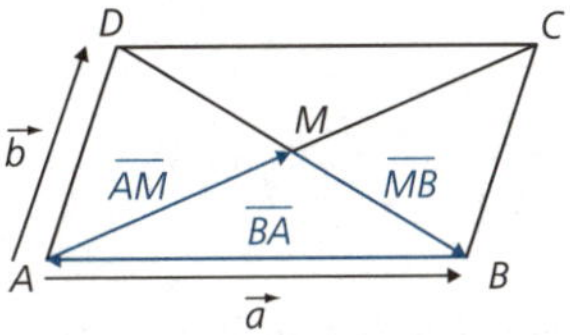

$$\overrightarrow{AM} + \overrightarrow{MB} + \overrightarrow{BA} = \lambda \cdot \overrightarrow{AC} + \mu \cdot \overrightarrow{DB} + \overrightarrow{BA}$$
$$= \lambda \cdot (\vec{b} + \vec{a}) + \mu \cdot \left(-\vec{b} + \vec{a}\right) - \vec{a}$$
$$= (\lambda + \mu - 1) \cdot \vec{a} + (\lambda - \mu) \cdot \vec{b} = \vec{0} \Rightarrow$$
$$\begin{aligned} \lambda + \mu - 1 &= 0 \\ \lambda - \mu &= 0 \end{aligned} \Rightarrow \lambda = \mu = \frac{1}{2}.$$

Also $\overline{AM} = \frac{1}{2} \cdot \overline{AC}$ und $\overline{MB} = \frac{1}{2} \cdot \overline{DB}$.

Orthogonale Vektoren

SATZ

Zwei Vektoren $\vec{a}$ und $\vec{b}$ sind orthogonal, wenn ihr Skalarprodukt $\vec{a} \circ \vec{b} = 0$ ist (▶ S. 134 f.).

BEISPIEL

$\vec{a} = \begin{pmatrix} 3 \\ 9 \end{pmatrix}, \vec{b} = \begin{pmatrix} 6 \\ -2 \end{pmatrix}.$

$\vec{a} \circ \vec{b} = \begin{pmatrix} 3 \\ 9 \end{pmatrix} \circ \begin{pmatrix} 6 \\ -2 \end{pmatrix} = 3 \cdot 6 + 9 \cdot (-2) = 0$

$\vec{a}$ und $\vec{b}$ sind orthogonal.

Ermittlung eines Normalenvektors

Im $\mathbb{R}^2$ sei $\vec{u}$ ein gegebener Vektor. $\vec{n}$ heißt ***Normalenvektor*** zu $\vec{u}$, falls $\vec{n} \circ \vec{u} = 0$, d.h. $n_1 \cdot u_1 + n_2 \cdot u_2 = 0$.

BEACHTE Da es unendlich viele Normalenvektoren zu einem Vektor $\vec{u}$ gibt, kann eine der beiden Koordinaten von $\vec{n}$ frei gewählt werden, die zweite Koordinate ist dann festgelegt.

BEISPIEL

$\vec{u} = \begin{pmatrix} 4 \\ -2 \end{pmatrix}, \vec{n} = \begin{pmatrix} n_1 \\ n_2 \end{pmatrix}$

$\vec{n} \circ \vec{u} = 0 \Leftrightarrow n_1 \cdot 4 + n_2 \cdot (-2) = 0$. Wähle z. B. $n_1 = 1$. Dann folgt: $4 \cdot 1 - 2 \cdot n_2 = 0$, d.h. $n_2 = 2$. $\vec{n} = \begin{pmatrix} 1 \\ 2 \end{pmatrix}$.

Im $\mathbb{R}^3$ seien die Vektoren $\vec{u}$ und $\vec{v}$ gegeben. Die Berechnung eines ***Normalenvektor*** $\vec{n}$ zu $\vec{u}$ und $\vec{v}$ kann mit dem Vektorprodukt ($\vec{n} = \vec{u} \times \vec{v}$; ▶ S. 136) oder mit dem Skalarprodukt erfolgen: $\vec{n} \circ \vec{u} = 0$ und $\vec{n} \circ \vec{v} = 0$.

BEISPIEL

$\vec{u} = \begin{pmatrix} -1 \\ -1{,}5 \\ 2 \end{pmatrix}; \vec{v} = \begin{pmatrix} -3 \\ 3 \\ 1 \end{pmatrix}; \vec{n} = \begin{pmatrix} n_1 \\ n_2 \\ n_3 \end{pmatrix}.$

- Mit dem Vektorprodukt:

$$\vec{n} = \begin{pmatrix} -1 \\ -1{,}5 \\ 2 \end{pmatrix} \times \begin{pmatrix} -3 \\ 3 \\ 1 \end{pmatrix} = \begin{pmatrix} (-1{,}5) \cdot 1 - 2 \cdot 3 \\ 2 \cdot (-3) - (-1) \cdot 1 \\ (-1) \cdot 3 - (-1{,}5) \cdot (-3) \end{pmatrix} = \begin{pmatrix} -7{,}5 \\ -5 \\ -7{,}5 \end{pmatrix}$$

$$= -2{,}5 \cdot \begin{pmatrix} 3 \\ 2 \\ 3 \end{pmatrix}.$$

- Mit dem Skalarprodukt:

$$\begin{matrix} \vec{n} \circ \vec{u} = 0 \\ \vec{n} \circ \vec{v} = 0 \end{matrix} \Leftrightarrow \begin{matrix} \text{(I)} & -n_1 - 1{,}5n_2 + 2n_3 = 0 \\ \text{(II)} & -3n_1 + 3n_2 + n_3 = 0 \end{matrix} \Leftrightarrow$$

$$\text{(I)} - 2 \cdot \text{(II)} \quad 5n_1 - 7{,}5n_2 = 0$$
$$\text{(II*)} \quad n_3 = 3n_1 - 3n_2$$

BEACHTE Da für die drei Unbekannten nur zwei Gleichungen vorliegen, kann eine Unbekannte frei gewählt werde.

Wähle z. B. $n_2 = 2$, dann folgt: $n_1 = 3$ und $n_3 = 3$. $\vec{n} = \begin{pmatrix} 3 \\ 2 \\ 3 \end{pmatrix}$.

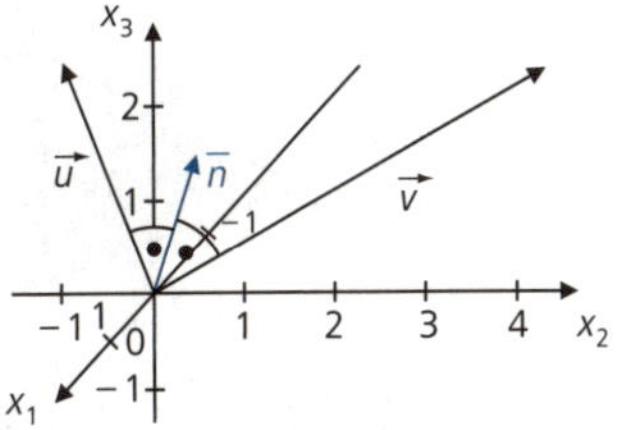

Die senkrechte Projektion eines Vektors

$\vec{b_a} = (\vec{b} \circ \vec{a}^0) \cdot \vec{a}^0 = \frac{\vec{b} \circ \vec{a}}{|\vec{a}|^2} \cdot \vec{a}$

heißt ***senkrechte Projektion***

des Vektors $\vec{b}$ auf den Vektor $\vec{a}$.

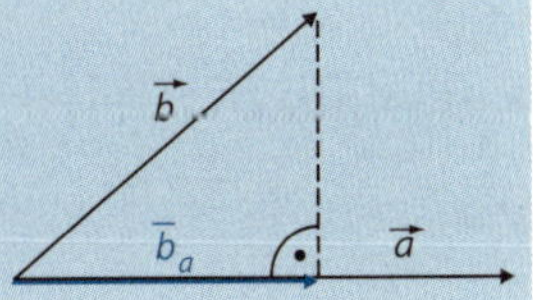

BEISPIEL

$\vec{b} = \begin{pmatrix} 12 \\ 5 \end{pmatrix}, \vec{a} = \begin{pmatrix} -3 \\ 4 \end{pmatrix}$

$\vec{b} \circ \vec{a} = \begin{pmatrix} 12 \\ 5 \end{pmatrix} \circ \begin{pmatrix} -3 \\ 4 \end{pmatrix} = -16$ und $|\vec{a}| = 5$. (▶ S. 132)

$\vec{b_a} = \frac{\vec{b} \circ \vec{a}}{|\vec{a}|^2} \cdot \vec{a} = \frac{-16}{25} \cdot \begin{pmatrix} -3 \\ 4 \end{pmatrix}$.

Flächen- und Rauminhalte im $\mathbb{R}^3$

- Flächeninhalt eines Dreiecks *ABC*:

$$A = \frac{1}{2} \cdot |\overrightarrow{AB} \times \overrightarrow{AC}|$$

$$A = \frac{1}{2} \cdot |\overrightarrow{AB}| \cdot |\overrightarrow{AC}| \cdot \sin \alpha$$

$$A = \frac{1}{2} \cdot a \cdot h_a$$

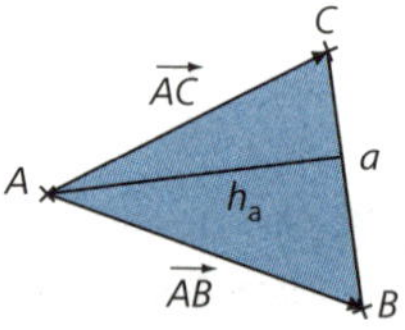

- Flächeninhalt eines Parallelogramms *ABCD*:

$$A = |\overrightarrow{AB} \times \overrightarrow{AD}|$$

$$A = |\overrightarrow{AB}| \cdot |\overrightarrow{AD}| \cdot \sin \alpha$$

$$A = b \cdot h_b$$

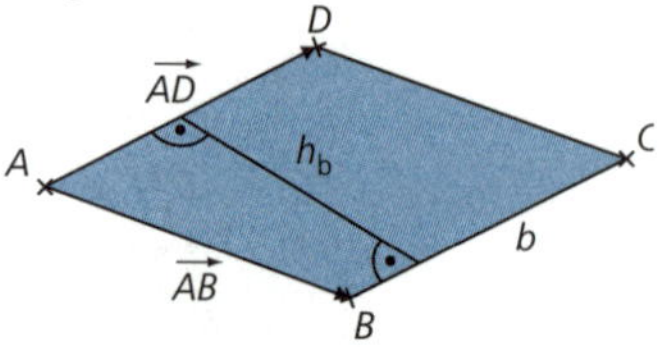

- Volumen eines Spats (Parallelflachs) *ABCDEFGH*:

$$V = |\overrightarrow{AB} \circ (\overrightarrow{AD} \times \overrightarrow{AE})|$$

$$V = |\det(\overrightarrow{AB}, \overrightarrow{AD}, \overrightarrow{AE})|$$

$$V = G \cdot h_G$$

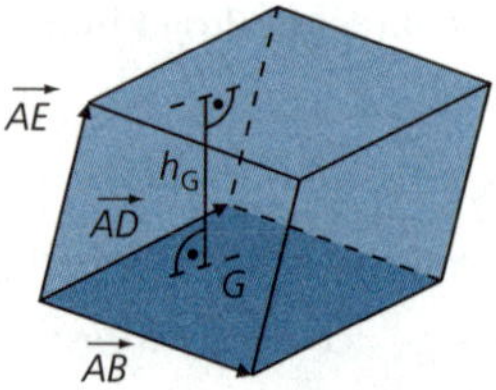

- Volumen einer dreiseitigen Pyramide:

$$V = \frac{1}{6} \cdot |\vec{a} \circ (\vec{b} \times \vec{c})|$$

$$V = \frac{1}{6} \cdot |\det(\vec{a}, \vec{b}, \vec{c})|$$

$$V = \frac{1}{3} \cdot G \cdot h_G$$

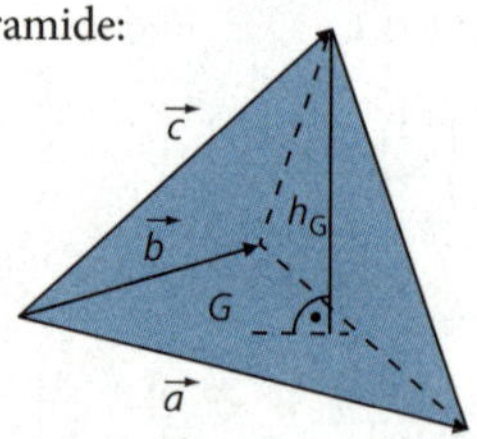

4.3 Geraden

Darstellungen

Die folgenden beiden Formen heißen ***Parameterformen.***

◆ ***Punkt-Richtungs-Form***

Die Lage einer Geraden g im $\mathbb{R}^2$ oder $\mathbb{R}^3$ sei durch einen Punkt A mit Ortsvektor $\vec{a}$ und einen ***Richtungsvektor*** $\vec{u} \neq \vec{0}$ festgelegt. X mit Ortsvektor $\vec{x}$ sei ein beliebiger Punkt von g.

$$g\colon \vec{x} = \vec{a} + \lambda \cdot \vec{u},\ \lambda \in \mathbb{R}.$$

$$g\colon \begin{pmatrix} x_1 \\ x_2 \\ x_3 \end{pmatrix} = \begin{pmatrix} a_1 \\ a_2 \\ a_3 \end{pmatrix} + \lambda \cdot \begin{pmatrix} u_1 \\ u_2 \\ u_3 \end{pmatrix},\ \lambda \in \mathbb{R}.$$

Im $\mathbb{R}^2$ entfällt die dritte Zeile.

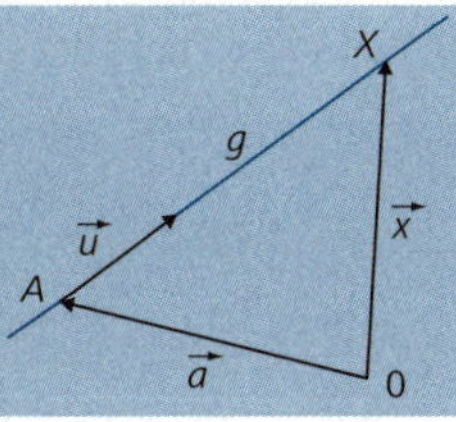

◆ ***Zwei-Punkte-Form***

Die Lage einer Geraden g im $\mathbb{R}^2$ oder $\mathbb{R}^3$ sei durch zwei verschiedene Punkte A und B mit Ortsvektoren $\vec{a}$ und $\vec{b}$ festgelegt. X mit Ortsvektor $\vec{x}$ sei ein beliebiger Punkt von g.

$$g\colon \vec{x} = \vec{a} + \lambda \cdot (\vec{b} - \vec{a}),\ \lambda \in \mathbb{R}.$$

$$g\colon \begin{pmatrix} x_1 \\ x_2 \\ x_3 \end{pmatrix} = \begin{pmatrix} a_1 \\ a_2 \\ a_3 \end{pmatrix} + \lambda \cdot \begin{pmatrix} b_1 - a_1 \\ b_2 - a_2 \\ b_3 - a_3 \end{pmatrix},\ \lambda \in \mathbb{R}.$$

Im $\mathbb{R}^2$ entfällt die dritte Zeile.

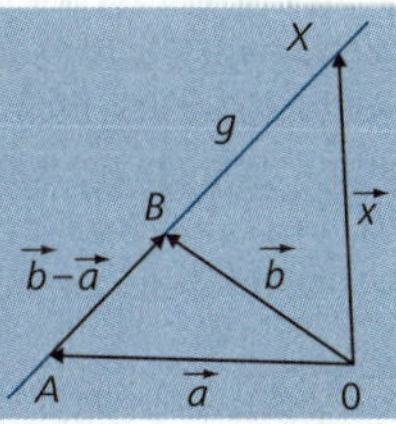

Die folgenden ***Koordinatenformen*** sind nur im $\mathbb{R}^2$ möglich.

◆ ***Achsenabschnittsform*** im $\mathbb{R}^2$

Schneidet die Gerade g die x_1-Achse im Punkt $S(s|0)$ und die x_2-Achse im Punkt $T(0|t)$, so gilt für einen beliebigen Punkt $X(x_1|x_2)$ auf der Geraden g:

$g: \frac{x_1}{s} + \frac{x_2}{t} = 1.$

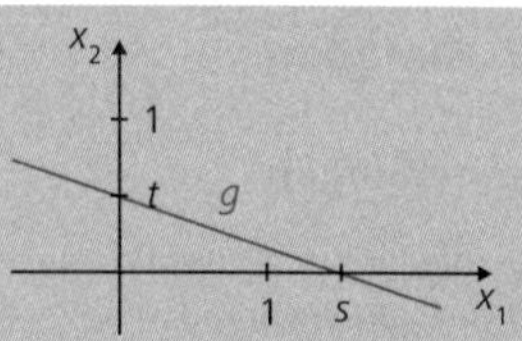

◆ *Normalenform* im $\mathbb{R}^2$
$\vec{n}$ sei ein Normalenvektor (▶ S. 142) der Geraden g, die durch den Punkt A mit Ortvektor $\vec{a}$ verläuft. X mit Ortsvektor $\vec{x}$ sei ein beliebiger Punkt der Geraden g.

$g: \vec{n} \circ (\vec{x} - \vec{a}) = 0$

$g: \begin{pmatrix} n_1 \\ n_2 \end{pmatrix} \circ \begin{pmatrix} x_1 - a_1 \\ x_2 - a_2 \end{pmatrix} = 0;$

$g: n_1 \cdot x_1 + n_2 \cdot x_2 + n_0 = 0$
mit $n_0 = -n_1 \cdot a_1 - n_2 \cdot a_2$

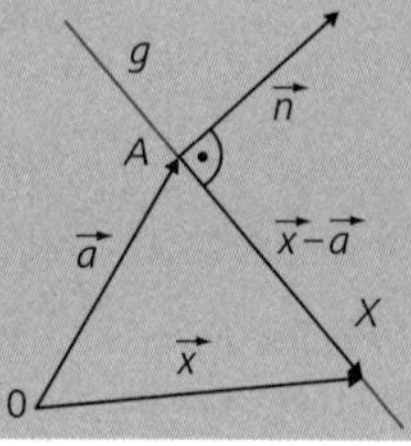

◆ *Hessesche Normalenform* (*HNF*) im $\mathbb{R}^2$
Falls g nicht durch den Ursprung geht, sei $\vec{n}^0$ der ***Normaleneinheitsvektor*** (▶ S. 135) der Geraden g, der auf die Seite von g zeigt, die den Ursprung nicht enthält. Falls g durch den Ursprung geht, kann $\vec{n}^0$ beliebig gewählt werden.
$A(a_1|a_2)$ mit Ortsvektor $\vec{a}$ sei ein fester Punkt und $X(x_1|x_2)$ mit Ortsvektor $\vec{x}$ sei ein beliebiger Punkt der Geraden g.

SATZ

HNF von $g: \vec{n}^0 \circ (\vec{x} - \vec{a}) = 0$ (mit $\vec{n}^0 \circ \vec{a} \geq 0$)

HNF von $g: \begin{pmatrix} n_1^0 \\ n_2^0 \end{pmatrix} \circ \begin{pmatrix} x_1 - a_1 \\ x_2 - a_2 \end{pmatrix} = 0$

$g: n_1^0 \cdot x_1 + n_2^0 \cdot x_2 + n_0^0 = 0,\ n_0^0 = -n_1^0 \cdot a_1 - n_2^0 \cdot a_2 \leq 0.$

Lagebeziehungen

Lage von Punkt und Gerade zueinander

SATZ

Ein Punkt liegt genau dann auf einer Geraden, wenn sein Ortsvektor bzw. seine Koordinaten die Geradengleichung erfüllen.

BEISPIELE

- Im $\mathbb{R}^3$: $g\colon \vec{x} = \vec{a} + \lambda \cdot \vec{u}, \lambda \in \mathbb{R}$ und $P(p_1|p_2|p_3)$.

$$g\colon \begin{pmatrix} x_1 \\ x_2 \\ x_3 \end{pmatrix} = \begin{pmatrix} 2 \\ -3 \\ 0{,}5 \end{pmatrix} + \lambda \cdot \begin{pmatrix} 3 \\ -1 \\ 1{,}5 \end{pmatrix}, \lambda \in \mathbb{R} \text{ und } \vec{p} = \begin{pmatrix} -1 \\ -2 \\ 2 \end{pmatrix}$$

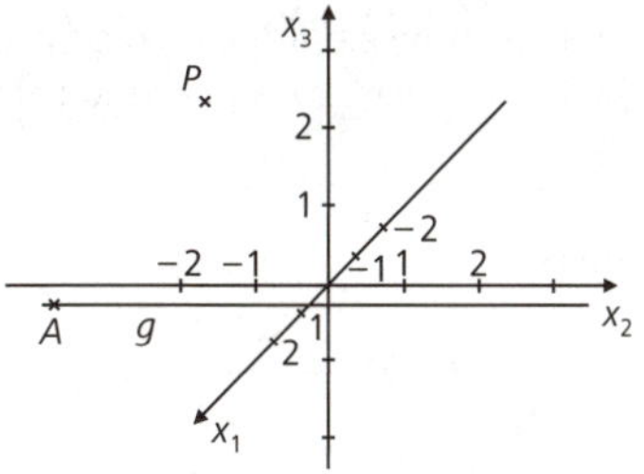

Den Ortsvektor $\vec{p}$ in die Geradengleichung einsetzen.

$$\begin{pmatrix} -1 \\ -2 \\ 2 \end{pmatrix} = \begin{pmatrix} 2 \\ -3 \\ 0{,}5 \end{pmatrix} + \lambda \cdot \begin{pmatrix} 3 \\ -1 \\ 1{,}5 \end{pmatrix} \Leftrightarrow \begin{array}{rl} -1 = 2 & + \; 3 \cdot \lambda \\ -2 = -3 & - \; \lambda \\ 2 = 0{,}5 & + \; 1{,}5 \cdot \lambda \end{array} \Leftrightarrow \begin{array}{l} \lambda = -1 \\ \lambda = -1 \\ \lambda = 1 \end{array}$$

Es gibt also keine reelle Zahl, die alle drei Gleichungen löst. P liegt also nicht auf der Geraden g.

- Im $\mathbb{R}^2$: $g\colon 2x_1 - 6x_2 + 4 = 0$ und $Q(-5|-1)$

Die Koordinaten von Q in die Geradengleichung einsetzen.

$2 \cdot (-5) - 6 \cdot (-1) + 4 = 0 \Leftrightarrow -10 + 6 + 4 = 0 \Leftrightarrow 0 = 0$

Die Koordinaten von Q erfüllen die Geradengleichung.
Q liegt auf der Geraden g.

Lage einer Geraden im Koordinatensystem

SATZ

Eine Gerade $g\colon \vec{x} = \vec{a} + \lambda \cdot \vec{u},\ \lambda \in \mathbb{R}$, geht durch den Ursprung, wenn dessen Koordinaten die Geradengleichung erfüllen.

BEISPIEL Im $\mathbb{R}^2$: $g\colon \begin{pmatrix} x_1 \\ x_2 \end{pmatrix} = \begin{pmatrix} 4{,}5 \\ 1{,}5 \end{pmatrix} + \lambda \cdot \begin{pmatrix} 3 \\ 1 \end{pmatrix},\ \lambda \in \mathbb{R}$

$$\begin{pmatrix} 0 \\ 0 \end{pmatrix} = \begin{pmatrix} 4{,}5 \\ 1{,}5 \end{pmatrix} + \lambda \cdot \begin{pmatrix} 3 \\ 1 \end{pmatrix} \Leftrightarrow \begin{matrix} 0 = 4{,}5 + 3\lambda \\ 0 = 1{,}5 + \lambda \end{matrix} \Leftrightarrow \begin{matrix} \lambda = -1{,}5 \\ \lambda = -1{,}5 \end{matrix}$$

d. h., der Ursprung liegt auf g. g ist also eine Ursprungsgerade.

Vereinfache bei ***Ursprungsgeraden***: $g\colon \vec{x} = \lambda \cdot \vec{u},\ \lambda \in \mathbb{R}$.

SATZ

Eine Gerade ist genau dann parallel zur Koordinatenachse x_i, wenn bei ihrem Richtungsvektor nur die i-te Koordinate von 0 verschieden ist.

BEISPIEL Im $\mathbb{R}^3$:

$$g\colon \begin{pmatrix} x_1 \\ x_2 \\ x_3 \end{pmatrix} = \begin{pmatrix} 1 \\ 3 \\ -2 \end{pmatrix} + \lambda \cdot \begin{pmatrix} 0 \\ 2 \\ 0 \end{pmatrix},\ \lambda \in \mathbb{R}$$

g ist parallel zur x_2-Achse.

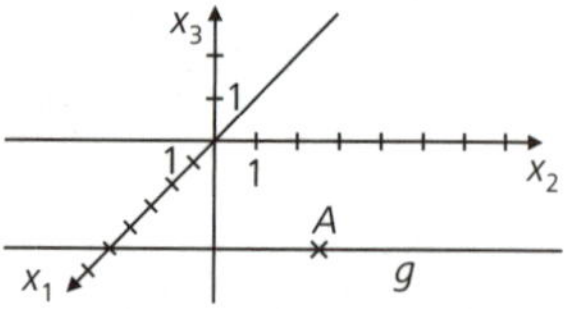

SATZ

Eine Gerade ist genau dann parallel zu einer Koordinatenebene, wenn bei ihrem Richtungsvektor eine Koordinate 0 ist.

BEISPIEL Im $\mathbb{R}^3$:

$$g\colon \begin{pmatrix} x_1 \\ x_2 \\ x_3 \end{pmatrix} = \begin{pmatrix} 1 \\ 3 \\ -2 \end{pmatrix} + \lambda \cdot \begin{pmatrix} 0 \\ 2 \\ 3 \end{pmatrix},\ \lambda \in \mathbb{R}$$

g ist parallel zur x_2-x_3-Ebene.

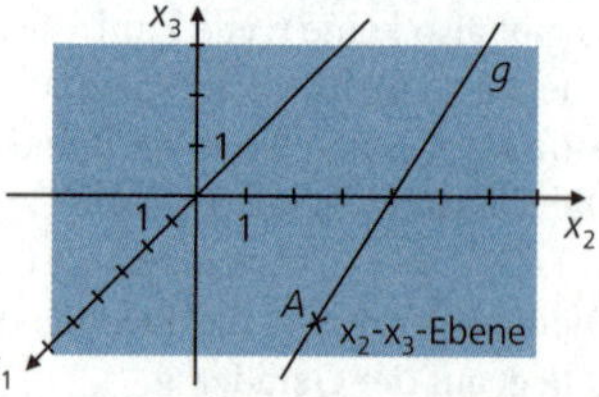

Thema: ______________________________

Lage von zwei Geraden

SATZ

Im $\mathbb{R}^2$ oder $\mathbb{R}^3$ können zwei Geraden entweder
- identisch sein oder
- echt parallel sein oder
- genau einen Schnittpunkt haben.

Im $\mathbb{R}^3$ können sie außerdem noch windschief sein.

$g: \vec{x} = \vec{p} + \lambda \cdot \vec{u}, \lambda \in \mathbb{R}; h: \vec{x} = \vec{q} + \mu \cdot \vec{v}, \mu \in \mathbb{R}$

$\vec{u}$ Vielfaches von $\vec{v}$

$\vec{p} - \vec{q}$ ist Vielfaches von $\vec{u}$

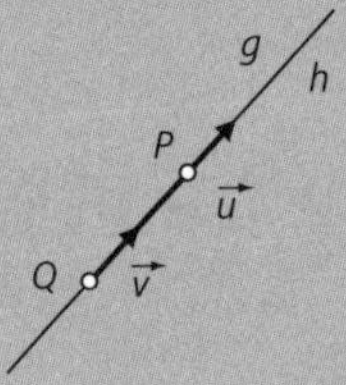

$g = h$

$\vec{p} - \vec{q}$ ist kein Vielfaches von $\vec{u}$

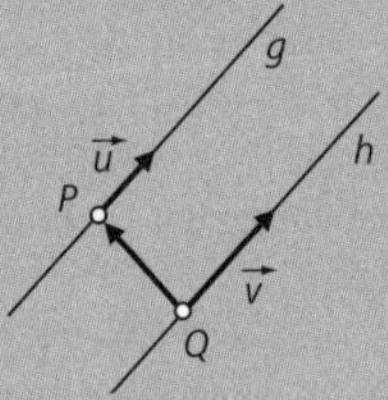

$g \parallel h, g \neq h$

$\vec{u}$ kein Vielfaches von $\vec{v}$

$\vec{u}, \vec{v}, \vec{p} - \vec{q}$ sind linear abhängig

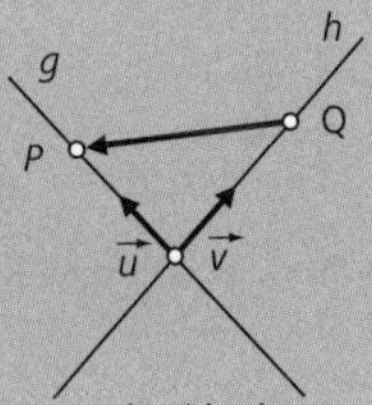

g schneidet h

$\vec{u}, \vec{v}, \vec{p} - \vec{q}$ sind linear unabhängig

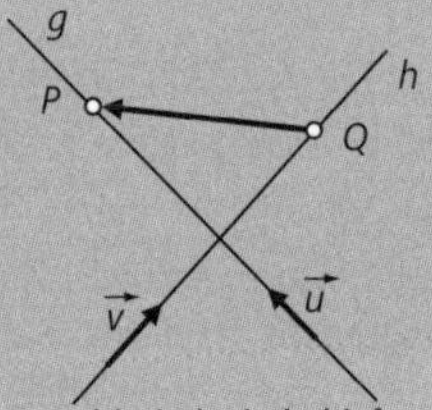

g und h sind windschief

Untersuchung der Lage zweier Geraden

SATZ

- Zwei Geraden sind genau dann ***parallel,*** wenn ihre Richtungsvektoren linear abhängig (kollinear) sind (▸S. 127).
- Zwei Geraden sind genau dann ***identisch,*** wenn sie parallel sind und ein Punkt der einen Geraden auf der anderen Geraden liegt.

Man untersucht deshalb zuerst die Richtungsvektoren auf lineare Unabhängigkeit.

BEISPIEL Im $\mathbb{R}^3$:

g: $\vec{x} = \vec{a} + \lambda \cdot \vec{u}, \lambda \in \mathbb{R}$, und h: $\vec{x} = \vec{b} + \mu \cdot \vec{v}, \mu \in \mathbb{R}$.

$$g: \begin{pmatrix} x_1 \\ x_2 \\ x_3 \end{pmatrix} = \begin{pmatrix} 1 \\ 3 \\ 5 \end{pmatrix} + \lambda \cdot \begin{pmatrix} 3 \\ 2 \\ 1 \end{pmatrix}, \lambda \in \mathbb{R}$$

$$h: \begin{pmatrix} x_1 \\ x_2 \\ x_3 \end{pmatrix} = \begin{pmatrix} 4 \\ 3 \\ 1 \end{pmatrix} + \mu \cdot \begin{pmatrix} -6 \\ -4 \\ -2 \end{pmatrix}, \mu \in \mathbb{R}$$

Untersuchung der Richtungsvektoren $\vec{u}$ und $\vec{v}$ auf lineare Abhängigkeit:

$$\begin{pmatrix} 3 \\ 2 \\ 1 \end{pmatrix} = \mu \cdot \begin{pmatrix} -6 \\ -4 \\ -2 \end{pmatrix} \Leftrightarrow \begin{array}{l} 3 = -6\mu \\ 2 = -4\mu \\ 1 = -2\mu \end{array} \Leftrightarrow \begin{array}{l} \mu = -0{,}5 \\ \mu = -0{,}5 \\ \mu = -0{,}5 \end{array}$$

d. h., $\vec{u}$ und $\vec{v}$ sind linear abhängig und g und h sind parallel.

Untersuchung auf Identität:
Den Ortsvektor $\vec{b}$ in die Geradengleichung von g einsetzen:

$$\begin{pmatrix} 4 \\ 3 \\ 1 \end{pmatrix} = \begin{pmatrix} 1 \\ 3 \\ 5 \end{pmatrix} + \lambda \cdot \begin{pmatrix} 3 \\ 2 \\ 1 \end{pmatrix} \Leftrightarrow \begin{array}{l} 4 = 1 + 3\lambda \\ 3 = 3 + 2\lambda \\ 1 = 5 + \lambda \end{array} \Leftrightarrow \begin{array}{l} \lambda = 1 \\ \lambda = 0 \\ \lambda = -4 \end{array}$$

Es gibt also keine reelle Zahl, die alle drei Gleichungen löst.
B liegt nicht auf der Geraden g.
g und h sind echt parallel.

SATZ

- Im $\mathbb{R}^3$ sind zwei Geraden genau dann ***windschief,*** wenn ihre beiden Richtungsvektoren und ein beliebiger Verbindungsvektor von einem Punkt der einen Geraden zu einem Punkt der anderen Geraden linear unabhängig sind.
- Im $\mathbb{R}^3$ haben zwei Geraden genau dann genau einen ***Schnittpunkt,*** wenn ihre Richtungsvektoren linear unabhängig sind und beide Richtungsvektoren und ein beliebiger Verbindungsvektor von einem Punkt der einen Geraden zu einem Punkt der anderen Geraden linear abhängig sind.
- Zwei Geraden sind genau dann zueinander ***senkrecht (orthogonal),*** wenn ihre Richtungsvektoren orthogonal sind. ($\vec{u} \circ \vec{v} = 0$, ▸ S. 141 f.)

BEISPIEL

$g\colon \vec{x} = \vec{a} + \lambda \cdot \vec{u}, \lambda \in \mathbb{R}$, und $h\colon \vec{x} = \vec{b} + \mu \cdot \vec{v}, \mu \in \mathbb{R}$.

$$g\colon \begin{pmatrix} x_1 \\ x_2 \\ x_3 \end{pmatrix} = \begin{pmatrix} 1 \\ 3 \\ 5 \end{pmatrix} + \lambda \cdot \begin{pmatrix} 3 \\ 2 \\ 1 \end{pmatrix}, \lambda \in \mathbb{R}$$

$$h\colon \begin{pmatrix} x_1 \\ x_2 \\ x_3 \end{pmatrix} = \begin{pmatrix} 4 \\ 3 \\ 1 \end{pmatrix} + \mu \cdot \begin{pmatrix} -3 \\ -4 \\ 2 \end{pmatrix}, \mu \in \mathbb{R}$$

Überprüfung der Vektoren $\vec{u}$, $\vec{v}$ und $\vec{b} - \vec{a}$ auf lineare Unabhängigkeit: (▸ S. 140)

$\vec{u}, \vec{v}$ und $\vec{b} - \vec{a}$ linear unabhängig $\Leftrightarrow \det\left(\vec{u}, \vec{v}, \vec{b} - \vec{a}\right) \neq 0$

$$\det\left(\vec{u}, \vec{v}, \vec{b} - \vec{a}\right) = \begin{vmatrix} 3 & -3 & 4-1 \\ 2 & -4 & 3-3 \\ 1 & 2 & 1-5 \end{vmatrix} = \begin{vmatrix} 3 & -3 & 3 \\ 2 & -4 & 0 \\ 1 & 2 & -4 \end{vmatrix}$$

$$= 3 \cdot (-4) \cdot (-4) + (-3) \cdot 0 \cdot 1 + 3 \cdot 2 \cdot 2 - 1 \cdot (-4) \cdot 3$$
$$- 2 \cdot 0 \cdot 3 - (-4) \cdot 2 \cdot (-3) = 48 \neq 0$$

g und h sind also windschief.

Schnitte von Geraden

Zur Schnittpunktsbestimmung wird ein Gleichungssystem aus den beiden Geradengleichungen gebildet (▶ S. 123).

- Besitzt das Gleichungssystem keine Lösung, so sind die Geraden echt parallel oder windschief (nur im $\mathbb{R}^3$).
- Gibt es genau eine Lösung, so liefert sie den Schnittpunkt.
- Gibt es unendlich viele Lösungen, sind die Geraden identisch.

Zur Schnittpunktsbestimmung werden die rechten Seiten der Geradengleichungen gleichgesetzt.

BEISPIEL Im $\mathbb{R}^3$:

$g: \vec{x} = \vec{a} + \lambda \cdot \vec{u}, \lambda \in \mathbb{R}$, und $h: \vec{x} = \vec{b} + \mu \cdot \vec{v}, \mu \in \mathbb{R}$.

$$g: \begin{pmatrix} x_1 \\ x_2 \\ x_3 \end{pmatrix} = \begin{pmatrix} -2 \\ 7 \\ 2 \end{pmatrix} + \lambda \cdot \begin{pmatrix} 3 \\ 2 \\ 1 \end{pmatrix}, \lambda \in \mathbb{R}$$

$$h: \begin{pmatrix} x_1 \\ x_2 \\ x_3 \end{pmatrix} = \begin{pmatrix} -6 \\ 4 \\ -1 \end{pmatrix} + \mu \cdot \begin{pmatrix} 1 \\ 1 \\ 2 \end{pmatrix}, \mu \in \mathbb{R}$$

$$\begin{pmatrix} -2 \\ 7 \\ 2 \end{pmatrix} + \lambda \cdot \begin{pmatrix} 3 \\ 2 \\ 1 \end{pmatrix} = \begin{pmatrix} -6 \\ 4 \\ -1 \end{pmatrix} + \mu \begin{pmatrix} 1 \\ 1 \\ 2 \end{pmatrix} \Leftrightarrow \begin{matrix} -2 + 3\lambda = -6 + \mu \\ 7 + 2\lambda = 4 + \mu \\ 2 + \lambda = -1 + 2\mu \end{matrix} \Leftrightarrow$$

$$\begin{matrix} \text{(I)}\ 3\lambda - \mu = -4 \\ \text{(II)}\ 2\lambda - \mu = -3 \\ \text{(III)}\ \lambda - 2\mu = -3 \end{matrix} \Leftrightarrow \begin{matrix} \text{(I–II)} & \lambda = -1 \\ \text{(II)} & 2\lambda - \mu = -3 \\ \text{(III}-2\cdot\text{II)} & -3\lambda = 3 \end{matrix} \Leftrightarrow \begin{matrix} \lambda = -1 \\ \mu = 2\lambda + 3 \\ \lambda = -1 \end{matrix}$$

$\Leftrightarrow \lambda = -1$ und $\mu = 1$. (Gleichungssysteme ▶ S. 114 f.)

Man erhält die Koordinaten des Schnittpunktes S, indem man $\lambda = -1$ in die Gleichung für g oder $\mu = 1$ in die Gleichung für h einsetzt.

$$\begin{pmatrix} s_1 \\ s_2 \\ s_3 \end{pmatrix} = \begin{pmatrix} -2 \\ 7 \\ 2 \end{pmatrix} + (-1) \cdot \begin{pmatrix} 3 \\ 2 \\ 1 \end{pmatrix} = \begin{pmatrix} -5 \\ 5 \\ 1 \end{pmatrix} \text{ oder } \begin{pmatrix} s_1 \\ s_2 \\ s_3 \end{pmatrix} = \begin{pmatrix} -6 \\ 4 \\ -1 \end{pmatrix} + 1 \cdot \begin{pmatrix} 1 \\ 1 \\ 2 \end{pmatrix} = \begin{pmatrix} -5 \\ 5 \\ 1 \end{pmatrix}$$

g und h haben den Schnittpunkt $S(-5|5|1)$.

Schnittwinkel zwischen Geraden

Unter dem Schnittwinkel φ zwischen zwei verschiedenen Geraden g und h versteht man den nicht stumpfen Winkel an der Geradenkreuzung.

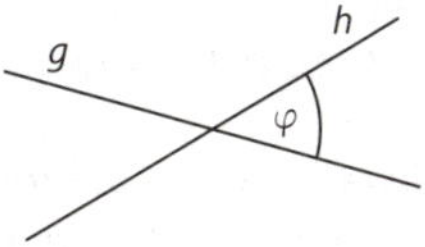

SATZ

Für den Schnittwinkel φ der Geraden $g\colon \vec{x} = \vec{a} + \lambda \cdot \vec{u}$, $\lambda \in \mathbb{R}$, und $h\colon \vec{x} = \vec{b} + \mu \cdot \vec{v}$, $\mu \in \mathbb{R}$, gilt:

$\cos\varphi = \dfrac{|\vec{u} \circ \vec{v}|}{|\vec{u}| \cdot |\vec{v}|}$ (▶ S. 135).

BEISPIEL (Beispiel ▶ S. 152)

$$g\colon \begin{pmatrix} x_1 \\ x_2 \\ x_3 \end{pmatrix} = \begin{pmatrix} -2 \\ 7 \\ 2 \end{pmatrix} + \lambda \cdot \begin{pmatrix} 3 \\ 2 \\ 1 \end{pmatrix}, \lambda \in \mathbb{R}$$

$$h\colon \begin{pmatrix} x_1 \\ x_2 \\ x_3 \end{pmatrix} = \begin{pmatrix} -6 \\ 4 \\ -1 \end{pmatrix} + \mu \cdot \begin{pmatrix} 1 \\ 1 \\ 2 \end{pmatrix}, \mu \in \mathbb{R}$$

$$\cos\varphi = \frac{\left|\begin{pmatrix} 3 \\ 2 \\ 1 \end{pmatrix} \circ \begin{pmatrix} 1 \\ 1 \\ 2 \end{pmatrix}\right|}{\sqrt{3^2 + 2^2 + 1^2} \cdot \sqrt{1^2 + 1^2 + 2^2}}$$

$$= \frac{|3 \cdot 1 + 2 \cdot 1 + 1 \cdot 2|}{\sqrt{14} \cdot \sqrt{6}} = \frac{7}{\sqrt{84}}$$

$$\varphi = \cos^{-1}\frac{7}{\sqrt{84}} \approx 40°$$

Thema: Abstand bei Geraden

Abstand eines Punktes von einer Geraden

Der *Abstand* $d(P;g)$ eines Punktes P von einer Geraden g ist gleich dem Betrag des Verbindungsvektors $\overrightarrow{PF}$ vom Punkt P zum Lotfußpunkt F des Lotes von P auf g. (▶ S. 155)

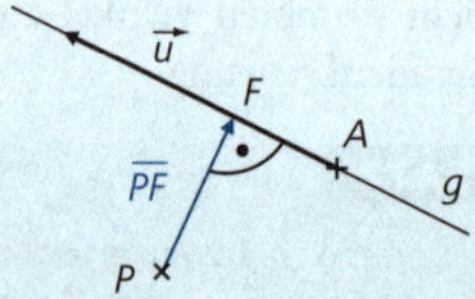

Abstand zweier paralleler Geraden

Der Abstand $d(g;h)$ zweier paralleler Geraden g und h ist gleich dem Abstand eines beliebigen Punktes der einen Geraden von der anderen Geraden. (▶ S. 155)

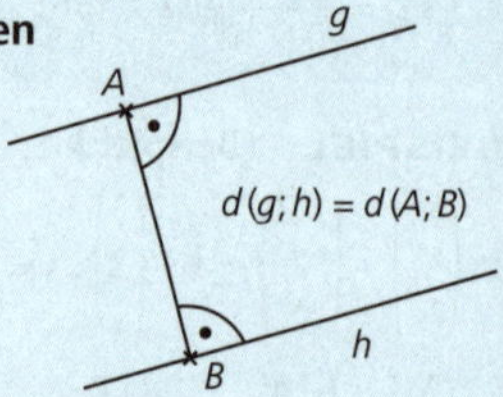

Abstand zweier windschiefer Geraden des $\mathbb{R}^3$

Der Abstand $d(g;h)$ zweier windschiefer Geraden g und h ist gleich dem Abstand eines Punktes der einen Geraden von der zu dieser Geraden parallelen Ebene, die die andere Gerade enthält. (▶ S. 186)

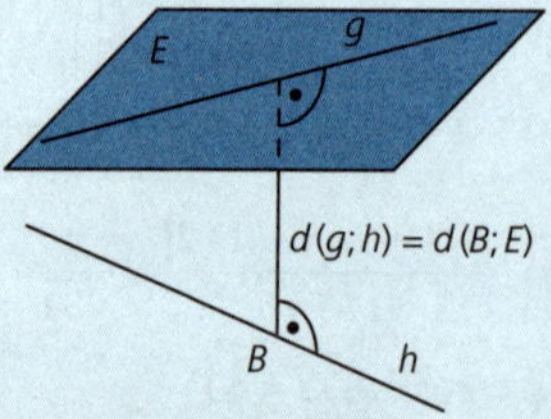

Abstandsberechnungen bei Geraden

Man erhält den Lotfußpunkt F, indem man das Skalarprodukt aus dem Richtungsvektor $\vec{u}$ der Geraden und einem Verbindungsvektor des gegebenen Punktes P und des allgemeinen Geradenpunktes X null setzt. Der so berechnete Parameter liefert nach dem Einsetzen in die Geradengleichung die Koordinaten des Lotfußpunktes F.

BEISPIEL Im $\mathbb{R}^3$:

$g\colon \vec{x} = \vec{a} + \lambda \cdot \vec{u}, \lambda \in \mathbb{R}, P(p_1|p_2|p_3)$

$$g\colon \begin{pmatrix} x_1 \\ x_2 \\ x_3 \end{pmatrix} = \begin{pmatrix} -2 \\ 7 \\ 2 \end{pmatrix} + \lambda \cdot \begin{pmatrix} 3 \\ 2 \\ 1 \end{pmatrix}, \lambda \in \mathbb{R}, P(-3|3|-1).$$

$\vec{u} \circ \overrightarrow{PX} = 0 \Leftrightarrow$

$$\begin{pmatrix} 3 \\ 2 \\ 1 \end{pmatrix} \circ \begin{pmatrix} x_1 - p_1 \\ x_2 - p_2 \\ x_3 - p_3 \end{pmatrix} = 0 \Leftrightarrow \begin{pmatrix} 3 \\ 2 \\ 1 \end{pmatrix} \circ \begin{pmatrix} -2 + 3\lambda - (-3) \\ 7 + 2\lambda - \quad 3 \\ 2 + \quad \lambda - (-1) \end{pmatrix} = 0 \Leftrightarrow$$

$$\begin{pmatrix} 3 \\ 2 \\ 1 \end{pmatrix} \circ \begin{pmatrix} 3\lambda + 1 \\ 2\lambda + 4 \\ \lambda + 3 \end{pmatrix} = 0 \Leftrightarrow$$

$3 \cdot (3\lambda + 1) + 2 \cdot (2\lambda + 4) + 1 \cdot (\lambda + 3) = 0 \Leftrightarrow$

$9\lambda + 3 + 4\lambda + 8 + \lambda + 3 = 0 \Leftrightarrow 14\lambda = -14 \Leftrightarrow \lambda = -1$

$\lambda = -1$ in die Geradengleichung einsetzen:

$$\begin{pmatrix} f_1 \\ f_2 \\ f_3 \end{pmatrix} = \begin{pmatrix} -2 \\ 7 \\ 2 \end{pmatrix} + (-1) \cdot \begin{pmatrix} 3 \\ 2 \\ 1 \end{pmatrix} = \begin{pmatrix} -5 \\ 5 \\ 1 \end{pmatrix}; F(-5|5|1) \text{ ist Lotfußpunkt.}$$

$d(P;g) = |\overrightarrow{PF}| =$

$$\left|\begin{pmatrix} f_1 - p_1 \\ f_2 - p_2 \\ f_3 - p_3 \end{pmatrix}\right| = \left|\begin{pmatrix} -5 - (-3) \\ 5 - \quad 3 \\ 1 - (-1) \end{pmatrix}\right| = \left|\begin{pmatrix} -2 \\ 2 \\ 2 \end{pmatrix}\right| = \sqrt{(-2)^2 + 2^2 + 2^2} = \sqrt{12}$$

4

4.4 Ebenen

Festlegung einer Ebene

Eine Ebene im $\mathbb{R}^3$ lässt sich eindeutig festlegen durch:

einen Punkt und zwei linear unabhängige Vektoren.	drei Punkte, die nicht auf einer Geraden liegen.
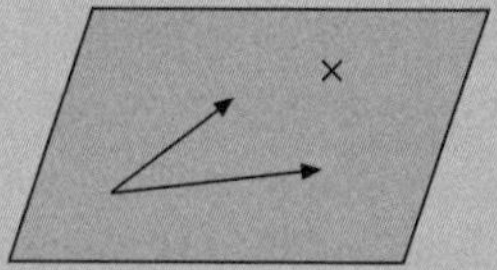	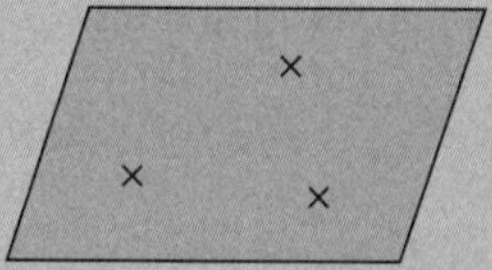
eine Gerade und einen Punkt, der nicht auf dieser Geraden liegt.	einen Punkt und einen Normalenvektor.
	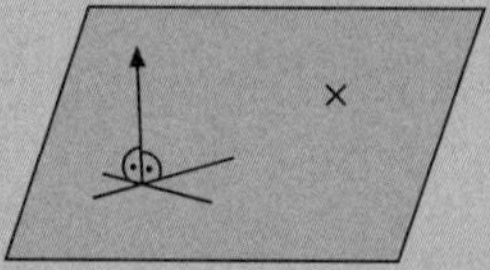
zwei echt parallele Geraden.	zwei sich schneidende Geraden.
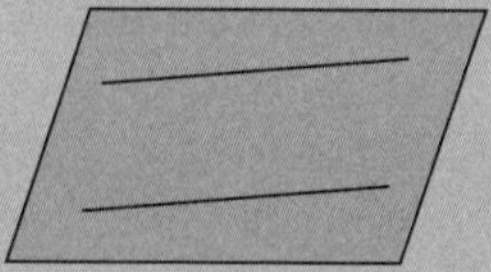	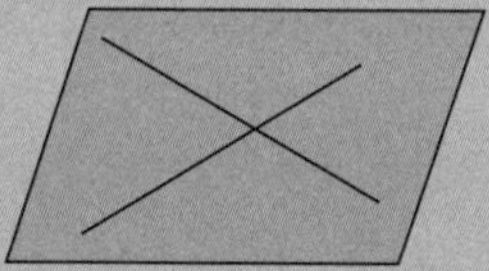

Darstellungen

Die folgenden beiden Formen heißen *Parameterformen.*

- *Punkt-Richtungs-Form*

Die Lage einer Ebene E im $\mathbb{R}^3$ sei durch einen Punkt A mit Ortsvektor $\vec{a}$ und zwei linear unabhängige ***Richtungsvektoren*** $\vec{u}$ und $\vec{v}$ festgelegt. X sei ein beliebiger Punkt von E.

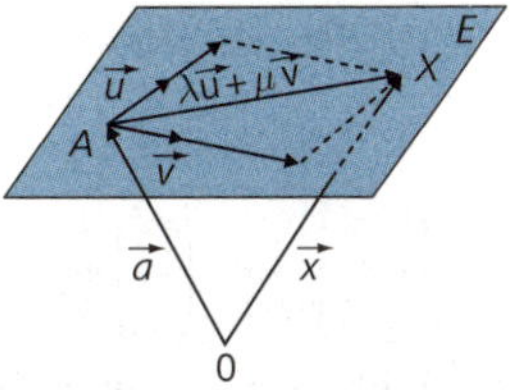

$$E: x = \vec{a} + \lambda \cdot \vec{u} + \mu \cdot \vec{v},\ \lambda, \mu \in \mathbb{R}$$

$$E: \begin{pmatrix} x_1 \\ x_2 \\ x_3 \end{pmatrix} = \begin{pmatrix} a_1 \\ a_2 \\ a_3 \end{pmatrix} + \lambda \cdot \begin{pmatrix} u_1 \\ u_2 \\ u_3 \end{pmatrix} + \mu \cdot \begin{pmatrix} v_1 \\ v_2 \\ v_3 \end{pmatrix},\ \lambda, \mu \in \mathbb{R}$$

- *Drei-Punkte-Form*

Die Lage einer Ebene E im $\mathbb{R}^3$ sei durch drei Punkte A, B und C, die nicht auf einer Geraden liegen, festgelegt. Die Ortsvektoren $\vec{a}$, $\vec{b}$ und $\vec{c}$ sind dann linear unabhängig. X sei ein beliebiger Punkt von E.

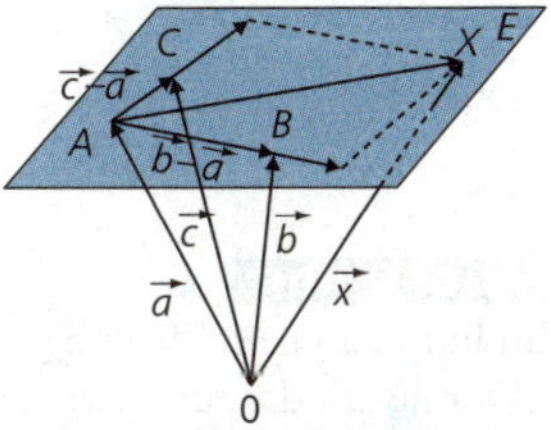

$$E: \vec{x} = a + \lambda \cdot (\vec{b} - \vec{a}) + \mu \cdot (\vec{c} - \vec{a}),\ \lambda, \mu \in \mathbb{R}$$

$$E: \begin{pmatrix} x_1 \\ x_2 \\ x_3 \end{pmatrix} = \begin{pmatrix} a_1 \\ a_2 \\ a_3 \end{pmatrix} + \lambda \cdot \begin{pmatrix} b_1 - a_1 \\ b_2 - a_2 \\ b_3 - a_3 \end{pmatrix} + \mu \cdot \begin{pmatrix} c_1 - a_1 \\ c_2 - a_2 \\ c_3 - a_3 \end{pmatrix},\ \lambda, \mu \in \mathbb{R}$$

BEACHTE Es gibt weitere mögliche Ebenengleichungen:
z. B.: $E: \vec{x} = \vec{b} + \lambda \cdot (\vec{a} - \vec{b}) + \mu \cdot (\vec{c} - \vec{b}),\ \lambda, \mu \in \mathbb{R}$ usw.

BEISPIELE

- Die Ebene E ist durch die Punkte $A\,(1|3|2)$, $B\,(-2|2|-1)$ und $C\,(3|1|5)$ gegeben.

$$E\colon \begin{pmatrix} x_1 \\ x_2 \\ x_3 \end{pmatrix} = \begin{pmatrix} 1 \\ 3 \\ 2 \end{pmatrix} + \lambda \cdot \begin{pmatrix} -2-1 \\ 2-3 \\ -1-2 \end{pmatrix} + \mu \cdot \begin{pmatrix} 3-1 \\ 1-3 \\ 5-2 \end{pmatrix}, \lambda, \mu \in \mathbb{R}$$

$$E\colon \begin{pmatrix} x_1 \\ x_2 \\ x_3 \end{pmatrix} = \begin{pmatrix} 1 \\ 3 \\ 2 \end{pmatrix} + \lambda \cdot \begin{pmatrix} -3 \\ -1 \\ -3 \end{pmatrix} + \mu \cdot \begin{pmatrix} 2 \\ -2 \\ 3 \end{pmatrix}, \lambda, \mu \in \mathbb{R}$$

- Die Ebene E ist durch zwei echt parallele Geraden g und h (Beispiel ▶ S. 150) gegeben bzw. durch eine Gerade g und einen Punkt B, der nicht auf g liegt.

$\vec{g}\colon \vec{x} = \vec{a} + \lambda \cdot \vec{u}, \lambda \in \mathbb{R}$, und $h\colon \vec{x} = \vec{b} + \mu \cdot \vec{v}, \mu \in \mathbb{R}$.

$$g\colon \begin{pmatrix} x_1 \\ x_2 \\ x_3 \end{pmatrix} = \begin{pmatrix} 1 \\ 3 \\ 5 \end{pmatrix} + \lambda \cdot \begin{pmatrix} 3 \\ 2 \\ 1 \end{pmatrix}, \lambda \in \mathbb{R}$$

$$h\colon \begin{pmatrix} x_1 \\ x_2 \\ x_3 \end{pmatrix} = \begin{pmatrix} 4 \\ 3 \\ 1 \end{pmatrix} + \mu \cdot \begin{pmatrix} -6 \\ -4 \\ -2 \end{pmatrix}, \mu \in \mathbb{R}$$

AUGEN AUF!

Ein Punkt und ein Richtungsvektor liefern die eine Gerade. Als zweiten Richtungsvektor nimmt man einen Verbindungsvektor eines Punktes von g mit einem Punkt von h, z. B. den Vektor $\overrightarrow{AB}$.

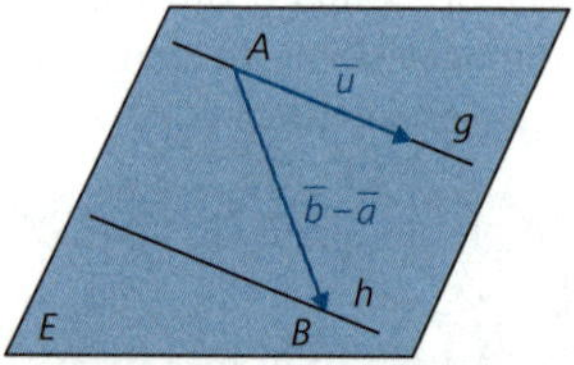

$E\colon \vec{x} = \vec{a} + \lambda \cdot \vec{u} + \mu \cdot (\vec{b} - \vec{a}), \lambda, \mu \in \mathbb{R}$

$$E\colon \begin{pmatrix} x_1 \\ x_2 \\ x_3 \end{pmatrix} = \begin{pmatrix} 1 \\ 3 \\ 5 \end{pmatrix} + \lambda \cdot \begin{pmatrix} 3 \\ 2 \\ 1 \end{pmatrix} + \mu \cdot \begin{pmatrix} 3 \\ 0 \\ -4 \end{pmatrix}, \lambda, \mu \in \mathbb{R}$$

◆ Die Ebene E ist durch zwei sich schneidende Geraden g und h gegeben. (Beispiel ▶ S. 152)

g: $\vec{x} = \vec{a} + \lambda \cdot \vec{u}, \lambda \in \mathbb{R}$, und h: $\vec{x} = \vec{b} + \mu \cdot \vec{v}, \mu \in \mathbb{R}$

$$g: \begin{pmatrix} x_1 \\ x_2 \\ x_3 \end{pmatrix} = \begin{pmatrix} -2 \\ 7 \\ 2 \end{pmatrix} + \lambda \cdot \begin{pmatrix} 3 \\ 2 \\ 1 \end{pmatrix}, \lambda \in \mathbb{R};\ h: \begin{pmatrix} x_1 \\ x_2 \\ x_3 \end{pmatrix} = \begin{pmatrix} -6 \\ 4 \\ -1 \end{pmatrix} + \mu \cdot \begin{pmatrix} 1 \\ 1 \\ 2 \end{pmatrix}, \mu \in \mathbb{R}$$

Die Ebene ist durch einen Punkt von g oder h und deren Richtungsvektoren $\vec{u}$ und $\vec{v}$ festgelegt.

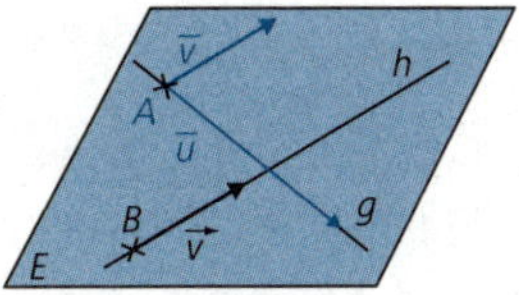

E: $\vec{x} = \vec{a} + \lambda \cdot \vec{u} + \mu \cdot \vec{v}$, $\lambda, \mu \in \mathbb{R}$.

$$E: \begin{pmatrix} x_1 \\ x_2 \\ x_3 \end{pmatrix} = \begin{pmatrix} -2 \\ 7 \\ 2 \end{pmatrix} + \lambda \cdot \begin{pmatrix} 3 \\ 2 \\ 1 \end{pmatrix} + \mu \cdot \begin{pmatrix} 1 \\ 1 \\ 2 \end{pmatrix}, \lambda, \mu \in \mathbb{R}$$

Die folgenden Formen heißen ***Koordinatenformen.***

◆ ***Achsenabschnittsform***

Schneidet die Ebene E die x_1-Achse im Punkt $S(s|0|0)$, die x_2-Achse im Punkt $T(0|t|0)$ und die x_3-Achse im Punkt $U(0|0|u)$, so gilt für einen beliebigen Punkt $X(x_1|x_2|x_3)$ auf der Ebene E:

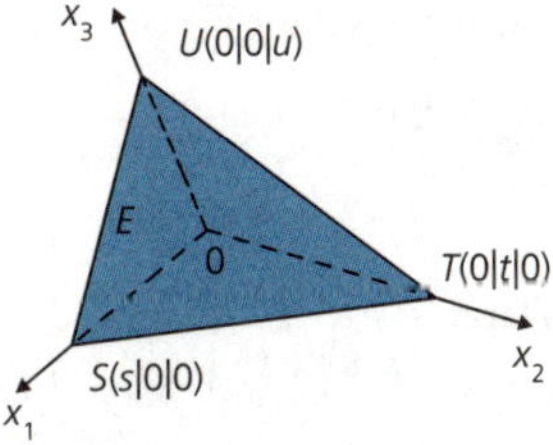

$$E: \frac{x_1}{s} + \frac{x_2}{t} + \frac{x_3}{u} = 1;\ s \neq 0,\ t \neq 0,\ u \neq 0$$

BEISPIEL Die Ebene E ist durch die Achsenschnittpunkte $S(4|0|0)$, $T(0|-2|0)$ und $U(0|0|3)$ gegeben.

$$E: \frac{x_1}{4} + \frac{x_2}{-2} + \frac{x_3}{3} = 1$$

Im Folgenden wird ein kartesisches Koordinatensystem (▶ S. 128) im $\mathbb{R}^3$ vorausgesetzt.

◆ ***Normalenform***

$\vec{n}$ sei ein Normalenvektor (▶ S. 142) der Ebene E, die durch den Punkt A mit Ortsvektor $\vec{a}$ verläuft. X mit Ortsvektor $\vec{x}$ sei ein beliebiger Punkt der Ebene E.

$$E\colon \vec{n} \circ (\vec{x} - \vec{a}) = 0$$

$$E\colon \begin{pmatrix} n_1 \\ n_2 \\ n_3 \end{pmatrix} \circ \begin{pmatrix} x_1 - a_1 \\ x_2 - a_2 \\ x_3 - a_3 \end{pmatrix} = 0;$$

$$E\colon n_1 \cdot x_1 + n_2 \cdot x_2 + n_3 \cdot x_3 + n_0 = 0,$$

mit $n_0 = -n_1 \cdot a_1 - n_2 \cdot a_2 - n_3 \cdot a_3$

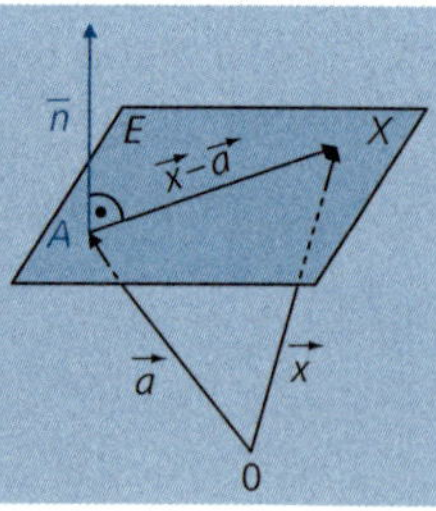

BEISPIEL Die Ebene E ist durch den Punkt $A(1|-3|1)$ und den Normalenvektor $\vec{n}$ gegeben.

$$\vec{n} = \begin{pmatrix} 1 \\ -2 \\ 2 \end{pmatrix}$$

Dann ist $E\colon \begin{pmatrix} 1 \\ -2 \\ 2 \end{pmatrix} \circ \begin{pmatrix} x_1 - 1 \\ x_2 - (-3) \\ x_3 - 1 \end{pmatrix} = 0;$

$E\colon 1 \cdot (x_1 - 1) + (-2) \cdot (x_2 + 3) + 2 \cdot (x_3 - 1) = 0$

$E\colon x_1 - 1 - 2 \cdot x_2 - 6 + 2 \cdot x_3 - 2 = 0$

$E\colon x_1 - 2 \cdot x_2 + 2 \cdot x_3 - 9 = 0$

◆ *Hessesche Normalenform (HNF)*

Falls die Ebene E nicht durch den Ursprung geht, sei $\vec{n}^0$ der Normaleneinheitsvektor (▶ S. 135) der Ebene E, der auf die Seite von E zeigt, die den Ursprung nicht enthält. Falls E durch den Ursprung geht, kann $\vec{n}^0$ beliebig gewählt werden. $A(a_1|a_2|a_3)$ mit Ortsvektor $\vec{a}$ sei ein fester Punkt und $X(x_1|x_2|x_3)$ mit Ortsvektor $\vec{x}$ sei ein beliebiger Punkt von E.

HNF von E: $\vec{n}^0 \circ (\vec{x} - \vec{a}) = 0$, wobei $\vec{n}^0 \circ \vec{a} \geq 0$ der Abstand des Ursprungs von der Ebene E ist (▶ S. 187).

HNF von E: $\begin{pmatrix} n_1^0 \\ n_2^0 \\ n_3^0 \end{pmatrix} \circ \begin{pmatrix} x_1 - a_1 \\ x_2 - a_2 \\ x_3 - a_3 \end{pmatrix} = 0$

HNF von E: $n_1^0 \cdot x_1 + n_2^0 \cdot x_2 + n_3^0 \cdot x_3 + n_0^0 = 0$
mit $n_0^0 = -n_1^0 \cdot a_1 - n_2^0 \cdot a_2 - n_3^0 \cdot a_3 \leq 0$

BEISPIEL (Beispiel ▶ S. 160)

Die Ebene E ist durch den Punkt $A(1|-3|1)$ und den Normalenvektor $\vec{n}$ gegeben.

$$\vec{n} = \begin{pmatrix} 1 \\ -2 \\ 2 \end{pmatrix};\ \vec{n}^0 = \frac{1}{|\vec{n}|} \cdot \vec{n} = \frac{1}{\sqrt{1^2 + (-2)^2 + 2^2}} \cdot \begin{pmatrix} 1 \\ -2 \\ 2 \end{pmatrix} = \frac{1}{3} \cdot \begin{pmatrix} 1 \\ -2 \\ 2 \end{pmatrix}$$

$$E: \frac{1}{3} \cdot \begin{pmatrix} 1 \\ -2 \\ 2 \end{pmatrix} \circ \begin{pmatrix} x_1 - 1 \\ x_2 - (-3) \\ x_3 - 1 \end{pmatrix} = 0;$$

$$E: \frac{1}{3} x_1 - \frac{2}{3} \cdot x_2 + \frac{2}{3} \cdot x_3 - 3 = 0$$

BEACHTE Kontrolliere, dass $n_0^0 \leq 0$.

Umwandeln in andere Darstellungsformen

◆ **Die Ebene E ist in Parameterform gegeben. Umwandlung in eine Normalenform und die Achsenabschnittsform.**

$E: \vec{x} = \vec{a} + \lambda \cdot \vec{u} + \mu \cdot \vec{v}, \lambda, \mu \in \mathbb{R}$

$$E: \begin{pmatrix} x_1 \\ x_2 \\ x_3 \end{pmatrix} = \begin{pmatrix} 3 \\ 1{,}5 \\ 0 \end{pmatrix} + \lambda \cdot \begin{pmatrix} -1 \\ -1{,}5 \\ 2 \end{pmatrix} + \mu \cdot \begin{pmatrix} -3 \\ 3 \\ 1 \end{pmatrix}, \lambda, \mu \in \mathbb{R}$$

Ansatz: $E: \vec{n} \circ (\vec{x} - \vec{a}) = 0$

Berechnung von $\vec{n}$:

BEACHTE Mit dem Vektorprodukt: $\vec{n} = \vec{u} \times \vec{v}$ (▸S. 136). Mit dem Skalarprodukt: $\vec{n} \circ \vec{u} = 0$ und $\vec{n} \circ \vec{v} = 0$ (▸S. 142).

Einsetzen von $\vec{n} = \begin{pmatrix} 3 \\ 2 \\ 3 \end{pmatrix}$ ergibt: $E: \begin{pmatrix} 3 \\ 2 \\ 3 \end{pmatrix} \circ \begin{pmatrix} x_1 - 3 \\ x_2 - 1{,}5 \\ x_3 - 0 \end{pmatrix} = 0 \Leftrightarrow$

$3 \cdot (x_1 - 3) + 2 \cdot (x_2 - 1{,}5) + 3 \cdot (x_3 - 0) = 0 \Leftrightarrow$

$3x_1 - 9 + 2x_2 - 3 + 3x_3 = 0 \Leftrightarrow$

Normalenform: $E: 3x_1 + 2x_2 + 3x_3 - 12 = 0.$

Andere Berechnungsmöglichkeit:

Es gilt $\vec{0} = (\vec{a} - \vec{x}) + \lambda \cdot \vec{u} + \mu \cdot \vec{v}$ mit $\lambda, \mu \in \mathbb{R}$. Folglich sind die Vektoren $\vec{a} - \vec{x}$, $\vec{u}$ und $\vec{v}$ linear abhängig, d.h. ihre Determinante hat den Wert null. (▸S. 140).

$$0 = \det(\vec{a} - \vec{x}, \vec{u}, \vec{v}) = \begin{vmatrix} 3 - x_1 & -1 & -3 \\ 1{,}5 - x_2 & -1{,}5 & 3 \\ 0 - x_3 & 2 & 1 \end{vmatrix}$$

$= (3 - x_1) \cdot (-1{,}5) \cdot 1 + (-1) \cdot 3 \cdot (0 - x_3) + (-3) \cdot (1{,}5 - x_2) \cdot 2$
$- (0 - x_3) \cdot (-1{,}5) \cdot (-3) - 2 \cdot 3 \cdot (3 - x_1) - 1 \cdot (1{,}5 - x_2) \cdot (-1)$
$= -4{,}5 + 1{,}5x_1 + 3x_3 - 9 + 6x_2 + 4{,}5x_3 - 18 + 6x_1 + 1{,}5 - x_2$
$= 7{,}5x_1 + 5x_2 + 7{,}5x_3 - 30$

Zusammenfassung: $7{,}5x_1 + 5x_2 + 7{,}5x_3 - 30 = 0 \;|:2{,}5$

Normalenform: $E: 3x_1 + 2x_2 + 3x_3 - 12 = 0$

Berechnung der Achsenabschnittsform:

$3x_1 + 2x_2 + 3x_3 = 12 \;|:12$

Achsenabschnittsform: $E: \frac{x_1}{4} + \frac{x_2}{6} + \frac{x_3}{4} = 1$

◆ Die Ebene E ist in Normalenform gegeben. Umwandlung in eine Parameterform.

E: $6x_1 - 4x_2 + 2x_3 - 12 = 0$

BEACHTE Wähle $x_1 = \lambda$ und $x_2 = \mu$ und setze in die Ebenengleichung ein, so folgt:

$6\lambda - 4\mu + 2x_3 - 12 = 0 \Leftrightarrow x_3 = 6 - 3\lambda + 2\mu$

$$E: \begin{pmatrix} x_1 \\ x_2 \\ x_3 \end{pmatrix} = \begin{pmatrix} \lambda \\ \mu \\ 6 - 3\lambda + 2\mu \end{pmatrix} \Leftrightarrow$$

$$E: \begin{pmatrix} x_1 \\ x_2 \\ x_3 \end{pmatrix} = \begin{pmatrix} 0 \\ 0 \\ 6 \end{pmatrix} + \lambda \cdot \begin{pmatrix} 1 \\ 0 \\ -3 \end{pmatrix} + \mu \cdot \begin{pmatrix} 0 \\ 1 \\ 2 \end{pmatrix}, \lambda, \mu \in \mathbb{R}.$$

◆ Die Ebene E ist in Normalenform gegeben. Umwandlung in die Hessesche Normalenform.

SATZ

HNF von E: $\dfrac{n_1 \cdot x_1 + n_2 \cdot x_2 + n_3 \cdot x_3 + n_0}{(-\text{sgn } n_0) \cdot \sqrt{n_1^2 + n_2^2 + n_3^2}} = 0,$

mit $n_0 = -n_1 \cdot a_1 - n_2 \cdot a_2 - n_3 \cdot a_3 \neq 0$

Der Faktor $\sqrt{n_2^1 + n_2^2 + n_2^3}$ normiert den Normalenvektor auf Länge 1 und der Faktor $(-\text{sgn } n_0)$ stellt sicher, dass $n_0^0 < 0$ ist (▶ S. 161).

Für $n_0 = 0$ entfällt $(-\text{sgn } n_0)$ in der Formel.

BEISPIEL

E: $x_1 - 2 \cdot x_2 + 2 \cdot x_3 - 9 = 0$

HNF von E: $\dfrac{x_1 + (-2) \cdot x_2 + 2 \cdot x_3 + (-9)}{(-\text{sgn } (-9)) \cdot \sqrt{1^2 + (-2)^2 + 2^2}} = 0$

HNF von E: $\frac{1}{3} x_1 - \frac{2}{3} x_2 + \frac{2}{3} x_3 - 3 = 0$

▶ ANMERKUNG Die Funktion $\text{sgn}(x)$ (lies: Signum von x) gibt das Vorzeichen von x an. Es gilt:

$\text{sgn}(x) = 1$ für $x > 0$; $\text{sgn}(x) = 0$ für $x = 0$;

$\text{sgn}(x) = -1$ für $x < 0$.

Lagebeziehungen

Lage im Koordinatensystem

Wir betrachten Ursprungsebenen und Parallelebenen zu den Koordinatenebenen.

◆ **Die Gleichung der Ebene ist in Parameterform gegeben.**

SATZ

Die Ebene $E: \vec{x} = \vec{a} + \lambda \cdot \vec{u} + \mu \cdot \vec{v}$, $\lambda, \mu \in \mathbb{R}$, geht durch den Ursprung, wenn die Koordinaten des Ursprungs die Ebenengleichung erfüllen. Dies gilt genau dann, wenn $\vec{a}$ von $\vec{u}$ und $\vec{v}$ linear abhängig ist. (▸ S. 140)

BEISPIEL

$$E: \begin{pmatrix} x_1 \\ x_2 \\ x_3 \end{pmatrix} = \begin{pmatrix} -2 \\ 4{,}5 \\ -1 \end{pmatrix} + \lambda \cdot \begin{pmatrix} -1 \\ -1{,}5 \\ 2 \end{pmatrix} + \mu \cdot \begin{pmatrix} -3 \\ 3 \\ 1 \end{pmatrix}, \lambda, \mu \in \mathbb{R}.$$

$$\begin{pmatrix} 0 \\ 0 \\ 0 \end{pmatrix} = \begin{pmatrix} -2 \\ 4{,}5 \\ -1 \end{pmatrix} + \lambda \cdot \begin{pmatrix} -1 \\ -1{,}5 \\ 2 \end{pmatrix} + \mu \cdot \begin{pmatrix} -3 \\ 3 \\ 1 \end{pmatrix} \Leftrightarrow$$

(I) $0 = -2 - \lambda - 3\mu$
(II) $0 = 4{,}5 - 1{,}5\lambda + 3\mu \Leftrightarrow$
(III) $0 = -1 + 2\lambda + \mu$

(I) + (II) $0 = 2{,}5 - 2{,}5\lambda$
(II) $0 = 4{,}5 - 1{,}5\lambda + 3\mu \Leftrightarrow$
(III) $0 = -1 + 2\lambda + \mu$

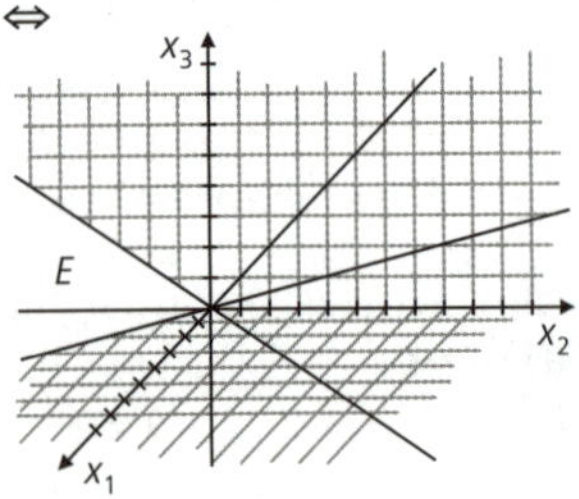

$\lambda = 1$
$\mu = -1$
$0 = 0$

d. h., der Ursprung liegt in E.
E ist also eine Ursprungsebene.

SATZ

Eine Ebene E ist parallel zu einer Koordinatenebene, wenn ihre beiden Richtungsvektoren bei derselben Koordinate den Wert 0 haben.

BEISPIEL

$E: \begin{pmatrix} x_1 \\ x_2 \\ x_3 \end{pmatrix} = \begin{pmatrix} 3 \\ 1{,}5 \\ 0 \end{pmatrix} + \lambda \cdot \begin{pmatrix} 0 \\ -1{,}5 \\ 2 \end{pmatrix} + \mu \cdot \begin{pmatrix} 0 \\ 3 \\ 1 \end{pmatrix}$,

$\lambda, \mu \in \mathbb{R}$.

E ist parallel zur x_2-x_3-Ebene.

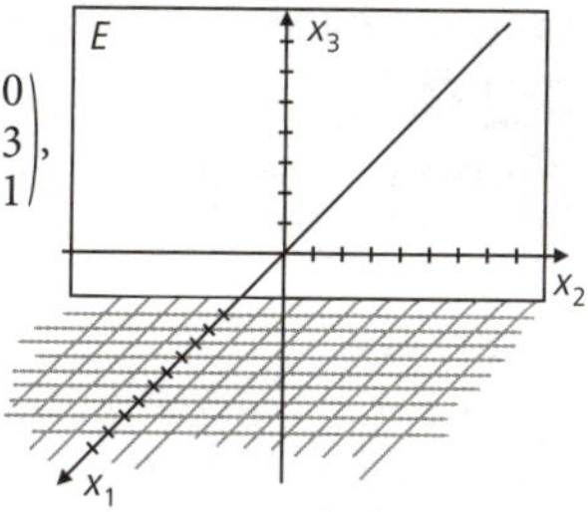

◆ **Die Gleichung der Ebene ist in Normalenenform gegeben.**

SATZ

Die Ebene E geht durch den Ursprung, wenn die Koordinaten des Ursprungs die Ebenengleichung erfüllen (Erkennungsmerkmal $n_0 = 0$).

BEISPIEL $E: x_1 + 2 \cdot x_2 - x_3 = 0$ ist eine Ursprungsebene.

SATZ

Die Ebene E ist parallel zu einer Koordinatenebene, wenn nur einer der Koeffizienten von null verschieden ist.

BEISPIEL

$E: x_2 = -3$ ist eine Parallelebene zur x_1-x_3-Ebene.

Die ***Koordinatenebenen*** im $\mathbb{R}^3$:
x_1-x_2-Ebene: $x_3 = 0$;
x_1-x_3-Ebene: $x_2 = 0$;
x_2-x_3-Ebene: $x_1 = 0$.

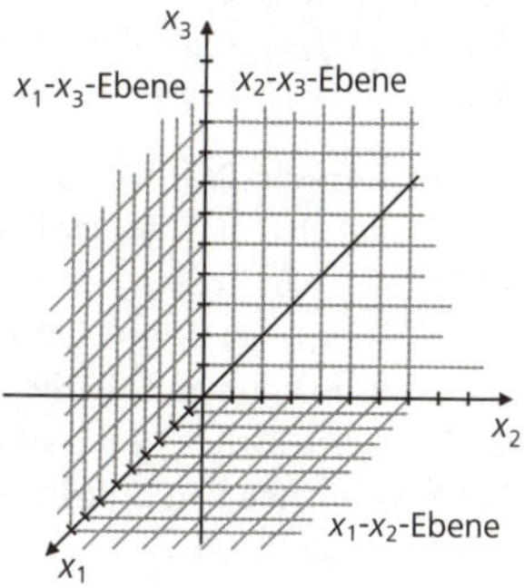

Lage von Punkt und Ebene zueinander

SATZ

Ein Punkt liegt genau dann in einer Ebene, wenn sein Ortsvektor bzw. seine Koordinaten die Ebenengleichung erfüllen.

BEISPIELE

- $E: \vec{x} = \vec{a} + \lambda \cdot \vec{u} + \mu \cdot \vec{v}, \lambda, \mu \in \mathbb{R}$ und $P(p_1|p_2|p_3)$

$$E: \begin{pmatrix} x_1 \\ x_2 \\ x_3 \end{pmatrix} = \begin{pmatrix} 3 \\ 1{,}5 \\ 0 \end{pmatrix} + \lambda \cdot \begin{pmatrix} -1 \\ -1{,}5 \\ 2 \end{pmatrix} + \mu \cdot \begin{pmatrix} -3 \\ 3 \\ 1 \end{pmatrix}, \lambda, \mu \in \mathbb{R}$$

$P(5|-3|3)$

Den Ortsvektor $\vec{p}$ in die Geradengleichung einsetzen.

$$\begin{pmatrix} 5 \\ -3 \\ 3 \end{pmatrix} = \begin{pmatrix} 3 \\ 1{,}5 \\ 0 \end{pmatrix} + \lambda \cdot \begin{pmatrix} -1 \\ -1{,}5 \\ 2 \end{pmatrix} + \mu \cdot \begin{pmatrix} -3 \\ 3 \\ 1 \end{pmatrix} \Leftrightarrow$$

$$\begin{array}{rl} 5 = & 3 - \lambda - 3\mu \\ -3 = & 1{,}5 - 1{,}5\lambda + 3\mu \\ 3 = & 0 + 2\lambda + \mu \end{array} \Leftrightarrow$$

$$\begin{array}{ll} \text{(I)} & \lambda + 3\mu + 2 = 0 \\ \text{(II)} & 1{,}5\lambda - 3\mu - 4{,}5 = 0 \\ \text{(III)} & -2\lambda - \mu + 3 = 0 \end{array} \Leftrightarrow$$

$$\begin{array}{lll} \text{(I)} + \text{(II)} & 2{,}5\lambda - 2{,}5 = 0 & \lambda = 1 \\ \text{(II)} & 1{,}5\lambda - 3\mu - 4{,}5 = 0 \Leftrightarrow & \mu = -1 \\ \text{(III)} & -2\lambda - \mu + 3 = 0 & 2 = 0 \end{array}$$

Es gibt also kein Paar reeller Zahlen, das alle drei Gleichungen löst. *P* liegt also nicht in der Ebene *E*.

- $E: n_1 \cdot x_1 + n_2 \cdot x_2 + n_3 \cdot x_3 + n_0 = 0$ und $Q(q_1|q_2|q_3)$.
  $E: x_1 - 2x_2 + 2x_3 - 9 = 0$ und $Q(4|-1|1{,}5)$.

Die Koordinaten von *Q* in die Ebenengleichung einsetzen.

$4 - 2 \cdot (-1) + 2 \cdot 1{,}5 - 9 = 0 \Leftrightarrow 4 + 2 + 3 - 9 = 0 \Leftrightarrow 0 = 0$

Die Koordinaten von *Q* erfüllen die Ebenengleichung.

Q liegt in der Ebene *E*.

Thema: ______________________________

Lage von Gerade und Ebene

Ebenengleichung in Parameterform:

g und E haben genau einen Schnittpunkt.

$\vec{u}_E; \vec{v}_E; \vec{u}_g$
linear unabhängig

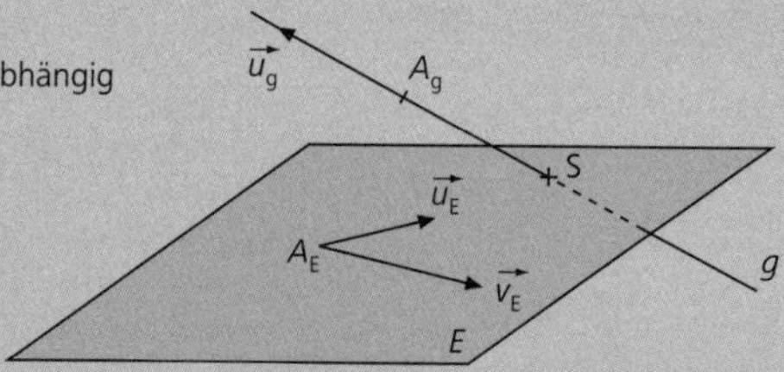

g und E sind echt parallel.

$\vec{u}_E; \vec{v}_E; \vec{u}_g$
linear abhängig,
$\vec{u}_E; \vec{v}_E; \overrightarrow{A_E A_g}$
linear unabhängig

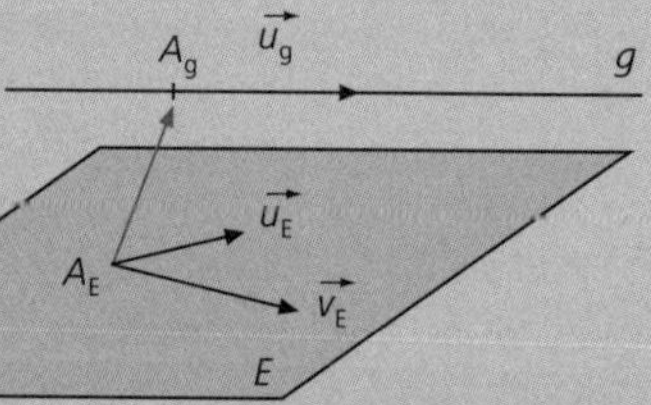

g liegt in E.

$\vec{u}_E; \vec{v}_E; \vec{u}_g$
und
$\vec{u}_E; \vec{v}_E; \overrightarrow{A_E A_g}$
linear abhängig

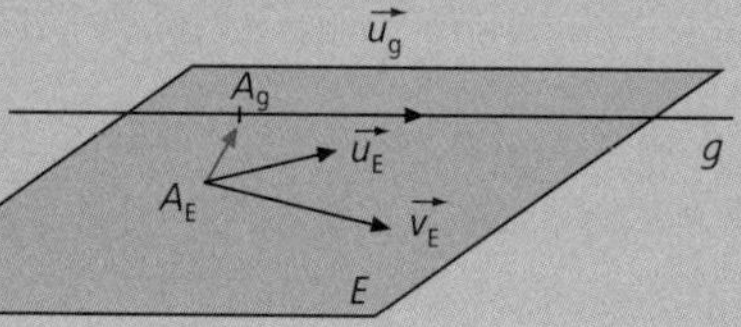

Ebenengleichung in Normalenform:

g und E haben genau einen Schnittpunkt.

$\vec{u}$ und $\vec{n}$ sind nicht orthogonal.

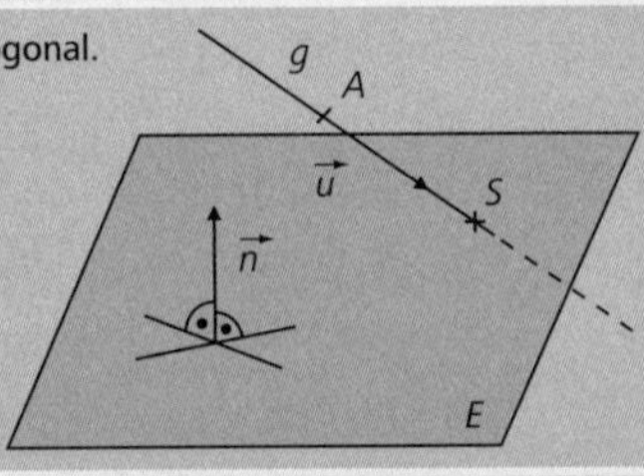

g und E sind echt parallel.

$\vec{u}$ und $\vec{n}$ sind orthogonal.
A liegt nicht in E.

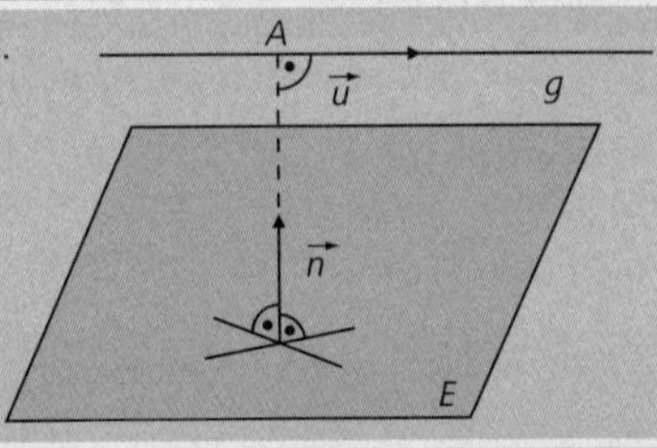

g liegt in E.

$\vec{u}$ und $\vec{n}$ sind orthogonal.
A liegt in E.

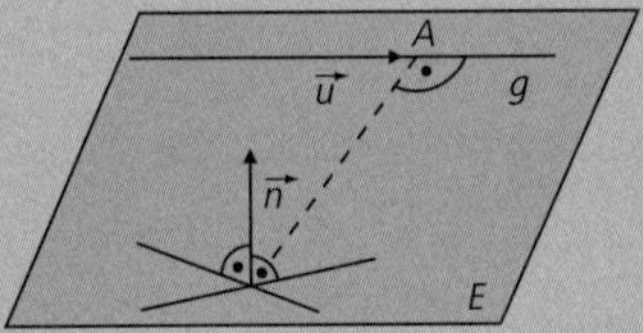

Untersuchung der Lagebeziehung Gerade/Ebene

◆ **Die Gleichung der Ebene ist in Parameterform gegeben.**

SATZ

◆ Eine Gerade und eine Ebene sind genau dann ***parallel,*** wenn ihre drei Richtungsvektoren linear abhängig sind. (▸ S. 140)

◆ Eine Gerade liegt genau dann in einer Ebene, wenn zusätzlich ein Punkt der Geraden in der Ebene liegt.

◆ Eine Gerade und eine Ebene haben genau dann genau einen ***Schnittpunkt,*** wenn ihre drei Richtungsvektoren linear unabhängig sind. (▸ S. 140)

◆ Eine Gerade und eine Ebene sind genau dann zueinander ***senkrecht (orthogonal),*** wenn der Richtungsvektor der Geraden zu beiden Richtungsvektoren der Ebene orthogonal ist.

4

BEISPIEL

$g: \vec{x} = \vec{p} + \sigma \cdot \vec{u}, \sigma \in \mathbb{R}$

$$g: \begin{pmatrix} x_1 \\ x_2 \\ x_3 \end{pmatrix} = \begin{pmatrix} 5 \\ -3 \\ 3 \end{pmatrix} + \sigma \cdot \begin{pmatrix} 1 \\ -6 \\ 3 \end{pmatrix}, \sigma \in \mathbb{R}$$

$E: \vec{x} = \vec{a} + \lambda \cdot \vec{v} + \mu \cdot \vec{w}, \lambda, \mu \in \mathbb{R}$

$$E: \begin{pmatrix} x_1 \\ x_2 \\ x_3 \end{pmatrix} = \begin{pmatrix} 3 \\ 1{,}5 \\ 0 \end{pmatrix} + \lambda \cdot \begin{pmatrix} -1 \\ -1{,}5 \\ 2 \end{pmatrix} + \mu \begin{pmatrix} -3 \\ 3 \\ 1 \end{pmatrix}, \lambda, \mu \in \mathbb{R}$$

Untersuchung der drei Richtungsvektoren $\vec{u}$, $\vec{v}$ und $\vec{w}$ auf lineare Abhängigkeit (▸ S. 140):

$$\det(\vec{u}, \vec{v}, \vec{w}) = \begin{vmatrix} 1 & -1 & -3 \\ -6 & -1{,}5 & 3 \\ 3 & 2 & 1 \end{vmatrix} = 0.$$

$\vec{u}$, $\vec{v}$ und $\vec{w}$ sind also linear abhängig. g und E sind parallel. Da P nicht in E liegt (Beispiel ▸ S. 166), sind g und E echt parallel.

- **Die Gleichung der Ebene ist in Normalenform gegeben.**

SATZ

- Eine Gerade und eine Ebene sind genau dann ***parallel,*** wenn der Richtungsvektor der Geraden und der Normalenvektor der Ebene orthogonal sind. (▸ S. 141 f.)
- Eine Gerade liegt genau dann in einer Ebene, wenn zusätzlich ein Punkt der Geraden in der Ebene liegt.
- Eine Gerade und eine Ebene haben genau dann genau einen ***Schnittpunkt,*** wenn der Richtungsvektor der Geraden und der Normalenvektor der Ebene nicht orthogonal sind.
- Eine Gerade und eine Ebene sind genau dann zueinander ***senkrecht (orthogonal),*** wenn der Richtungsvektor der Geraden und der Normalenvektor der Ebene linear abhängig sind.

BEISPIEL

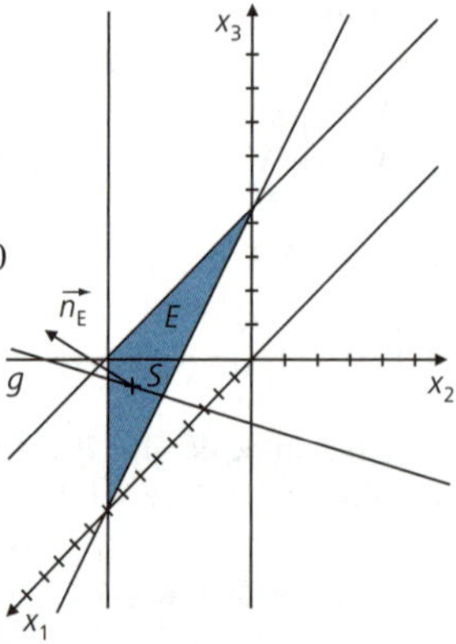

$g: \vec{x} = \vec{a} + \lambda \cdot \vec{u}, \lambda \in \mathbb{R}$

$$g: \begin{pmatrix} x_1 \\ x_2 \\ x_3 \end{pmatrix} = \begin{pmatrix} 4 \\ -4{,}5 \\ 2 \end{pmatrix} + \lambda \cdot \begin{pmatrix} 2 \\ -6 \\ 3 \end{pmatrix}, \lambda \in \mathbb{R}$$

$E: n_1 \cdot x_1 + n_2 \cdot x_2 + n_3 \cdot x_3 + n_0 = 0$

$E: x_1 - 2 \cdot x_2 + 2 \cdot x_3 - 9 = 0$

Untersuchung von $\vec{u}$ und $\vec{n}$ auf Orthogonalität (▸ S. 141 f.):

$$\vec{u} \circ \vec{n} = \begin{pmatrix} 2 \\ -6 \\ 3 \end{pmatrix} \circ \begin{pmatrix} 1 \\ -2 \\ 2 \end{pmatrix}$$

$= 2 \cdot 1 + (-6) \cdot (-2)$
$+ 3 \cdot 2 = 20 \neq 0$

$\vec{u}$ und $\vec{n}$ sind nicht orthogonal, also haben g und E genau einen Schnittpunkt.

Thema: ______________________

Lage von zwei Ebenen zueinander

Ebenengleichungen in Parameterform

E und F haben genau eine Schnittgerade.

$\vec{u}_E$; $\vec{v}_E$; $\vec{u}_F$ oder $\vec{u}_E$; $\vec{v}_E$; $\vec{v}_F$

linear unabhängig

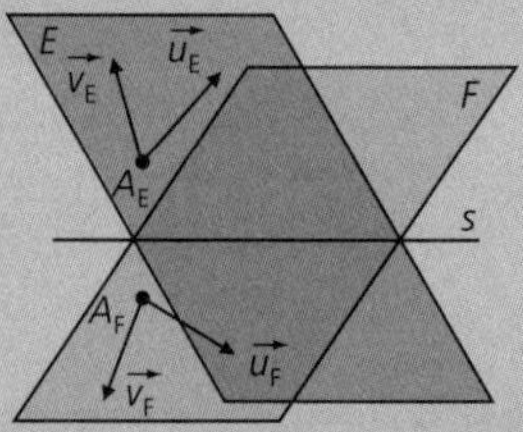

E und F sind echt parallel.

$\vec{u}_E$; $\vec{v}_E$; $\vec{u}_F$ und $\vec{u}_E$; $\vec{v}_E$; $\vec{v}_F$

linear abhängig,

$\vec{u}_E$; $\vec{v}_E$; $\overrightarrow{A_E A_F}$ und $\vec{u}_F$; $\vec{v}_F$; $\overrightarrow{A_E A_F}$

linear unabhängig

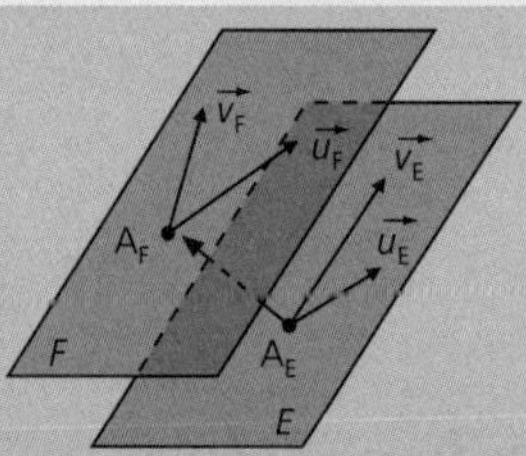

E und F identisch.

$\vec{u}_E$; $\vec{v}_E$; $\vec{u}_F$ und $\vec{u}_E$; $\vec{v}_E$; $\vec{v}_F$

linear abhängig,

$\vec{u}_E$; $\vec{v}_E$; $\overrightarrow{A_E A_F}$ und $\vec{u}_F$; $\vec{v}_F$; $\overrightarrow{A_E A_F}$

linear abhängig

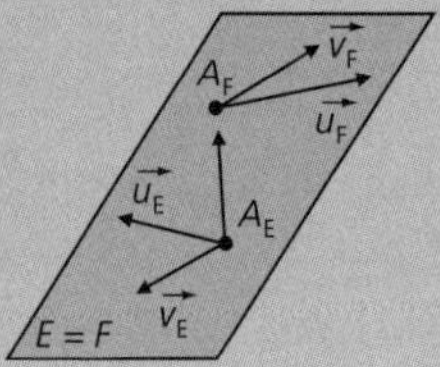

Ebenengleichungen in Normalenform

E und F haben genau eine Schnittgerade.

$\vec{n_E}$ und $\vec{n_F}$ sind nicht kollinear.

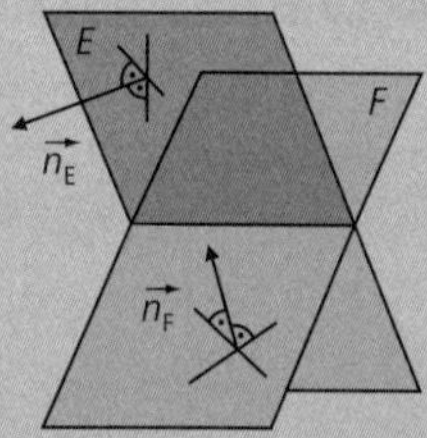

E und F sind echt parallel.

$\vec{n_E}$ und $\vec{n_F}$ sind kollinear und A_F liegt nicht in E.

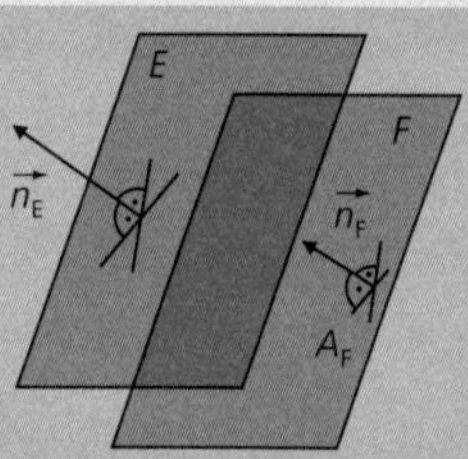

E und F sind identisch.

$\vec{n_E}$ und $\vec{n_F}$ sind kollinear und A_F liegt in E.

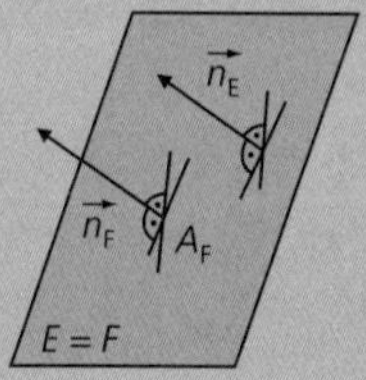

Untersuchung der Lagebeziehung Ebene/Ebene

◆ Die Gleichungen beider Ebenen sind in Parameterform gegeben.

$E_1: \vec{x} = \vec{a} + \lambda \cdot \vec{u} + \mu \cdot \vec{v}, \lambda, \mu \in \mathbb{R}$
$E_2: \vec{x} = \vec{b} + \sigma \cdot \vec{w} + \tau \cdot \vec{z}, \sigma, \tau \in \mathbb{R}$

SATZ

◆ Zwei Ebenen E_1 und E_2 sind genau dann ***parallel,*** wenn die Richtungsvektoren $\vec{u}$, $\vec{v}$ und $\vec{w}$ und die Richtungsvektoren $\vec{u}$, $\vec{v}$ und $\vec{z}$ linear abhängig (komplanar) sind. (▸ S. 127)

◆ Zwei Ebenen E_1 und E_2 sind genau dann ***identisch,*** wenn zusätzlich ein Punkt der einen Ebene in der anderen Ebene liegt.

◆ Zwei Ebenen E_1 und E_2 haben genau dann eine ***Schnittgerade***, wenn die Richtungsvektoren $\vec{u}$, $\vec{v}$ und $\vec{w}$ oder die Richtungsvektoren $\vec{u}$, $\vec{v}$ und $\vec{z}$ linear unabhängig sind.

BEISPIEL

$$E_1: \begin{pmatrix} x_1 \\ x_2 \\ x_3 \end{pmatrix} = \begin{pmatrix} 1 \\ 3 \\ 5 \end{pmatrix} + \lambda \cdot \begin{pmatrix} 3 \\ 2 \\ 1 \end{pmatrix} + \mu \cdot \begin{pmatrix} -1 \\ -2 \\ 1 \end{pmatrix}, \lambda, \mu \in \mathbb{R}$$

$$E_2: \begin{pmatrix} x_1 \\ x_2 \\ x_3 \end{pmatrix} = \begin{pmatrix} 4 \\ 3 \\ 1 \end{pmatrix} + \sigma \cdot \begin{pmatrix} -4 \\ -4 \\ 0 \end{pmatrix} + \tau \cdot \begin{pmatrix} 2 \\ 0 \\ 2 \end{pmatrix}, \sigma, \tau \in \mathbb{R}$$

Untersuchung der drei Richtungsvektoren $\vec{u}, \vec{v}, \vec{w}$ und $\vec{u}, \vec{v}, \vec{z}$ auf lineare Abhängigkeit (▸ S. 140):

$$\det(\vec{u}, \vec{v}, \vec{w}) = \begin{vmatrix} 3 & -1 & -4 \\ 2 & -2 & -4 \\ 1 & 1 & 0 \end{vmatrix} = 0$$

$$\det(\vec{u}, \vec{v}, \vec{z}) = \begin{vmatrix} 3 & -1 & 2 \\ 2 & -2 & 0 \\ 1 & 1 & 2 \end{vmatrix} = 0$$

$\vec{u}, \vec{v}, \vec{w}$ und $\vec{u}, \vec{v}, \vec{z}$ sind linear abhängig und somit sind E_1 und E_2 parallel.

Überprüfung, ob $A \in E_2$:

$$\begin{pmatrix}1\\3\\5\end{pmatrix} = \begin{pmatrix}4\\3\\1\end{pmatrix} + \sigma \cdot \begin{pmatrix}-4\\-4\\0\end{pmatrix} + \tau \cdot \begin{pmatrix}2\\0\\2\end{pmatrix} \Leftrightarrow \begin{matrix}1 = 4 - 4\sigma + 2\tau\\3 = 3 - 4\sigma + 0\tau\\5 = 1 + 0\sigma + 2\tau\end{matrix} \Leftrightarrow \begin{matrix}1 = 8\\\sigma = 0\\\tau = 2.\end{matrix}$$

Es gibt kein Paar reeller Zahlen, das alle drei Gleichungen erfüllt. D.h. A liegt nicht in E_2, also sind E_1 und E_2 echt parallel.

◆ **Die Gleichungen beider Ebenen sind in Normalenform gegeben.**

SATZ

◆ Zwei Ebenen sind genau dann ***parallel,*** wenn ihre Normalenvektoren linear abhängig (kollinear) sind. (▸ S. 126)

◆ Die Ebenen sind genau dann ***identisch,*** wenn sich eine Ebenengleichung durch Multiplikation mit einer reellen Zahl in die andere Gleichung umformen lässt.

◆ Zwei Ebenen haben genau dann eine ***Schnittgerade,*** wenn ihre Normalenvektoren linear unabhängig sind.

◆ Zwei Ebenen sind genau dann zueinander ***senkrecht (orthogonal),*** wenn ihre Normalenvektoren orthogonal sind.

BEISPIEL

E_1: $n_1 \cdot x_1 + n_2 \cdot x_2 + n_3 \cdot x_3 + n_0 = 0$
E_2: $m_1 \cdot x_1 + m_2 \cdot x_2 + m_3 \cdot x_3 + m_0 = 0$
E_1: $x_1 - x_2 + x_3 + 1 = 0$; E_2: $x_1 + 2x_2 - x_3 - 5 = 0$

Untersuchung der Normalenvektoren auf lineare Abhängigkeit:

$$\begin{pmatrix}1\\-1\\1\end{pmatrix} = \lambda \cdot \begin{pmatrix}1\\2\\-1\end{pmatrix} \Leftrightarrow \begin{matrix}1 = \lambda\\-1 = 2\lambda\\1 = -\lambda\end{matrix} \Leftrightarrow \begin{matrix}\lambda = 1\\\lambda = -0{,}5\\\lambda = -1\end{matrix}$$

d.h., die Normalenvektoren sind linear unabhängig.
E_1 und E_2 besitzen also eine Schnittgerade.
Untersuchung von $\vec{n}$ und $\vec{m}$ auf Orthogonalität: (▸ S. 141 f.)

$$\begin{pmatrix}1\\-1\\1\end{pmatrix} \circ \begin{pmatrix}1\\2\\-1\end{pmatrix} = 1 \cdot 1 + (-1) \cdot 2 + 1 \cdot (-1) = -2 \neq 0$$

E_1 und E_2 sind nicht zueinander senkrecht.

◆ Eine Gleichung der beiden Ebenen ist in Koordinatenform, die andere in Parameterform gegeben.

SATZ

◆ Die Ebenen sind genau dann ***parallel,*** wenn der Normalenvektor der einen Ebene orthogonal zu beiden Richtungsvektoren der anderen Ebene ist. (▸ S. 134 f.)

◆ Die Ebenen sind genau dann ***identisch,*** wenn zusätzlich ein Punkt der einen Ebene in der anderen Ebene liegt.

◆ Zwei Ebenen haben genau dann eine ***Schnittgerade,*** wenn der Normalenvektor der einen Ebene nicht orthogonal zu einem Richtungsvektor der anderen Ebene ist.

◆ Zwei Ebenen sind genau dann zueinander ***senkrecht (orthogonal),*** wenn der Normalenvektor der einen Ebene und die Richtungsvektoren der anderen Ebene linear abhängig (komplanar) sind. (▸ S. 127)

BEISPIEL

$E_1\colon n_1 \cdot x_1 + n_2 \cdot x_2 + n_3 \cdot x_3 + n_0 = 0$

$E_1\colon 3x_1 + 2x_2 + 3x_3 - 2 = 0$

$E_2\colon \vec{x} = \vec{a} + \lambda \cdot \vec{u} + \mu \cdot \vec{v},\ \lambda, \mu \in \mathbb{R},$

$$E_2\colon \begin{pmatrix} x_1 \\ x_2 \\ x_3 \end{pmatrix} = \begin{pmatrix} 3 \\ 1{,}5 \\ 0 \end{pmatrix} + \lambda \cdot \begin{pmatrix} -1 \\ -1{,}5 \\ 2 \end{pmatrix} + \mu \cdot \begin{pmatrix} -3 \\ 3 \\ 1 \end{pmatrix},\ \lambda, \mu \in \mathbb{R}.$$

Untersuchung von $\vec{u}$ und $\vec{n}$ bzw. $\vec{v}$ und $\vec{n}$ auf Orthogonalität: (▸ S. 141 f.)

$$\vec{u} \circ \vec{n} = \begin{pmatrix} -1 \\ -1{,}5 \\ 2 \end{pmatrix} \circ \begin{pmatrix} 3 \\ 2 \\ 3 \end{pmatrix} = 0,\ \vec{v} \circ \vec{n} = \begin{pmatrix} -3 \\ 3 \\ 1 \end{pmatrix} \circ \begin{pmatrix} 3 \\ 2 \\ 3 \end{pmatrix} = 0$$

Sowohl $\vec{u}$ und $\vec{n}$ als auch $\vec{v}$ und $\vec{n}$ sind orthogonal.
E_1 und E_2 sind also parallel.
Untersuchung auf Identität (Liegt $A\,(3|1{,}5|0)$ in E_1?):
$3 \cdot 3 + 2 \cdot 1{,}5 + 3 \cdot 0 - 2 = 0 \Leftrightarrow 10 = 0$; falsche Aussage, d. h., A liegt nicht in E_1.

E_1 und E_2 sind echt parallel.

Schnitte mit Ebenen

Schnitte von Gerade und Ebene

Zur Schnittpunktsbestimmung wird ein Gleichungssystem gelöst, das aus den beiden Gleichungen gebildet wird.

- Besitzt das Gleichungssystem keine Lösung, so sind Gerade und Ebene echt parallel.
- Gibt es genau eine Lösung, so liefert sie den Schnittpunkt.
- Gibt es unendlich viele Lösungen, so liegt die Gerade in der Ebene.

- **Die Gleichung der Ebene ist in Parameterform gegeben.**

BEACHTE Zur Schnittpunktsbestimmung werden der allgemeine Geradenpunkt und der allgemeine Ebenenpunkt gleichgesetzt.

BEISPIEL

$g\colon \vec{x} = \vec{a} + \lambda \cdot \vec{u}, \lambda \in \mathbb{R}$, und

$E\colon \vec{x} = \vec{b} + \mu \cdot \vec{v} + \sigma \cdot \vec{w}, \mu, \sigma \in \mathbb{R}$

$$g\colon \begin{pmatrix} x_1 \\ x_2 \\ x_3 \end{pmatrix} = \begin{pmatrix} 3 \\ 0 \\ 1 \end{pmatrix} + \lambda \cdot \begin{pmatrix} 4 \\ -1 \\ 2 \end{pmatrix}, \lambda \in \mathbb{R}$$

$$E\colon \begin{pmatrix} x_1 \\ x_2 \\ x_3 \end{pmatrix} = \begin{pmatrix} 2 \\ 1 \\ -1 \end{pmatrix} + \mu \cdot \begin{pmatrix} 1 \\ -1 \\ -1 \end{pmatrix} + \sigma \cdot \begin{pmatrix} -3 \\ 1 \\ 4 \end{pmatrix}, \mu, \sigma \in \mathbb{R}$$

$$g \cap E\colon \begin{pmatrix} 3 \\ 0 \\ 1 \end{pmatrix} + \lambda \cdot \begin{pmatrix} 4 \\ -1 \\ 2 \end{pmatrix} = \begin{pmatrix} 2 \\ 1 \\ -1 \end{pmatrix} + \mu \cdot \begin{pmatrix} 1 \\ -1 \\ -1 \end{pmatrix} + \sigma \cdot \begin{pmatrix} -3 \\ 1 \\ 4 \end{pmatrix} \Leftrightarrow$$

$$\lambda \cdot \begin{pmatrix} 4 \\ -1 \\ 2 \end{pmatrix} - \mu \cdot \begin{pmatrix} 1 \\ -1 \\ -1 \end{pmatrix} - \sigma \cdot \begin{pmatrix} -3 \\ 1 \\ 4 \end{pmatrix} = \begin{pmatrix} 2 \\ 1 \\ -1 \end{pmatrix} - \begin{pmatrix} 3 \\ 0 \\ 1 \end{pmatrix} \Leftrightarrow$$

$$\begin{array}{l} 4\lambda - \mu + 3\sigma = -1 \\ -\lambda + \mu - \sigma = 1 \\ 2\lambda + \mu - 4\sigma = -2 \end{array} \Leftrightarrow \begin{array}{l} \lambda = -0{,}4 \\ \mu = 1{,}2 \\ \sigma = 0{,}6 \end{array}$$

(Beispiel ▶ S. 118)

AUGEN AUF! Man erhält die Koordinaten des Schnittpunktes S, indem man entweder $\lambda = -0{,}4$ in die Gleichung für g oder $\mu = 1{,}2$ und $\sigma = 0{,}6$ in die Gleichung für E einsetzt.

$$\begin{pmatrix} s_1 \\ s_2 \\ s_3 \end{pmatrix} = \begin{pmatrix} 3 \\ 0 \\ 1 \end{pmatrix} + (-0{,}4) \cdot \begin{pmatrix} 4 \\ -1 \\ 2 \end{pmatrix} = \begin{pmatrix} 1{,}4 \\ 0{,}4 \\ 0{,}2 \end{pmatrix} \text{ oder}$$

$$\begin{pmatrix} s_1 \\ s_2 \\ s_3 \end{pmatrix} = \begin{pmatrix} 2 \\ 1 \\ -1 \end{pmatrix} + 1{,}2 \cdot \begin{pmatrix} 1 \\ -1 \\ -1 \end{pmatrix} + 0{,}6 \cdot \begin{pmatrix} -3 \\ 1 \\ 4 \end{pmatrix} = \begin{pmatrix} 1{,}4 \\ 0{,}4 \\ 0{,}2 \end{pmatrix}$$

g und E haben den Schnittpunkt $S(1{,}4|0{,}4|0{,}2)$.

BEACHTE Ist bekannt, dass g und E einen Schnittpunkt haben, genügt es, den Parameter λ der Geradengleichung zu bestimmen.

◆ **Die Gleichung der Ebene ist in Normalenform gegeben.**

Durch das Einsetzen der Koordinaten der Geradengleichung in die Normalenform der Ebenengleichung erhält man eine Gleichung, deren Lösung bestimmt wird.

BEISPIEL

$g\colon \vec{x} = \vec{a} + \lambda \cdot \vec{u}, \lambda \in \mathbb{R}$

$$g\colon \begin{pmatrix} x_1 \\ x_2 \\ x_3 \end{pmatrix} = \begin{pmatrix} 4 \\ -4{,}5 \\ 2 \end{pmatrix} + \lambda \cdot \begin{pmatrix} 2 \\ -6 \\ 3 \end{pmatrix}, \lambda \in \mathbb{R}$$

$E\colon n_1 \cdot x_1 + n_2 \cdot x_2 + n_3 \cdot x_3 + n_0 = 0$

$E\colon x_1 - 2 \cdot x_2 + 2 \cdot x_3 - 9 = 0$

$g \cap E\colon (4 + 2\lambda) - 2 \cdot (-4{,}5 - 6\lambda) + 2 \cdot (2 + 3\lambda) - 9 = 0 \Leftrightarrow$

$4 + 2\lambda + 9 + 12\lambda + 4 + 6\lambda - 9 = 0 \Leftrightarrow 20\lambda = -8 \Leftrightarrow \lambda = -0{,}4$

Setzt man $\lambda = -0{,}4$ in die Geradengleichung ein, erhält man die Koordinaten des Schnittpunktes S:

$$\begin{pmatrix} s_1 \\ s_2 \\ s_3 \end{pmatrix} = \begin{pmatrix} 4 \\ -4{,}5 \\ 2 \end{pmatrix} + (-0{,}4) \cdot \begin{pmatrix} 2 \\ -6 \\ 3 \end{pmatrix} = \begin{pmatrix} 3{,}2 \\ -2{,}1 \\ 0{,}8 \end{pmatrix}; S(3{,}2|-2{,}1|0{,}8)$$

Schnitte von Ebenen

Zur Schnittpunktsbestimmung wird ein Gleichungssystem gelöst, das aus den beiden Gleichungen gebildet wird.

- Besitzt das Gleichungssystem keine Lösung, so sind die Ebenen echt parallel.
- Gibt es unendlich viele Lösungen, so gibt es entweder eine Schnittgerade oder die Ebenen sind identisch. (▸ S. 174 f.)

- **Die Gleichungen der beiden Ebenen sind in Parameterform gegeben.**

BEACHTE Durch das Verknüpfen der beiden Gleichungen erhält man ein Gleichungssystem (3 Gleichungen mit 4 Variablen). Existiert eine Schnittgerade, so liefert das Lösen des Gleichungssystems eine Beziehung zwischen den Parametern der einen Ebenengleichung. Das Einsetzen dieser Beziehung in die zugehörige Ebenengleichung liefert eine Gleichung der Schnittgeraden.

BEISPIEL

$E_1\colon \vec{x} = \vec{a} + \lambda \cdot \vec{u} + \mu \cdot \vec{v}, \lambda, \mu \in \mathbb{R}$

$E_2\colon \vec{x} = \vec{b} + \sigma \cdot \vec{w} + \tau \cdot \vec{z}, \sigma, \tau \in \mathbb{R}$

$$E_1\colon \begin{pmatrix} x_1 \\ x_2 \\ x_3 \end{pmatrix} = \begin{pmatrix} 1 \\ 0 \\ 1 \end{pmatrix} + \lambda \cdot \begin{pmatrix} 0 \\ 1 \\ 0 \end{pmatrix} + \mu \cdot \begin{pmatrix} 4 \\ 2 \\ 2 \end{pmatrix}, \lambda, \mu \in \mathbb{R}$$

$$E_2\colon \begin{pmatrix} x_1 \\ x_2 \\ x_3 \end{pmatrix} = \begin{pmatrix} 2 \\ 1 \\ 1 \end{pmatrix} + \sigma \cdot \begin{pmatrix} 1 \\ 1 \\ 1 \end{pmatrix} + \tau \cdot \begin{pmatrix} 1 \\ 0 \\ 1 \end{pmatrix}, \sigma, \tau \in \mathbb{R}$$

$$\det(\vec{u}, \vec{v}, \vec{w}) = \begin{vmatrix} 0 & 4 & 1 \\ 1 & 2 & 1 \\ 0 & 2 & 1 \end{vmatrix} = -2 \neq 0.$$ (▸ S. 140 u. S. 169)

Die Richtungsvektoren $\vec{u}$, $\vec{v}$ und $\vec{w}$ sind linear unabhängig. Also haben E_1 und E_2 eine Schnittgerade.

Bestimmung der Schnittgeraden

$$E_1 \cap E_2: \begin{pmatrix}1\\0\\1\end{pmatrix} + \lambda \cdot \begin{pmatrix}0\\1\\0\end{pmatrix} + \mu \cdot \begin{pmatrix}4\\2\\2\end{pmatrix} = \begin{pmatrix}2\\1\\1\end{pmatrix} + \sigma \cdot \begin{pmatrix}1\\1\\1\end{pmatrix} + \tau \cdot \begin{pmatrix}1\\0\\1\end{pmatrix}$$

Nach den drei linear unabhängigen Richtungsvektoren $\vec{u}$, $\vec{v}$ und $\vec{w}$ auflösen:

$$\lambda \cdot \begin{pmatrix}0\\1\\0\end{pmatrix} + \mu \cdot \begin{pmatrix}4\\2\\2\end{pmatrix} - \sigma \begin{pmatrix}1\\1\\1\end{pmatrix} = \begin{pmatrix}2\\1\\1\end{pmatrix} - \begin{pmatrix}1\\0\\1\end{pmatrix} + \tau \cdot \begin{pmatrix}1\\0\\1\end{pmatrix}$$

$$\begin{array}{lr} \text{(I)} & 4\mu - \sigma = 1 + \tau \\ \text{(II)} & \lambda + 2\mu - \sigma = 1 \\ \text{(III)} & 2\mu - \sigma = \tau \end{array} \Leftrightarrow \begin{array}{lr} \text{(I)} - \text{(III)} & 2\mu \quad\;\; = 1 \\ \text{(II)} & \lambda + 2\mu - \sigma = 1 \\ \text{(III)} & 2\mu - \sigma = \tau \end{array} \Leftrightarrow$$

$\mu = 0{,}5$
$\lambda - \sigma = 0$
$1 - \sigma = \tau$

4

Das Einsetzen von $\mu = 0{,}5$ in die Gleichung von E_1 bzw. von $1 - \sigma = \tau$ in die Gleichung von E_2 liefert eine Gleichung der Schnittgeraden g:

$$g: \begin{pmatrix}x_1\\x_2\\x_3\end{pmatrix} = \begin{pmatrix}1\\0\\1\end{pmatrix} + \lambda \cdot \begin{pmatrix}0\\1\\0\end{pmatrix} + 0{,}5 \cdot \begin{pmatrix}4\\2\\2\end{pmatrix}, \lambda \in \mathbb{R}$$

$$g: \begin{pmatrix}x_1\\x_2\\x_3\end{pmatrix} = \begin{pmatrix}3\\1\\2\end{pmatrix} + \lambda \cdot \begin{pmatrix}0\\1\\0\end{pmatrix}, \lambda \in \mathbb{R}$$

bzw.

$$g: \begin{pmatrix}x_1\\x_2\\x_3\end{pmatrix} = \begin{pmatrix}2\\1\\1\end{pmatrix} + \sigma \cdot \begin{pmatrix}1\\1\\1\end{pmatrix} + (1 - \sigma) \cdot \begin{pmatrix}1\\0\\1\end{pmatrix}, \sigma \in \mathbb{R}$$

$$g: \begin{pmatrix}x_1\\x_2\\x_3\end{pmatrix} = \begin{pmatrix}3\\1\\2\end{pmatrix} + \sigma \cdot \begin{pmatrix}0\\1\\0\end{pmatrix}, \sigma \in \mathbb{R}$$

◆ **Die Gleichung der einen Ebene ist in Parameterform gegeben, die der anderen Ebene in Normalenform.**

BEACHTE Man setzt die Koordinaten der Ebenengleichung in Parameterform in die Normalenform der anderen Ebenengleichung ein. Existiert eine Schnittgerade, so erhält man eine Beziehung zwischen den Parametern. Das Einsetzen dieser Beziehung in die zugehörige Ebenengleichung liefert eine Gleichung der Schnittgeraden.

BEISPIEL

$E_1\colon \vec{x} = \vec{a} + \lambda \cdot \vec{u} + \mu \cdot \vec{v}, \lambda, \mu \in \mathbb{R}$

$$E_1\colon \begin{pmatrix} x_1 \\ x_2 \\ x_3 \end{pmatrix} = \begin{pmatrix} 1 \\ 0 \\ 1 \end{pmatrix} + \lambda \cdot \begin{pmatrix} 0 \\ 1 \\ 0 \end{pmatrix} + \mu \cdot \begin{pmatrix} 4 \\ 2 \\ 2 \end{pmatrix}, \lambda, \mu \in \mathbb{R}$$

$E_2\colon n_1 \cdot x_1 + n_2 \cdot x_2 + n_3 \cdot x_3 + n_0 = 0$

$E_2\colon x_1 + 2 \cdot x_2 - x_3 - 5 = 0$

$E_1 \cap E_2\colon (1 + 0\lambda + 4\mu) + 2 \cdot (0 + 1\lambda + 2\mu) - (1 + 0\lambda + 2\mu) - 5 = 0$

$\Leftrightarrow 2\lambda + 6\mu - 5 = 0 \Leftrightarrow \lambda = -3\mu + 2{,}5$

Setzt man $\lambda = -3\mu + 2{,}5$ in die Gleichung von E_1 ein, so erhält man eine Gleichung der Schnittgeraden g:

$$g\colon \begin{pmatrix} x_1 \\ x_2 \\ x_3 \end{pmatrix} = \begin{pmatrix} 1 \\ 0 \\ 1 \end{pmatrix} + (-3\mu + 2{,}5) \cdot \begin{pmatrix} 0 \\ 1 \\ 0 \end{pmatrix} + \mu \cdot \begin{pmatrix} 4 \\ 2 \\ 2 \end{pmatrix}, \mu \in \mathbb{R}$$

$$g\colon \begin{pmatrix} x_1 \\ x_2 \\ x_3 \end{pmatrix} = \begin{pmatrix} 1 \\ 2{,}5 \\ 1 \end{pmatrix} + \mu \cdot \begin{pmatrix} 4 \\ -1 \\ 2 \end{pmatrix}, \mu \in \mathbb{R}$$

◆ **Die Gleichungen der beiden Ebenen sind in Normalenform gegeben.**

$E_1: n_1 \cdot x_1 + n_2 \cdot x_2 + n_3 \cdot x_3 + n_0 = 0$

$E_2: m_1 \cdot x_1 + m_2 \cdot x_2 + m_3 \cdot x_3 + m_0 = 0$

$E_1: x_1 - x_2 + x_3 + 1 = 0$; $E_2: x_1 + 2x_2 - x_3 - 5 = 0$

E_1 und E_2 besitzen eine Schnittgerade. (Beispiel ▶ S. 174)

Bilde aus den beiden Ebenengleichungen und z.B. $x_1 = \lambda$ ein Gleichungssystem, setze in beiden Gleichungen $x_1 = \lambda$ und löse dann nach x_1, x_2 und x_3 auf:

$$\begin{array}{ll} \text{(I)} & x_1 = \lambda \\ \text{(II)} & x_1 - x_2 + x_3 + 1 = 0 \\ \text{(III)} & x_1 + 2 \cdot x_2 - x_3 - 5 = 0 \end{array} \Leftrightarrow \begin{array}{ll} \text{(I)} & x_1 = \lambda \\ \text{(II)} + \text{(III)} & 2 \cdot \lambda + x_2 - 4 = 0 \\ \text{(III)} & x_3 = \lambda + 2x_2 - 5 \end{array} \Leftrightarrow$$

$$\begin{array}{l} x_1 = \lambda \\ x_2 = 4 - 2 \cdot \lambda; \\ x_3 = 3 - 3 \cdot \lambda \end{array} \quad E_1 \cap E_2 = g: \begin{pmatrix} x_1 \\ x_2 \\ x_3 \end{pmatrix} = \begin{pmatrix} 0 \\ 4 \\ 3 \end{pmatrix} + \lambda \cdot \begin{pmatrix} 1 \\ -2 \\ -3 \end{pmatrix}, \lambda \in \mathbb{R}.$$

Oder: Ein Richtungsvektor der Schnittgeraden ist das Vektorprodukt (▶ S. 136) der beiden Normalenvektoren der Ebenen. Einen Punkt der Schnittgeraden erhält man z.B. durch den Schnitt entsprechender Spurgeraden (▶ S. 182) beider Ebenen.

Ansatz: $g: \vec{x} = \vec{a} + \lambda \cdot \vec{u}, \lambda \in \mathbb{R}$.

$$\vec{u} = \vec{n} \times \vec{m} = \begin{pmatrix} 1 \\ -1 \\ 1 \end{pmatrix} \times \begin{pmatrix} 1 \\ 2 \\ -1 \end{pmatrix} = \begin{pmatrix} -1 \cdot (-1) - 1 \cdot 2 \\ 1 \cdot 1 - 1 \cdot (-1) \\ 1 \cdot 2 - (-1) \cdot 1 \end{pmatrix} = \begin{pmatrix} -1 \\ 2 \\ 3 \end{pmatrix}$$

Spurgeraden von E_1 bzw. E_2 in der x_1-x_3-Ebene, d.h. $x_2 = 0$:

$g_1: x_1 + x_3 + 1 = 0$ bzw. $g_2: x_1 - x_3 - 5 = 0$

$$\begin{array}{ll} \text{(I)} & x_1 + x_3 + 1 = 0 \\ \text{(II)} & x_1 - x_3 - 5 = 0 \end{array} \Leftrightarrow \begin{array}{ll} \text{(I)} + \text{(II)} & 2x_1 - 4 = 0 \\ \text{(I)} - \text{(II)} & 2x_3 + 6 = 0 \end{array} \Leftrightarrow \begin{array}{l} x_1 = 2 \\ x_3 = -3 \end{array}$$

Der Schnittpunkt ist $A\,(2|0|-3)$.

$$g: \begin{pmatrix} x_1 \\ x_2 \\ x_3 \end{pmatrix} = \begin{pmatrix} 2 \\ 0 \\ -3 \end{pmatrix} + \lambda \cdot \begin{pmatrix} -1 \\ 2 \\ 3 \end{pmatrix}, \lambda \in \mathbb{R}$$

Thema: Spurpunkte und Spurgeraden

> Ein Schnittpunkt einer Geraden mit einer Koordinatenebene heißt ***Spurpunkt***.

BEISPIEL $g: \begin{pmatrix} x_1 \\ x_2 \\ x_3 \end{pmatrix} = \begin{pmatrix} 1 \\ 1 \\ 4 \end{pmatrix} + \lambda \cdot \begin{pmatrix} 1 \\ -1 \\ -2 \end{pmatrix}, \lambda \in \mathbb{R}$

Bestimmung des Spurpunktes S_1 in der x_2-x_3-Ebene ($x_1 = 0$):
Einsetzen von $x_1 = 1 + \lambda$ in die Ebenengleichung $x_1 = 0$.
$1 + \lambda = 0 \Leftrightarrow \lambda = -1$. Den Punkt der Geraden g für den Parameter $\lambda = -1$ bestimmen: Spurpunkt $S_1(0|2|6)$.
Bestimmung des Spurpunktes S_2 in der x_1-x_3-Ebene ($x_2 = 0$):
$1 - \lambda = 0 \Leftrightarrow \lambda = 1$. Spurpunkt $S_2(2|0|2)$.
Bestimmung des Spurpunktes Spurpunkt S_3 in der x_1-x_2-Ebene ($x_3 = 0$):
$4 - 2\lambda = 0 \Leftrightarrow \lambda = 2$. Spurpunkt $S_3(3|-1|0)$.

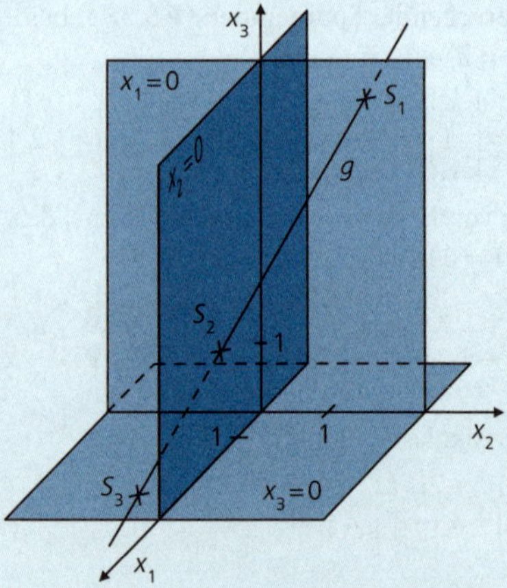

> Eine Schnittgerade einer Ebene mit einer Koordinatenebene heißt ***Spurgerade***.

BEISPIEL

$$E: \begin{pmatrix} x_1 \\ x_2 \\ x_3 \end{pmatrix} = \begin{pmatrix} 3 \\ 1{,}5 \\ 0 \end{pmatrix} + \lambda \cdot \begin{pmatrix} 2 \\ 3 \\ -4 \end{pmatrix} + \mu \cdot \begin{pmatrix} -3 \\ 3 \\ 1 \end{pmatrix}, \lambda, \mu \in \mathbb{R}$$

Bestimmung der Spurgeraden g_{12} in der x_1-x_2-Ebene ($x_3 = 0$): $-4\lambda + \mu = 0 \Leftrightarrow \mu = 4\lambda$. (▶ S. 181)

Das Einsetzen von $\mu = 4\lambda$ in die Gleichung von E ergibt die Spurgerade g_{12}:

$$g_{12}: \begin{pmatrix} x_1 \\ x_2 \\ x_3 \end{pmatrix} = \begin{pmatrix} 3 \\ 1{,}5 \\ 0 \end{pmatrix} + \lambda \cdot \begin{pmatrix} 2 \\ 3 \\ -4 \end{pmatrix} + 4\lambda \cdot \begin{pmatrix} -3 \\ 3 \\ 1 \end{pmatrix}, \lambda \in \mathbb{R};$$

$$g_{12}: \begin{pmatrix} x_1 \\ x_2 \\ x_3 \end{pmatrix} = \begin{pmatrix} 3 \\ 1{,}5 \\ 0 \end{pmatrix} + \lambda \cdot \begin{pmatrix} -10 \\ 15 \\ 0 \end{pmatrix}, \lambda \in \mathbb{R}.$$

Bestimmung der Spurgeraden g_{23} in der x_2-x_3-Ebene ($x_1 = 0$):
$3 + 2\lambda - 3\mu = 0 \Leftrightarrow \lambda = -1{,}5 + 1{,}5\mu$.
$\lambda = -1{,}5 + 1{,}5\mu$ in die Gleichung von E einsetzen:

$$g_{23}: \begin{pmatrix} x_1 \\ x_2 \\ x_3 \end{pmatrix} = \begin{pmatrix} 0 \\ -3 \\ 6 \end{pmatrix} + \mu \cdot \begin{pmatrix} 0 \\ 7{,}5 \\ -5 \end{pmatrix}, \mu \in \mathbb{R}.$$

Genauso:

$$g_{13}: \begin{pmatrix} x_1 \\ x_2 \\ x_3 \end{pmatrix} = \begin{pmatrix} 2 \\ 0 \\ 2 \end{pmatrix} + \mu \cdot \begin{pmatrix} -5 \\ 0 \\ 5 \end{pmatrix}, \mu \in \mathbb{R}.$$

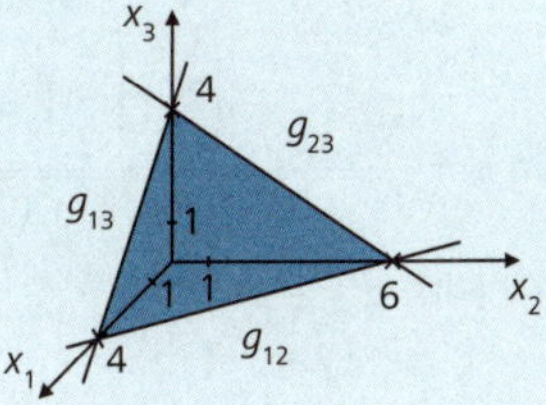

Schnittwinkel bei Ebenen

AUGEN AUF! Für die Berechnung der Schnittwinkel müssen die Ebenengleichungen in Normalenform vorliegen. Andernfalls müssen sie vorher umgewandelt werden (▶ S. 162 f.).

Schnittwinkel zwischen Gerade und Ebene

$g: \vec{x} = \vec{a} + \lambda \cdot \vec{u}, \lambda \in \mathbb{R}$, und $E: \vec{n} \circ (\vec{x} - \vec{a}) = 0$

Unter dem ***Schnittwinkel*** φ zwischen einer Geraden g und einer Ebenen E versteht man den nicht stumpfen Winkel zwischen der Geraden und ihrer senkrechten Projektion g_E in der Ebene (▶ S. 143).

SATZ

Ist ψ der Winkel zwischen dem Richtungsvektor $\vec{u}$ der Geraden und dem Normalenvektor $\vec{n}$ der Ebene, so gilt für den Schnittwinkel φ:

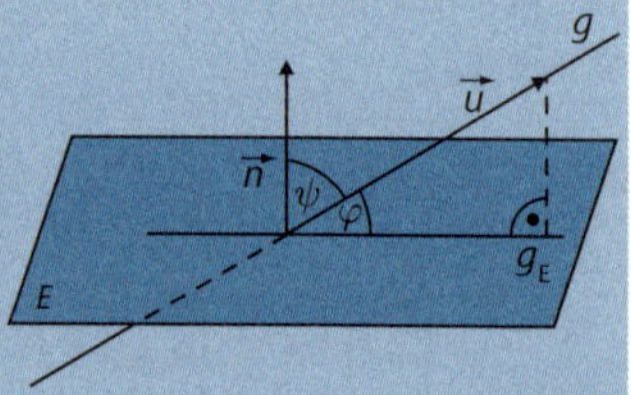

$\varphi = 90° - \psi$,

mit $\cos\psi = \dfrac{|\vec{u} \circ \vec{n}|}{|\vec{u}| \cdot |\vec{n}|}$ und $\sin\varphi = \dfrac{|\vec{u} \circ \vec{n}|}{|\vec{u}| \cdot |\vec{n}|}$

BEISPIEL

$$g: \begin{pmatrix} x_1 \\ x_2 \\ x_3 \end{pmatrix} = \begin{pmatrix} -2 \\ 7 \\ 2 \end{pmatrix} + \lambda \cdot \begin{pmatrix} 3 \\ 2 \\ 1 \end{pmatrix}, \lambda \in \mathbb{R};\ E: 2x_1 - 6x_2 + 3x_3 + 4 = 0$$

$$\sin\varphi = \frac{\left|\begin{pmatrix} 3 \\ 2 \\ 1 \end{pmatrix} \circ \begin{pmatrix} 2 \\ -6 \\ 3 \end{pmatrix}\right|}{\sqrt{3^2 + 2^2 + 1^2} \cdot \sqrt{2^2 + (-6)^2 + 3^2}} = \frac{3}{\sqrt{14 \cdot 49}}$$

$$\varphi = \sin^{-1} \frac{3}{7 \cdot \sqrt{14}} \approx 6{,}6°$$

Schnittwinkel zwischen Ebenen

$E_1: \vec{n_1} \circ (\vec{x} - \vec{a}) = 0$
$E_2: \vec{n_2} \circ (\vec{x} - \vec{b}) = 0$

Unter dem ***Schnittwinkel*** φ zwischen zwei verschiedenen Ebenen E_1 und E_2 versteht man den nicht stumpfen Winkel zwischen ihren Normalenvektoren $\vec{n_1}$ und $\vec{n_2}$.

SATZ

Für den Schnittwinkel φ der Ebenen E_1 und E_2 gilt:

$$\cos \varphi = \frac{|\vec{n_1} \circ \vec{n_2}|}{|\vec{n_1}| \cdot |\vec{n_2}|}$$

4

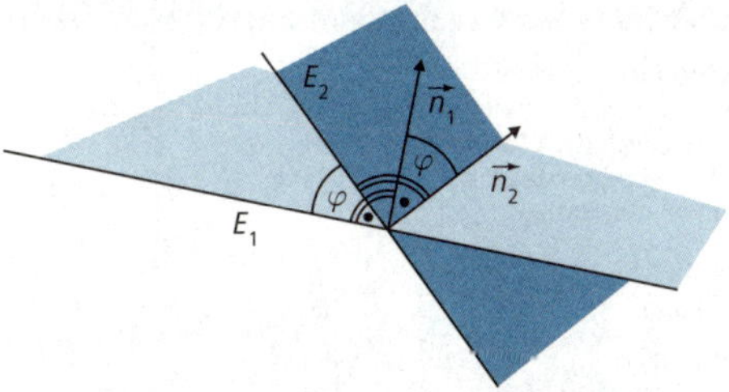

BEISPIEL

$E_1: 2x_1 - 6x_2 + 3x_3 + 4 = 0$ und
$E_2: 1{,}5x_1 - x_2 + 3x_3 - 1 = 0$

$$\cos \varphi = \frac{\begin{pmatrix} 2 \\ -6 \\ 3 \end{pmatrix} \circ \begin{pmatrix} 1{,}5 \\ -1 \\ 3 \end{pmatrix}}{\sqrt{2^2 + (-6)^2 + 3^2} \cdot \sqrt{1{,}5^2 + (-1)^2 + 3^2}} = \frac{18}{7 \cdot 3{,}5}$$

$$\varphi = \cos^{-1} \frac{18}{7 \cdot 3{,}5} \approx 43°$$

Thema:

Abstand von Ebenen

Abstand eines Punktes von einer Ebene

Der ***Abstand*** $d(P; E)$ eines Punktes P von einer Ebene E ist gleich dem Betrag des Verbindungsvektors $\overrightarrow{PF}$ vom Punkt P zum Lotfußpunkt F des Lotes von P auf E.

$d(P; E) = |\overrightarrow{PF}|$

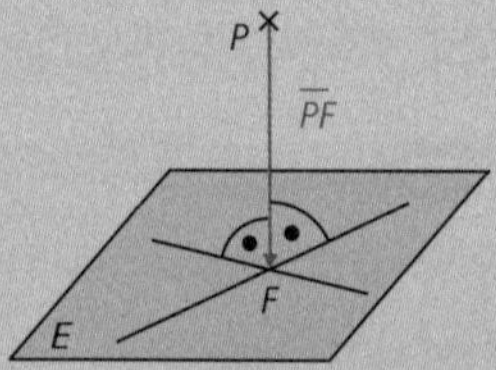

Abstand einer Geraden von einer parallelen Ebene

Der ***Abstand*** $d(g; E)$ einer Geraden g von einer parallelen Ebene E ist gleich dem Abstand eines beliebigen Punktes P der Geraden von der Ebene.

$d(g; E) = d(P; E)$

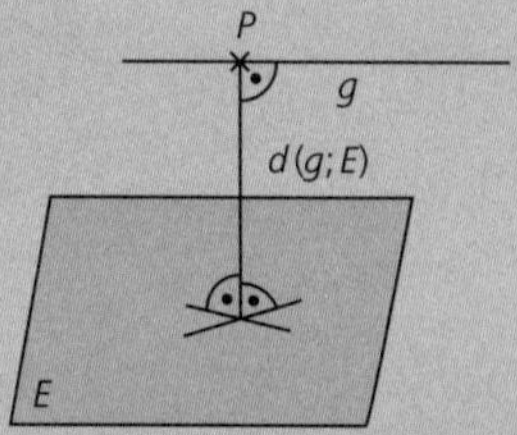

Abstand zweier paralleler Ebenen

Der Abstand $d(E_1; E_2)$ zweier paralleler Ebenen E_1 und E_2 ist gleich dem Abstand eines beliebigen Punktes P der einen Ebene E_1 von der anderen Ebene E_2.

$d(E_1; E_2) = d(P; E_2)$

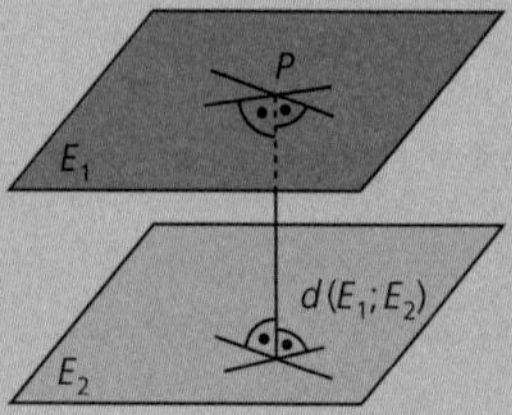

Abstandsberechnungen bei Punkt und Ebene

◆ **Die Gleichung der Ebene ist in Parameterform gegeben.**

BEACHTE Man erhält den Lotfußpunkt F, indem man die Lotgerade h zu E durch P mit der Ebene E zum Schnitt bringt. Ein Richtungsvektor $\vec{n}$ für die Lotgerade ist das Vektorprodukt (▶ S. 136) aus den Richtungsvektoren $\vec{u}$ und $\vec{v}$ der Ebene.
$h: \vec{x} = \vec{p} + \lambda \cdot (\vec{u} \times \vec{v}), \lambda \in \mathbb{R}$.

Ein Richtungsvektor $\vec{n}$ kann auch mit dem Skalarprodukt bestimmt werden: $\vec{n} \circ \vec{u} = 0$ und $\vec{n} \circ \vec{v} = 0$ (▶ S. 142 f.).

AUGEN AUF!
Einfacher ist es meist, die Ebenengleichung in Hessesche Normalenform umzuwandeln (▶ S. 161 f.) und damit den Abstand zu bestimmen.

4

◆ **Die Gleichung der Ebene ist in Hessescher Normalenform gegeben.**
HNF von $E: \vec{n}^0 \circ (\vec{x} - \vec{a}) = 0$ (mit $\vec{n}^0 \circ \vec{a} \geq 0$); $P(p_1|p_2|p_3)$.

$d_P = \vec{n}^0 \circ (\vec{p} - \vec{a}) = n_1^0 \cdot p_1 + n_2^0 \cdot p_2 + n_3^0 \cdot p_3 + n_0^0$
mit $n_0^0 = -n_1^0 \cdot a_1 - n_2^0 \cdot a_2 - n_3^0 \cdot a_3$ heißt ***gerichteter Abstand*** des Punktes P von der Ebene E.

SATZ

Ist $d_P > 0$, liegen P und der Ursprung auf verschiedenen Seiten von E.
Ist $d_P = 0$, liegt P in der Ebene E.
Ist $d_P < 0$, liegen P und der Ursprung auf derselben Seite von E.

BEISPIEL HNF von $E: \frac{1}{3}x_1 - \frac{2}{3}x_2 + \frac{2}{3}x_3 - 3 = 0$; $P(6|3|-3)$.
$d_P = \vec{n}^0 \circ (\vec{p} - \vec{a}) = \vec{n}_1^0 \cdot p_1 + n_2^0 \cdot p_2 + n_3^0 \cdot p_3 + n_0^0 =$
$\frac{1}{3} \cdot 6 - \frac{2}{3} \cdot 3 + \frac{2}{3} \cdot (-3) - 3 = 2 - 2 - 2 - 3 = -5$; $d(P;E) = |d_P| = 5$.
P und der Ursprung liegen auf derselben Seite der Ebene E.

Thema: Spiegelungen

Spiegelung eines Punktes *P* an einer Ebene *E*

Die Normale durch *P* zur Ebene *E* schneidet *E* im Lotfußpunkt *F*. Für den Spiegelpunkt *P'* gilt dann:
$\vec{p'} = \vec{p} + 2\,\overrightarrow{PF}$ oder $\vec{p'} = \vec{p} - 2\,d_p \cdot \vec{n}_0$ (▶ S. 186 f.)

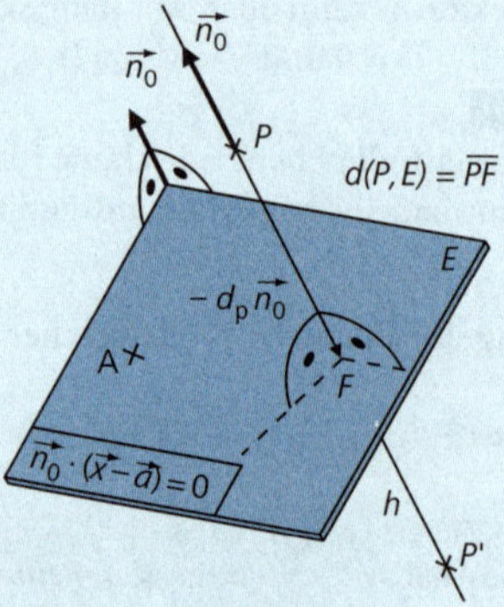

Spiegelung einer Gerade *g* an einer Ebene *E*

Die gespiegelte Gerade erhält man durch Spiegelung zweier Punkte der Geraden *g* an der Ebene *E*.
Ist die Gerade *g* parallel zur Ebene *E*, genügt es einen Punkt der Geraden zu spiegeln, da die Richtung der gespiegelten Gerade gleich der Richtung von *g* ist.

4.5 Kreise und Kugeln

Kreis- und Kugelgleichungen

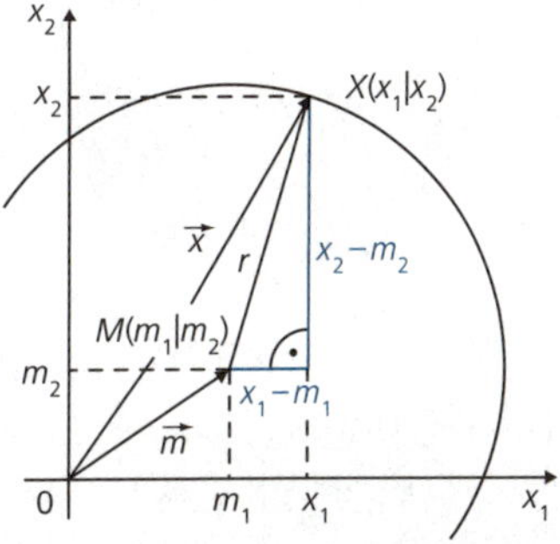

SATZ

Eine Gleichung des Kreises $k(M; r)$ um den Mittelpunkt $M(m_1|m_2)$ mit dem Radius $r \in \mathbb{R}^+$ lautet:

- in Vektorform: $(\vec{x} - \vec{m})^2 = r^2$;
- in Koordinatenform: $(x_1 - m_1)^2 + (x_2 - m_2)^2 = r^2$;
- in Parameterform: $\begin{cases} x_1 = m_1 + r \cdot \cos t \\ x_2 = m_2 + r \cdot \sin t \end{cases}$ $(0 \leq t < 2\pi)$.

BEISPIEL

Kreis um den Mittelpunkt $M(4|-3)$ mit dem Radius 5.

- In Vektorform $\left(\vec{x} - \begin{pmatrix} 4 \\ -3 \end{pmatrix}\right)^2 = 5^2$.
- In Koordinatenform: $(x_1 - 4)^2 + (x_2 + 3)^2 = 5^2$.
- In Parameterform: $\begin{cases} x_1 = 4 + 5 \cdot \cos t \\ x_2 = -3 + 5 \cdot \sin t \end{cases}$ $(0 \leq t < 2\pi)$.

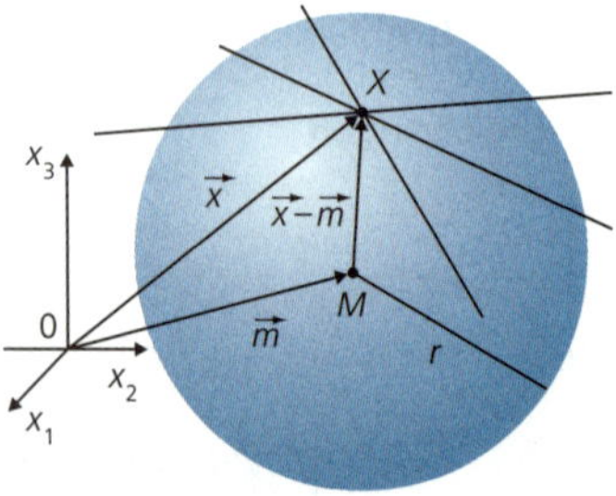

SATZ

Eine Gleichung der Kugel $k(M; r)$ um den Mittelpunkt $M(m_1|m_2|m_3)$ mit dem Radius $r \in \mathbb{R}^+$ lautet:

- in Vektorform: $(\vec{x} - \vec{m})^2 = r^2$
- in Koordinatenform: $(x_1 - m_1)^2 + (x_2 - m_2)^2 + (x_3 - m_3)^2 = r^2$
- in Parameterform: $\begin{cases} x_1 = m_1 + r \cdot \cos u \cdot \cos v \\ x_2 = m_2 + r \cdot \cos u \cdot \sin v \\ x_3 = m_3 + r \cdot \sin u \end{cases} \left(\begin{matrix} -\frac{\pi}{2} \le u \le \frac{\pi}{2} \\ 0 \le v < 2\pi \end{matrix} \right).$

BEISPIEL

Kugel um den Mittelpunkt $M(2|-1|3)$ mit dem Radius 4.

- In Vektorform: $\left(\vec{x} - \begin{pmatrix} 2 \\ -1 \\ 3 \end{pmatrix}\right)^2 = 4^2.$
- In Koordinatenform: $(x_1 - 2)^2 + (x_2 + 1)^2 + (x_3 - 3)^2 = 4^2.$
- In Parameterform: $\begin{cases} x_1 = 2 + 4 \cdot \cos u \cdot \cos v \\ x_2 = -1 + 4 \cdot \cos u \cdot \sin v \\ x_3 = 3 + 4 \cdot \sin u. \end{cases} \left(\begin{matrix} -\frac{\pi}{2} \le u \le \frac{\pi}{2} \\ 0 \le v < 2\pi \end{matrix} \right).$

Thema: Polar- und Kugelkoordinaten

Statt durch kartesische Koordinaten kann die Lage eines Punktes im Koordinatensystem auch durch den Abstand vom Ursprung und durch die Winkel, die sein Ortsvektor mit den Koordinatenachsen bildet, angegeben werden.

> Im $\mathbb{R}^2$ heißen r und φ ***Polarkoordinaten*** des Punktes P.
> $P(r|\varphi)$, $r \in \mathbb{R}_0^+$, und $\varphi \in [0°; 360°[$.

Für die ***kartesischen Koordinaten*** p_1 und p_2 des Punktes P gilt:

$p_1 = r \cdot \cos\varphi$
$p_2 = r \cdot \sin\varphi$

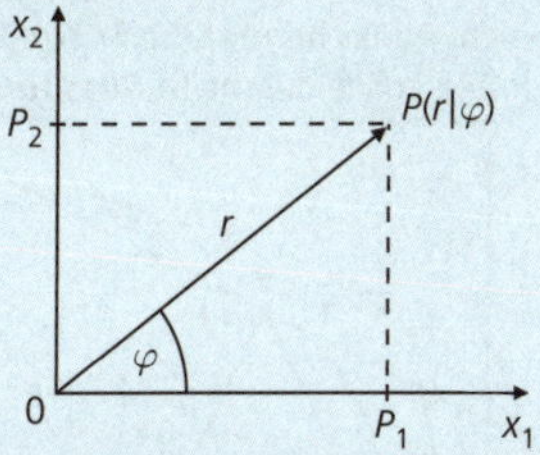

> Im $\mathbb{R}^3$ heißen r, φ und ϑ ***Kugelkoordinaten*** des Punktes P.
> $P(r|\varphi|\vartheta)$, $r \in \mathbb{R}_0^+$, $\varphi \in [0°; 360°[$ und $\vartheta \in [-90°; 90°]$.

Für die ***kartesischen Koordinaten*** p_1, p_2, p_3 des Punktes P gilt:

$p_1 = r \cdot \cos\vartheta \cdot \cos\varphi$
$p_2 = r \cdot \cos\vartheta \cdot \sin\varphi$
$p_3 = r \cdot \sin\vartheta$

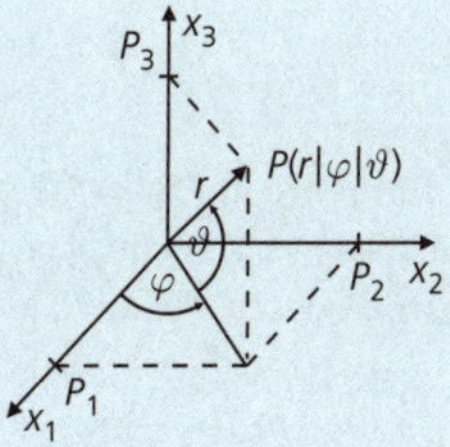

Thema: Lagebeziehungen von Kreis und Kugel

SATZ

Ein Punkt P kann bezüglich eines Kreises im $\mathbb{R}^2$ bzw. einer Kugel im $\mathbb{R}^3$ mit dem Mittelpunkt M und dem Radius r

- außerhalb von $k(M; r)$ liegen $\left(\Leftrightarrow (\vec{p} - \vec{m})^2 - r^2 > 0\right)$,
- auf $k(M; r)$ liegen $\left(\Leftrightarrow (\vec{p} - \vec{m})^2 - r^2 = 0\right)$,
- innerhalb von $k(M; r)$ liegen $\left(\Leftrightarrow (\vec{p} - \vec{m})^2 - r^2 < 0\right)$.

Eine Gerade, die einen Kreis im $\mathbb{R}^2$ bzw. eine Kugel im $\mathbb{R}^3$

- in genau zwei Punkten schneidet, heißt ***Sekante.***
- in genau einem Punkt berührt, heißt ***Tangente.***
- in keinem Punkt schneidet, heißt ***Passante.***

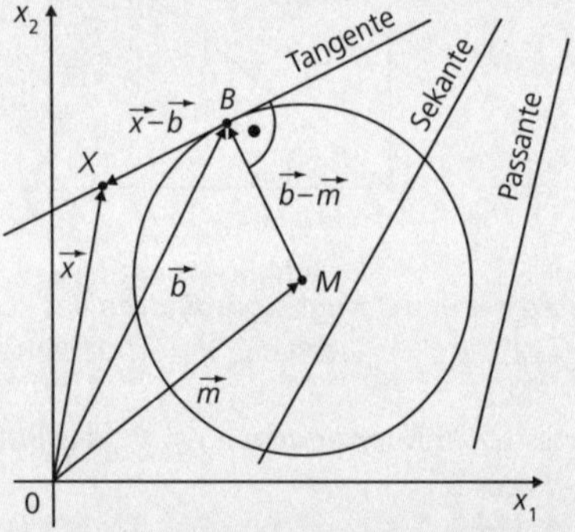

SATZ

Gleichungen der ***Tangente*** im Punkt $B(b_1|b_2)$ an den Kreis $k(M; r)$ um den Mittelpunkt $M(m_1|m_2)$ mit dem Radius r sind:

$(\vec{b} - \vec{m}) \circ (\vec{x} - \vec{b}) = 0$ oder $(\vec{b} - \vec{m}) \circ (\vec{x} - \vec{m}) = r^2$,

$(b_1 - m_1)(x_1 - b_1) + (b_2 - m_2)(x_2 - b_2) = 0$ oder

$(b_1 - m_1)(x_1 - m_1) + (b_2 - m_2)(x_2 - m_2) = r^2$.

SATZ

Eine Ebene E kann eine Kugel $k(M; r)$ im $\mathbb{R}^3$
- in keinem Punkt schneiden ($d(M; E) > r$),
- in genau einem Punkt berühren ($d(M; E) = r$), die Ebene heißt dann ***Tangentialebene*** an die Kugel,
- in genau einer Kreislinie schneiden ($d(M; E) < r$).

Der Mittelpunkt M' des Schnittkreises ist der Lotfußpunkt des Lotes von M auf E, und für den Radius r' des Schnittkreises gilt: $r' = \sqrt{r^2 - d(M; E)^2}$.

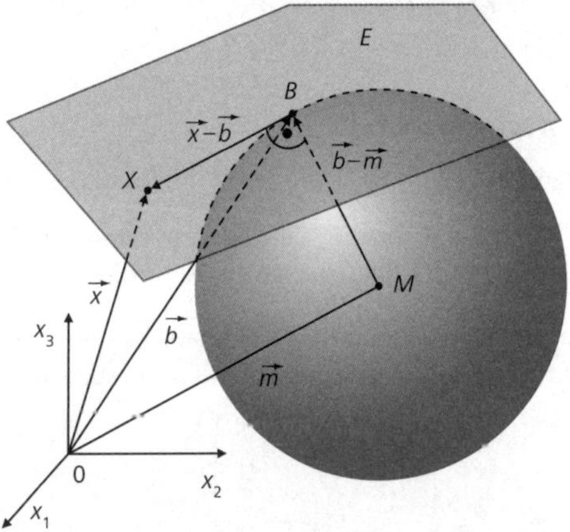

SATZ

Gleichungen der ***Tangentialebene*** im Punkt $B(b_1|b_2|b_3)$ an die Kugel $k(M; r)$ um den Mittelpunkt $M(m_1|m_2|m_3)$ mit dem Radius r sind in Vektorform:

$(\vec{b}-\vec{m}) \circ (\vec{x}-\vec{b}) = 0$ oder $(\vec{b}-\vec{m}) \circ (\vec{x}-\vec{m}) = r^2$

bzw.

$(b_1 - m_1)(x_1 - b_1) + (b_2 - m_2)(x_2 - b_2) + (b_3 - m_3)(x_3 - b_3) = 0$

$(b_1 - m_1)(x_1 - m_1) + (b_2 - m_2)(x_2 - m_2) + (b_3 - m_3)(x_3 - m_3) = r^2.$

4.6 Matrizen

Rechnen mit Matrizen

Eine (m, n)-Matrix $\begin{pmatrix} a_{11} & a_{12} & a_{13} & \cdots & a_{1n} \\ a_{21} & a_{22} & a_{23} & \cdots & a_{2n} \\ \vdots & \vdots & \vdots & \vdots & \vdots \\ a_{m1} & a_{m2} & a_{m3} & \cdots & a_{mn} \end{pmatrix}$ besteht

aus m ***Zeilenvektoren*** $(a_{11} \; a_{12} \; a_{13} \; \cdots \; a_{1n})$, $(a_{21} \; a_{22} \; a_{23} \; \cdots \; a_{2n})$, $\vdots$ $(a_{m1} \; a_{m2} \; a_{m3} \; \cdots \; a_{mn})$

bzw. n ***Spaltenvektoren*** $\begin{pmatrix} a_{11} \\ a_{21} \\ \vdots \\ a_{m1} \end{pmatrix}, \begin{pmatrix} a_{12} \\ a_{22} \\ \vdots \\ a_{m2} \end{pmatrix}, \ldots, \begin{pmatrix} a_{1n} \\ a_{2n} \\ \vdots \\ a_{mn} \end{pmatrix}$.

Die Vektoren des $\mathbb{R}^2$ bzw. $\mathbb{R}^3$ sind Spaltenvektoren und können als (2, 1)- bzw. (3, 1)-Matrizen aufgefasst werden.

Man addiert bzw. subtrahiert zwei (m, n)-Matrizen, indem man die Elemente mit gleichen Indizes addiert bzw. subtrahiert.

$$\begin{pmatrix} a_{11} & a_{12} & \cdots & a_{1n} \\ a_{21} & a_{22} & \cdots & a_{2n} \\ \vdots & \vdots & \vdots & \vdots \\ a_{m1} & a_{m2} & \cdots & a_{mn} \end{pmatrix} \pm \begin{pmatrix} b_{11} & b_{12} & \cdots & b_{1n} \\ b_{21} & b_{22} & \cdots & b_{2n} \\ \vdots & \vdots & \vdots & \vdots \\ b_{m1} & b_{m2} & \cdots & b_{mn} \end{pmatrix} =$$

$$\begin{pmatrix} a_{11} \pm b_{11} & a_{12} \pm b_{12} & \cdots & a_{1n} \pm b_{1n} \\ a_{21} \pm b_{21} & a_{22} \pm b_{22} & \cdots & a_{2n} \pm b_{2n} \\ \vdots & \vdots & \vdots & \vdots \\ a_{m1} \pm b_{m1} & a_{m2} \pm b_{m2} & \cdots & a_{mn} \pm b_{mn} \end{pmatrix}$$

Für die Matrizenaddition gelten das Kommutativgesetz und das Assoziativgesetz.

Man multipliziert eine (m, n)-Matrix mit einer reellen Zahl r, indem man jedes Element mit der reellen Zahl multipliziert.

$$r\begin{pmatrix} a_{11} & a_{12} & \cdots & a_{1n} \\ a_{21} & a_{22} & \cdots & a_{2n} \\ \vdots & \vdots & \vdots & \vdots \\ a_{m1} & a_{m2} & \cdots & a_{mn} \end{pmatrix} = \begin{pmatrix} ra_{11} & ra_{12} & \cdots & ra_{1n} \\ ra_{21} & ra_{22} & \cdots & ra_{2n} \\ \vdots & \vdots & \vdots & \vdots \\ ra_{m1} & ra_{m2} & \cdots & ra_{mn} \end{pmatrix}$$

Für die Multiplikation einer Matix mit einer reellen Zahl gilt das Distributivgesetz.

Man multipliziert eine (m, n)-Matrix von m Zeilen und n Spalten mit einer (n, p)-Matrix von n Zeilen und p Spalten, indem man jeden Zeilenvektor der ersten Matrix mit jedem Spaltenvektor der zweiten Matrix skalar multipliziert. Man erhält als Ergebnis eine (m, p)-Matrix.

$$\begin{pmatrix} a_{11} & a_{12} & a_{13} & \cdots & a_{1n} \\ a_{21} & a_{22} & a_{23} & \cdots & a_{2n} \\ \vdots & \vdots & \vdots & \vdots & \vdots \\ a_{m1} & a_{m2} & a_{m3} & \cdots & a_{mn} \end{pmatrix} \begin{pmatrix} b_{11} & \cdots & b_{1p} \\ b_{21} & \cdots & b_{2p} \\ b_{31} & \cdots & b_{3p} \\ \vdots & \vdots & \vdots \\ b_{n1} & \cdots & b_{np} \end{pmatrix} = \begin{pmatrix} \sum_{j=1}^{n} a_{1j} b_{j1} & \cdots & \sum_{j=1}^{n} a_{1j} b_{jp} \\ \sum_{j=1}^{n} a_{2j} b_{j1} & \cdots & \sum_{j=1}^{n} a_{2j} b_{jp} \\ \vdots & \cdots & \vdots \\ \sum_{j=1}^{n} a_{mj} b_{j1} & \cdots & \sum_{j=1}^{n} a_{mj} b_{jp} \end{pmatrix}$$

Die Matrizenmultiplikation ist nicht kommutativ.

BEISPIEL

$$\begin{pmatrix} 2 & -1 \\ -0{,}5 & 1 \end{pmatrix} \begin{pmatrix} 5 \\ -4 \end{pmatrix} = \begin{pmatrix} 2 \cdot 5 + (-1) \cdot (-4) \\ -0{,}5 \cdot 5 + 1 \cdot (-4) \end{pmatrix} = \begin{pmatrix} 14 \\ -6{,}5 \end{pmatrix}$$

Eine (n, n)-Matrix kann potenziert werden.

BEISPIEL

$$\begin{pmatrix} 2 & -1 \\ 0 & 1 \end{pmatrix} \begin{pmatrix} 2 & -1 \\ 0 & 1 \end{pmatrix} = \begin{pmatrix} 2 \cdot 2 + (-1) \cdot 0 & 2 \cdot (-1) + (-1) \cdot 1 \\ 0 \cdot 2 + 1 \cdot 0 & 0 \cdot (-1) + 1 \cdot 1 \end{pmatrix} = \begin{pmatrix} 4 & -3 \\ 0 & 1 \end{pmatrix}$$

Thema: Abbildungsmatrizen

Affine Abbildungen (Verschiebungen, Drehungen, Spiegelungen, zentrische Streckungen und Scherungen) sind durch eine Abbildungsgleichung gekennzeichnet, die einem Punkt X mit dem Ortsvektor $\vec{x}$ einen Bildpunkt X' mit dem Ortsvektor $\vec{x}\,'$ zuordnet: $\vec{x}\,' = A \cdot \vec{x} + \vec{v}$

> $A = \begin{pmatrix} a & c \\ b & d \end{pmatrix}$ heißt ***Abbildungsmatrix*** und $\vec{v} = \begin{pmatrix} e \\ f \end{pmatrix}$ heißt ***Verschiebungsvektor.***

Abbildung		Matrix
Spiegelung an der Geraden mit der Gleichung $y = m \cdot x$ mit $m = \tan \varphi$.	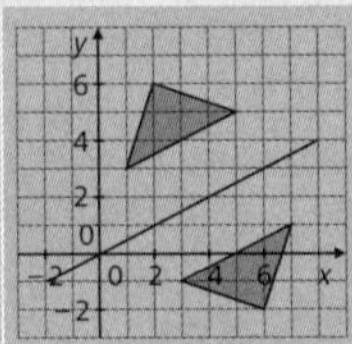	$A = \begin{pmatrix} \cos 2\varphi & \sin 2\varphi \\ \sin 2\varphi & -\cos 2\varphi \end{pmatrix}$
Drehung um den Ursprung mit Drehwinkel φ.	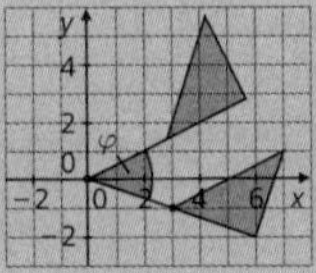	$A = \begin{pmatrix} \cos \varphi & -\sin \varphi \\ \sin \varphi & \cos \varphi \end{pmatrix}$
Zentrische Streckung mit dem Ursprung als Zentrum und dem Faktor $k\,(k \neq 0)$.	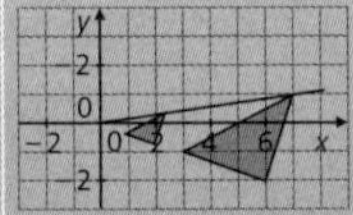	$A = \begin{pmatrix} k & 0 \\ 0 & k \end{pmatrix}$
Scherung mit dem Scherungswinkel φ und der x-Achse als Scherungsachse.	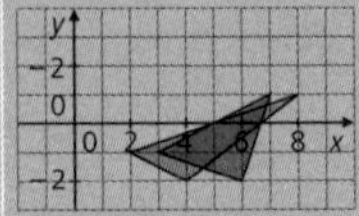	$A = \begin{pmatrix} 1 & \tan \varphi \\ 0 & 1 \end{pmatrix}$

Thema: Übergangsmatrizen

> Die Menge von Größen, die sich gegenseitig beeinflussen, heißt ***System***. Die momentane Situation eines Systems wird mit einem ***Zustandsvektor*** beschrieben.

BEISPIEL

Jährliche Bevölkerungsentwicklung eines Landes aufgespaltet nach Kindern (unter 18 Jahren), Frauen und Männern.

Der Zustandsvektor $\overrightarrow{v_k} = \begin{pmatrix} K_k \\ F_k \\ M_k \end{pmatrix}$ gibt die Anzahl der Kinder, Frauen und Männer im k-ten Jahr an. Die Veränderungen (Übergänge) im Zeitraum eines Jahres (Kinder werden erwachsen, Frauen bekommen Kinder, Sterbefälle treten auf) können in einem Pfeildiagramm veranschaulicht werden:

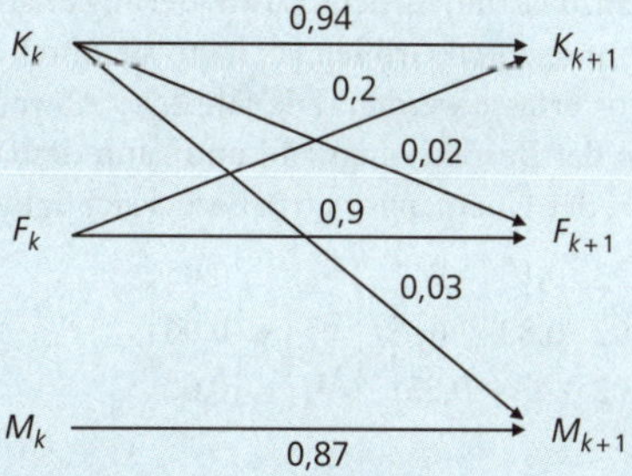

Lässt sich die gegenseitige Beeinflussung der Größen eines Systems durch ein lineares Gleichungssystem beschreiben, so können die gegenseitigen Abhängigkeiten in einer ***Übergangsmatrix*** zusammengefasst werden.

BEISPIEL (Fortsetzung)

$0{,}94\,K_k + 0{,}2\,F_k + \quad 0M_k = K_{k+1}$
$0{,}02\,K_k + 0{,}9\,F_k + \quad 0M_k = F_{k+1}$
$0{,}03\,K_k + \quad 0\,F_k + 0{,}87M_k = M_{k+1}$

Unter Verwendung der Matrixschreibweise:

$$\begin{pmatrix} K_{k+1} \\ F_{k+1} \\ M_{k+1} \end{pmatrix} = \begin{pmatrix} 0{,}94 & 0{,}2 & 0 \\ 0{,}02 & 0{,}9 & 0 \\ 0{,}03 & 0 & 0{,}87 \end{pmatrix} \begin{pmatrix} K_k \\ F_k \\ M_k \end{pmatrix}$$

$A = \begin{pmatrix} 0{,}94 & 0{,}2 & 0 \\ 0{,}02 & 0{,}9 & 0 \\ 0{,}03 & 0 & 0{,}87 \end{pmatrix}$ ist dann die Übergangsmatrix.

Ein System heißt ***geschlossen,*** wenn keine äußeren Einflüsse auftreten, andernfalls heißt es ***offen***.

Konstante äußere Einflüsse werden durch die Addition eines festen Vektors berücksichtigt.

BEISPIEL (Fortsetzung)

Nimmt man an, dass die jährliche Zuwanderung unabhängig von den systemimmanenten Größen ist, kann sie durch einen konstanten Vektor erfasst werden. Die jährliche Abwanderung ist abhängig von der Bevölkerungszahl und kann deshalb (wie die Sterbefälle) in der Übergangsmatrix berücksichtigt werden.

$$\begin{pmatrix} K_{k+1} \\ F_{k+1} \\ M_{k+1} \end{pmatrix} = \begin{pmatrix} 0{,}93 & 0{,}19 & 0 \\ 0{,}02 & 0{,}88 & 0 \\ 0{,}02 & 0 & 0{,}83 \end{pmatrix} \begin{pmatrix} K_k \\ F_k \\ M_k \end{pmatrix} + \begin{pmatrix} 0{,}05 \\ 0{,}06 \\ 0{,}08 \end{pmatrix}$$

Sind Zustandsvektor $\vec{v_k}$, Übergangsmatrix A und konstanter Vektor $\vec{c}$ gegeben, so gilt für den neuen Zustandsvektor $\vec{v}_{k+1}$:
$\vec{v}_{k+1} = A \cdot \vec{v_k} + \vec{c}$

Wahrscheinlichkeitsrechnung und Statistik 5

5.1 Beschreibende Statistik

Merkmale und Skalen

Es ist Aufgabe der beschreibenden Statistik, gewonnene Daten aufzubereiten. Bei ***statistischen Erhebungen*** werden an einer Auswahl (***Stichprobe*** ▶ S. 235) von ***Merkmalsträgern*** aus einer ***Grundgesamtheit*** die interessierenden ***Merkmale*** in bestimmten ***Merkmalsausprägungen*** gewonnen. Aus den Daten der Erhebung wird dann auf die Merkmalsausprägungen in der Grundgesamtheit geschlossen.

BEISPIELE

Merkmalsträger	Merkmal	Merkmalsausprägungen
Menschen	Familienstand	led., verh., verw., gesch.
Menschen	Geburtsmonat	Jan., Feb., …, Dez.
Menschen	Körpergröße	Körpergröße in cm
Münze	Seite	Zahl, Kopf
Würfel	Augenzahl	1, 2, 3, 4, 5, 6

Die Menge der Merkmalsausprägungen wird mit S bezeichnet, ihre Elemente werden mit $a_1, a_2, \ldots, a_k$ bezeichnet.
$S = \{a_1, a_2, \ldots, a_k\}; k \in \mathbb{N}$

Die Merkmalsausprägungen werden mit verschiedenen ***Skalen*** gemessen:

Nominalskala: Die Merkmalsausprägungen dienen nur der Klassifizierung.

BEISPIEL

- Familienstand (led., verh., verw., gesch.)
- Geschlecht (w, m)

Ordinalskala oder ***Rangskala***: Die Merkmalsausprägungen bringen zusätzlich eine Rangfolge zum Ausdruck.

BEISPIEL Einlauf bei Rennen (1. Sieger, 2. Sieger, …)

Intervallskala: Zusätzlich haben aufeinanderfolgende Skalenwerte gleiche Abstände.

BEISPIELE

- Intelligenzquotient
- Noten (bei Gleichverteilung der Punkte)

Verhältnisskala oder ***absolute Skala***: Zusätzlich stehen die Merkmalsausprägungen in Bezug zum Skalennullpunkt.

BEISPIELE

- Körpergröße (in cm)
- Gewicht (in kg)

Aufbereitung von Stichprobenwerten

> Werden die Daten (***Stichprobenwerte*** $x_1, \ldots, x_n$) so notiert, wie sie sich bei der statistischen Erhebung nacheinander ergeben, so nennt man das Ergebnis eine ***Urliste***.

BEISPIEL Alter der Schüler eines Kurses:

Urliste: 17, 17, 19, 18, 17, 18, 19, 18, 18, 17,
20, 18, 17, 19, 17, 16, 19, 18, 18, 18.

Menge der Merkmalsausprägungen: $S = \{16, 17, 18, 19, 20\}$.

Die 20 Stichprobenwerte haben 5 Merkmalsausprägungen.

Die einfachste Aufbereitung der durch die Urliste gegebenen Stichprobenwerte ist die ***Strichliste***.

Kommt eine Merkmalsausprägung a_i in der Urliste mit n Stichprobenwerten n_i-mal vor, so heißt n_i die ***absolute Häufigkeit*** und $h(a_i) = n_i : n$ ***relative Häufigkeit*** von a_i in der Urliste.
Bei Merkmalsausprägungen $a_1, \ldots, a_k$, die mit mindestens einer Ordinalskala gemessen werden, heißt die Summe der Häufigkeiten n_i bzw. $h(a_i)$ ***Summenhäufigkeit*** oder ***kumulative Häufigkeit.***

In ***Häufigkeitstabellen*** werden den Merkmalsausprägungen ihre Häufigkeiten zugeordnet.

BEISPIEL Altersverteilung des Kurses:

a_i	Strichliste	n_i	$h(a_i)$	Summenhäufigkeiten
16	I	1	5 %	1 ≙ 5 %
17	IIIIII	6	30 %	7 ≙ 35 %
18	IIIIIIII	8	40 %	15 ≙ 75 %
19	IIII	4	20 %	19 ≙ 95 %
20	I	1	5 %	20 ≙ 100 %

5

Werden in der Urliste verschiedene Merkmalsausprägungen zu einer Ausprägung zusammengefasst, so spricht man von einer ***Kategorisierung*** der Stichprobenwerte. (▸ S. 207)

BEISPIELE Altersverteilung des Kurses

Kategorie	Häufigkeit	relative Häufigkeit
nicht volljährig	7	35 %
volljährig	13	65 %

Die Zuordnung von Notenpunkten (0, …, 15) zu Schulnoten (1, …, 6) ist auch eine Kategorisierung.

Grafische Darstellungen

> Eine Zuordnung, die jeder Merkmalsausprägung die (absolute oder relative) Häufigkeit zuordnet, heißt ***Häufigkeitsverteilung*** des Merkmals.

Zur grafischen Darstellung von Häufigkeitsverteilungen verwendet man Stab-, Säulen- oder Kreisdiagramme.

> Eine Darstellung mit der Zahlengeraden als Achse, bei der die Häufigkeit als Flächeninhalt eines Rechtecks veranschaulicht wird, heißt ***Histogramm.***

BEISPIELE Altersverteilung des Kurses
Verbindet man die Mitten benachbarter oberer Rechtecksseiten geradlinig, so entsteht ein ***Häufigkeitspolygon***.

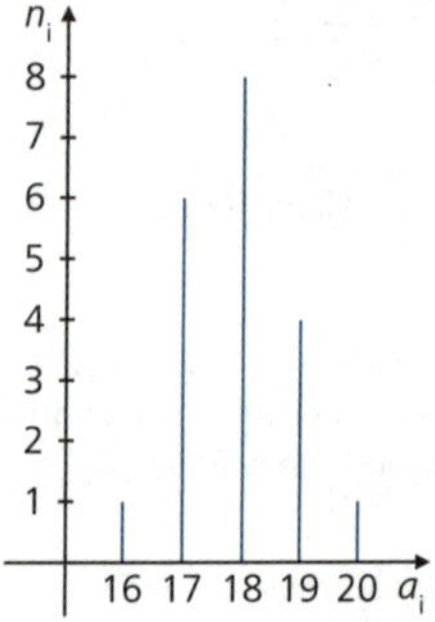

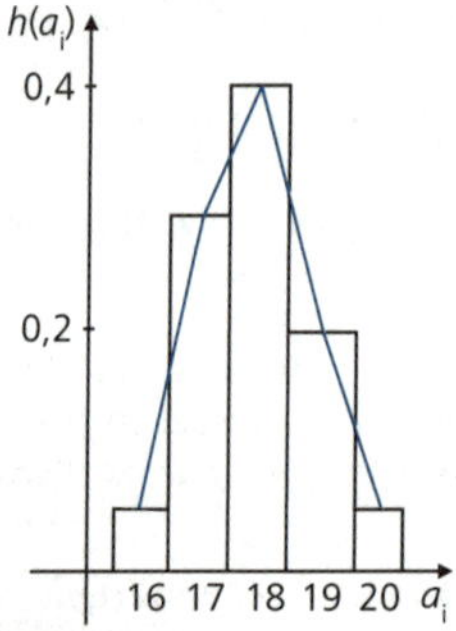

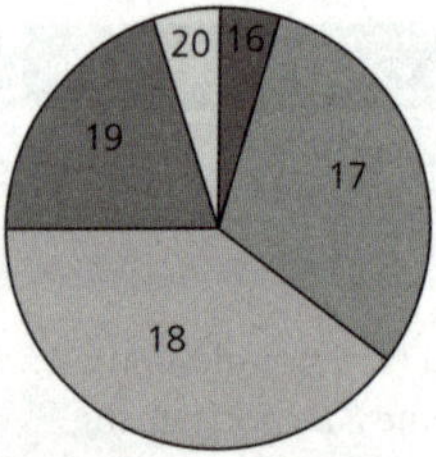

Die Summenhäufigkeiten lassen sich durch die ***Summenkurve*** veranschaulichen (▶ S. 225).

Lage- und Streuungsmaße

Während Tabellen und grafische Darstellungen über die gesamte Verteilung eines Merkmals informieren, haben die statistischen Maßzahlen die Funktion, über Lage und Streuung der Stichprobenwerte Auskunft zu geben.

> Bei Stichprobenwerten einer Rangskala kann als Lagemaß der ***Zentralwert (Median)*** $\tilde{x}$ (lies: „*x* Schlange") verwendet werden. Zu seiner Bestimmung werden die Stichprobenwerte der Urliste ihrer Rangfolge nach geordnet. Der Stichprobenwert in der Mitte ist der Median.

BEISPIEL Noten eines Kurses

Urliste: 3, 4, 1, 6, 2, 4, 2, 3, 1, 5, 2, 4, 3, 3, 4, 2, 4, 1, 6, 4.

Geordnet: 1, 1, 1, 2, 2, 2, 2, 3, 3, **3**, **3**, 4, 4, 4, 4, 4, 4, 5, 6, 6.

Da die Anzahl der Stichprobenwerte gerade ist, gibt es zwei Werte in der Mitte: $\tilde{x} = 3$.

Im Folgenden wird Intervallskalenniveau vorausgesetzt.

> Das ***arithmetische Mittel (Durchschnitt*** oder ***Mittelwert)*** der Stichprobenwerte $x_1, \ldots, x_n$ ist die Zahl
>
> $\overline{x} = \frac{1}{n} \sum_{i=1}^{n} x_i = \frac{1}{n}(x_1 + \ldots + x_n)$. (lies: „*x* quer")

SATZ

Kommen unter den Stichprobenwerten $x_1, \ldots, x_n$ die Merkmalsausprägungen $a_1, \ldots, a_k$ mit den absoluten Häufigkeiten $n_1, \ldots, n_k$ und relativen Häufigkeit $h(a_1), \ldots, h(a_k)$ vor, so ist

$$\overline{x} = \frac{1}{n} \sum_{i=1}^{k} a_i \cdot n_i = \frac{1}{n}(a_1 \cdot n_1 + \ldots + a_k \cdot n_k) \text{ bzw.}$$

$$\overline{x} = \sum_{i=1}^{k} a_i \cdot h(a_i) = (a_1 \cdot h(a_1) + \ldots + a_k \cdot h(a_k)).$$

Sind $x_1, \ldots, x_n$ Stichprobenwerte mit dem arithmetischen Mittel $\overline{x}$, so heißt die Zahl

$$s^2 = \frac{1}{n} \sum_{i=1}^{n} (x_i - \overline{x})^2 = \frac{1}{n} [(x_1 - \overline{x})^2 + \ldots + (x_n - \overline{x})^2]$$

Varianz oder ***Streuung*** von $x_1, \ldots, x_n$ (▸ S. 226 und ▸ S. 236).

Die Quadratwurzel der Varianz heißt ***Standardabweichung*** *s*.

SATZ

Kommen unter den Stichprobenwerten $x_1, \ldots, x_n$ die Merkmalsausprägungen $a_1, \ldots, a_k$ mit den absoluten Häufigkeiten $n_1, \ldots, n_k$ und relativen Häufigkeit $h(a_1), \ldots, h(a_k)$ vor, so ist

$$s^2 = \frac{1}{n} \sum_{i=1}^{k} (a_i - \overline{x})^2 \cdot n_i = \frac{1}{n} [(a_1 - \overline{x})^2 \cdot n_1 + \ldots + (a_k - \overline{x})^2 \cdot n_k]$$

$$s^2 = \sum_{i=1}^{k} (a_i - \overline{x})^2 \cdot h(a_i) = (a_1 - \overline{x})^2 \cdot h(a_1) + \ldots + (a_k - \overline{x})^2 \cdot h(a_k).$$

BEISPIEL Notenverteilung des Beispiels von ▸ S. 203

$$\overline{x} = \frac{1}{20} \cdot (3 \cdot 1 + 4 \cdot 2 + 4 \cdot 3 + 6 \cdot 4 + 1 \cdot 5 + 2 \cdot 6) = 3{,}2$$

$$s^2 = \frac{1}{20} \cdot [(1 - 3{,}2)^2 \cdot 3 + (2 - 3{,}2)^2 \cdot 4 + (3 - 3{,}2)^2 \cdot 4$$
$$+ (4 - 3{,}2)^2 \cdot 6 + (5 - 3{,}2)^2 \cdot 1 + (6 - 3{,}2)^2 \cdot 2] = 2{,}16$$

$$s = \sqrt{s^2} = \sqrt{2{,}16} \approx 1{,}5$$

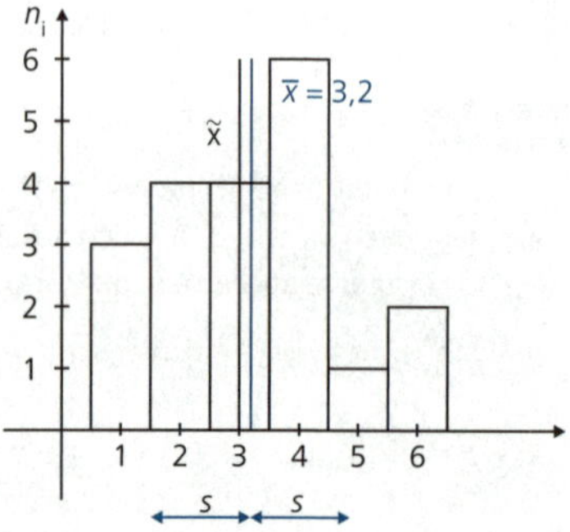

5.2 Wahrscheinlichkeit

Zufallsexperimente

Vorgänge, die unter stets gleichen Bedingungen beliebig oft wiederholbar sind und deren Ergebnisse nicht voraussagbar sind, heißen ***Zufallsexperimente.*** Die einmalige Ausführung eines Zufallsexperiments nennt man einen ***Versuch***. Jedem Versuchsausgang lässt sich ein ***Ergebnis*** ω (Merkmalsausprägung ▸ S. 199) zuordnen.
Die Menge aller Ergebnisse $\Omega = \{\omega_1, \omega_2, \ldots, \omega_n\}$, $n \in \mathbb{N}$, heißt **Ergebnisraum** eines Zufallsexperiments. $|\Omega|$ ist die Anzahl der Elemente von Ω.

BEISPIELE

◆ Werfen eines Würfels und Feststellung der Augenzahl:
$\Omega_1 = \{1, 2, 3, 4, 5, 6\}$; $|\Omega_1| = 6$.

◆ Werfen eines Würfels und Feststellung, ob 6 oder „Nicht-6" vorliegt:
$\Omega_2 = \{6, \overline{6}\}$; $|\Omega_2| = 2$.
(Die Negation wird durch Überstreichen gekennzeichnet.)
$\Omega_1 = \{1, 2, 3, 4, 5, 6\}$ ist eine ***Verfeinerung*** von $\Omega_2 = \{6, \overline{6}\}$, und umgekehrt ist Ω_2 eine ***Vergröberung*** von Ω_1.

◆ Werfen zweier Würfel und Ermitteln der Augensumme:
$\Omega = \{2, 3, 4, \ldots, 12\}$; $|\Omega| = 11$.

◆ Roulett (▸ S. 209 f.): $\Omega_1 = \{0, 1, 2, \ldots, 36\}$; $|\Omega_1| = 37$,
$\Omega_2 = \{\text{gerade, ungerade}, 0\}$; $|\Omega_2| = 3$,
$\Omega_3 = \{\text{rot, schwarz}, 0\}$; $|\Omega_3| = 3$,
$\{0, 1, 2, \ldots, 36, \text{gerade, ungerade}\}$ ist **kein** Ergebnisraum.

Setzt sich ein Zufallsexperiment aus mehreren einfachen Zufallsexperimenten zusammen, die in einer bestimmten Reihenfolge ablaufen, so heißt es ***mehrstufiges Zufallsexperiment.***
Zur Darstellung verwendet man häufig ***Baumdiagramme.*** Der Weg vom Start bis zu einem Endpunkt im Baumdiagramm heißt ***Pfad.***

BEISPIELE

◆ **Ziehen aus einer Urne mit Zurücklegen**

Aus einer Urne mit 8 Kugeln, die sich nur in der Farbe unterscheiden (1 blaue, 3 rote, 4 schwarze), werden nacheinander zwei Kugeln gezogen. Jede Kugel wird nach dem Ziehen und Notieren der Farbe (*b*, *r*, *s*) als Teilergebnis in die Urne zurückgelegt und unter die anderen Kugeln gemischt. Damit ist der Inhalt der Urne bei jeder Ziehung gleich.

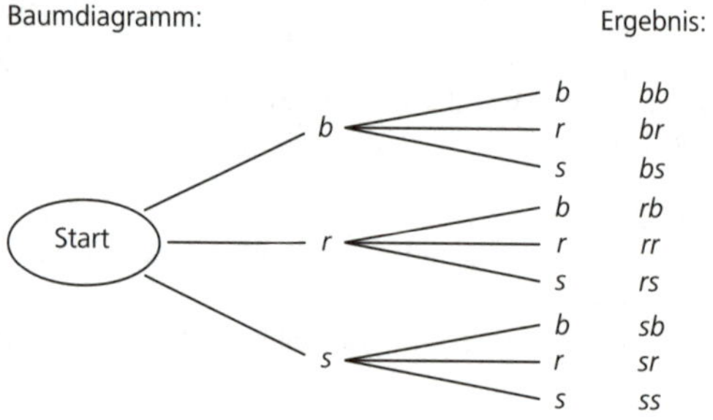

Ergebnisraum $\Omega_1 = \{bb, br, bs, rb, rr, rs, sb, sr, ss\}$.

AUGEN AUF! Ohne Berücksichtigung der Reihenfolge erhält man als Vergröberung von Ω_1: $\Omega_2 = \{bb, br, bs, rr, rs, ss\}$.

◆ **Ziehen aus einer Urne ohne Zurücklegen**

Aus einer Urne mit 8 Kugeln, die sich nur in der Farbe unterscheiden (1 blaue, 3 rote, 4 schwarze), werden nacheinander zwei Kugeln gezogen und die Farbe (*b*, *r*, *s*) wird notiert (Baumdiagramm ▶ S. 217).
Ergebnisraum $\Omega_1 = \{br, bs, rb, rr, rs, sb, sr, ss\}$.

AUGEN AUF! Ohne Berücksichtigung der Reihenfolge oder beim gleichzeitigen Ziehen erhält man als Vergröberung von Ω_1: $\Omega_2 = \{br, bs, rr, rs, ss\}$.

SATZ

Bei einem n-stufigen Zufallsexperiment stellt jedes Ergebnis genau einen ***Pfad*** durch das Baumdiagramm vom Start bis zu einem Endpunkt dar und besteht aus den n Einzelergebnissen der n Teilexperimente. Man schreibt deshalb die Ergebnisse eines n-stufigen Zufallsexperiments als n-Tupel $(a_1; a_2; \ldots; a_n)$ oder kurz $a_1a_2 \ldots a_n$, wobei a_i $(i \in \{1, 2, \ldots, n\})$ ein Ergebnis des i-ten Teilexperiments ist. Der Ergebnisraum Ω ist dann die Menge aller dieser n-Tupel.

BEISPIEL Dreimaliges Werfen einer Münze (▸ S. 224):
$\Omega_1 = \{KKK, KKZ, KZK, ZKK, KZZ, ZKZ, ZZK, ZZZ\}$.

Ereignisse

Beim Roulett (▸ S. 209 f.) werden die Gewinnmöglichkeiten für die verschiedenen Setzmöglichkeiten durch Teilmengen des Ergebnisraums $\Omega = \{0, 1, 2, \ldots 35, 36\}$ dargestellt, z. B. durch A = „Eine Zahl aus dem 2. Dutzend" = $\{13, 14, \ldots, 23, 24\}$. Liegt das Spielergebnis ω in der Menge A, so sagt man, das Ereignis A ist eingetreten.

Jede Teilmenge A des Ergebnisraums Ω eines Zufallsexperiments heißt ***Ereignis*** (Kategorisierung, ▸ S. 201). Das Ereignis A tritt genau dann ein, wenn ein Versuchsergebnis ω auftritt, das in A enthalten ist. Die Menge aller Ereignisse heißt ***Ereignisraum*** $\mathcal{P}(\Omega)$.

Der Ereignisraum $\mathcal{P}(\Omega)$ besteht aus 2^n Elementen, wenn der Ergebnisraum Ω n Elemente besitzt: $|\Omega| = n \Rightarrow |\mathcal{P}(\Omega)| = 2^n$.

Die leere Menge { } heißt ***unmögliches Ereignis,*** eine einelementige Menge $\{\omega\}$ nennt man ***Elementarereignis*** und der ganze Ergebnisraum Ω heißt ***sicheres Ereignis.***
$\overline{A}$ heißt ***Gegenereignis*** zum Ereignis A.

BEISPIELE

- Werfen einer Münze: $\Omega = \{K, Z\}$; $|\Omega| = 2$

$\mathcal{P}(\Omega) = \{\{\,\}, \{K\}, \{Z\}, \Omega\}$; $|\mathcal{P}(\Omega)| = 2^2 = 4$

- Werfen eines Würfels: $\Omega = \{1, 2, 3, 4, 5, 6\}$; $|\Omega| = 6$

A = „Sechs“	$A = \{6\}$
$\overline{A}$ = „Nicht-6“	$\overline{A} = \{1, 2, 3, 4, 5\}$
B = „Gerade Augenzahl“	$B = \{2, 4, 6\}$
C = „Augenzahl 4“	$C = \{4\}$

$|\mathcal{P}(\Omega)| = 2^6 = 64$ (Deshalb wird $\mathcal{P}(\Omega)$ nicht ausgeschrieben.)

Verknüpfung von Ereignissen

Sprechweisen	Mengen	Diagramm
Nicht das Ereignis A, Gegenereignis zu A	$\overline{A}$	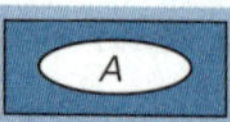
Ereignis A oder Ereignis B, mindestens eines der beiden Ereignisse	$A \cup B$	Lorem ipsum 
Ereignis A und Ereignis B, beide Ereignisse	$A \cap B$	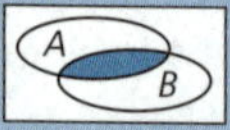
Weder A noch B, keines der beiden Ereignisse	$\overline{A} \cap \overline{B} = \overline{A \cup B}$	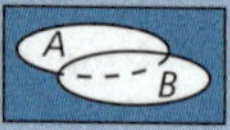
Nicht beide Ereignisse, höchstens eines der beiden Ereignisse	$\overline{A} \cup \overline{B} = \overline{A \cap B}$	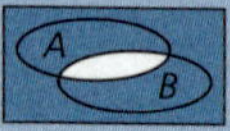
Entweder A oder B, genau eines von beiden Ereignissen	$(\overline{A} \cap B) \cup (A \cap \overline{B}) = (A \cup B) \setminus (A \cap B)$	

Rechengesetze: Für $A, B, C \in \mathcal{P}(\Omega)$ gilt:

- $A \cap B = B \cap A$; $A \cup B = B \cup A$; Kommutativgesetze
- $(A \cap B) \cap C = A \cap (B \cap C)$; $(A \cup B) \cup C = A \cup (B \cup C)$; Assoziativgesetze
- $A \cap (B \cup C) = (A \cap B) \cup (A \cap C)$; $A \cup (B \cap C) = (A \cup B) \cap (A \cup C)$; Distributivgesetze
- $A \cup \{\,\} = A$; $A \cap \Omega = A$; Gesetze der neutralen Elemente
- $A \cap \{\,\} = \{\,\}$; $A \cup \Omega = \Omega$; Gesetze der dominanten Elemente
- $A \cup \overline{A} = \Omega$; $A \cap \overline{A} = \{\}$; $\overline{\overline{A}} = A$; Gesetze für das komplementäre Element
- $A \cup A = A$; $A \cap A = A$; Idempotenzgesetze
- $A \cup (A \cap B) = A$; $A \cap (A \cup B) = A$; Absorptionsgesetze
- $\overline{A \cup B} = \overline{A} \cap \overline{B}$; $\overline{A \cap B} = \overline{A} \cup \overline{B}$ ***Gesetze von de Morgan.***

> Zwei Ereignisse A und B eines Ereignisraums $\mathcal{P}(\Omega)$ heißen ***unvereinbar*** oder ***disjunkt***, wenn $A \cap B = \{\}$, andernfalls heißen sie ***vereinbar.***

Jedes Ereignis lässt sich als Vereinigung von Elementarereignissen schreiben: $A = \bigcup_{\omega \in A} \{\omega\}$.

> Eine Menge $\{A_1, A_2, \ldots, A_k\}$ aus paarweise unvereinbaren Ereignissen mit $A_1 \cup A_2 \cup \ldots \cup A_k = \Omega$ heißt ***Zerlegung*** von Ω.

BEISPIEL Ein Spieler setzt beim Roulett (▶ Abb. S. 210) je einen Chip auf Rot und auf gerade (Pair).
A = „Eine rote Zahl gewinnt.“ = {1, 3, 5, 7, 9, 12, 14, 16, 18, 19, 21, 23, 25, 27, 30, 32, 34, 36};
B = „Eine gerade Zahl gewinnt.“ = {2, 4, 6, …, 34, 36}.
C = „Keiner der beiden Chips gewinnt.“
$C = \overline{A} \cap \overline{B} = \overline{A \cup B}$ = {0, 11, 13, 15, 17, 29, 31, 33, 35}

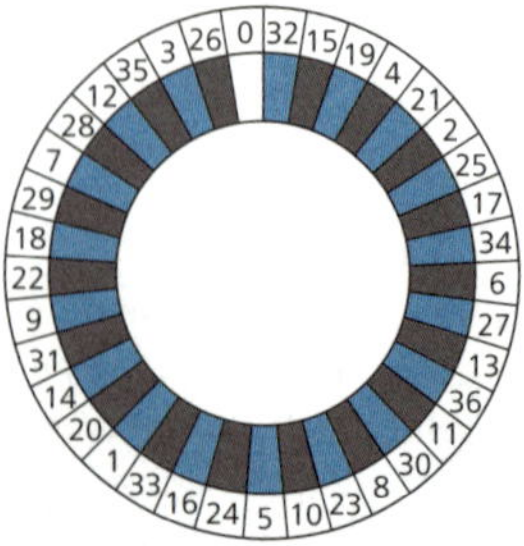

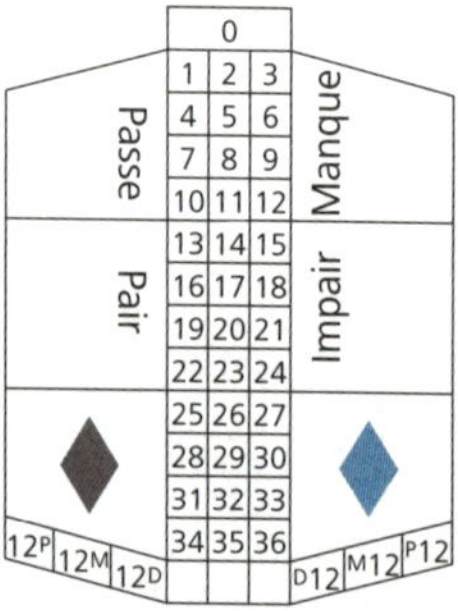

Häufigkeiten von Ereignissen

Tritt ein Ereignis A bei einer Folge von n Versuchen desselben Zufallsexperimentes genau k-mal ein, so heißt k die ***absolute Häufigkeit*** von A und $h_n(A) = \frac{k}{n}$ die ***relative Häufigkeit*** von A bei dieser Versuchsfolge (▶ S. 201).

Gesetz der großen Zahlen: Die relative Häufigkeit $h_n(A)$ eines Ereignisses A stabilisiert sich mit zunehmender Versuchszahl n um einen festen Wert.

Die Axiome von Kolmogorow

Es sei $\Omega = \{\omega_1, \omega_2, \dots \omega_n\}$ ein Ergebnisraum, $\mathcal{P}(\Omega)$ der zugehörige Ereignisraum.

Eine reellwertige Funktion P, die jedem Ereignis A aus dem Ereignisraum $\mathcal{P}(\Omega)$ eine reelle Zahl zuordnet, heißt ***Wahrscheinlichkeitsverteilung,*** wenn die folgenden drei ***Axiome von Kolmogorow*** gelten:
1. $P(A) \geq 0$ (Nichtnegativität)
2. $P(\Omega) = 1$ (Normierung)
3. $(A, B \in \mathcal{P}(\Omega) \wedge A \cap B = \{\,\}) \Rightarrow P(A \cup B) = P(A) + P(B)$ (Additivität)

$P(A)$ nennt man ***Wahrscheinlichkeit*** von A und (Ω, P) heißt ***Wahrscheinlichkeitsraum.***

Durch Ω und P ist ein Zufallsexperiment eindeutig beschrieben. Zufallsexperimente mit gleichem Ω und P sind gleich.

Wahrscheinlichkeiten bei Laplace-Experimenten

Sind bei einem Zufallsexperiment alle Elementarereignisse gleich wahrscheinlich, so nennt man es ***Laplace-Experiment***.

SATZ

Für die Wahrscheinlichkeit $P(A)$ des Ereignisses A eines Laplace-Experiments gilt:

$$P(A) = \frac{\text{Anzahl der für } A \text{ günstigen Ergebnisse}}{\text{Anzahl aller möglichen Ergebnisse}} = \frac{|A|}{|\Omega|}$$

Ein Ergebnis $\omega_i \in \Omega$ ist für ein Ereignis A günstig, falls $\omega_i \in A$.

5

5.3 Kombinatorik

Der Ergebnisraum eines mehrstufigen Zufallsexperiments kann sehr umfangreich sein. Durch die Zerlegung in die Teilexperimente lässt er sich leichter überblicken.

BEISPIEL Wie viele vierstellige Zahlen mit lauter verschiedenen Ziffern gibt es?

An der 1. Stelle steht eine der Ziffern 1 bis 9: 9 Möglichkeiten.

An der 2. Stelle steht eine der Ziffern 0 bis 9, jedoch nicht die Ziffer der 1. Stelle: 9 Möglichkeiten.

An der 3. Stelle steht eine der Ziffern 0 bis 9, jedoch nicht die Ziffern der 1. und 2. Stelle: 8 Möglichkeiten.

An der 4. Stelle steht eine der Ziffern 0 bis 9, jedoch nicht die Ziffern der 1., 2. und 3. Stelle: 7 Möglichkeiten.

Ω sei die Menge aller vierstelligen Zahlen mit lauter verschiedenen Ziffern. $|\Omega| = 9 \cdot 9 \cdot 8 \cdot 7 = 4\,536$

SATZ

Zählprinzip (Produktregel):
Gibt es bei einem n-Tupel für die Besetzung der i-ten Stelle ($i \in \{1, 2, \dots, n\}$) k_i Möglichkeiten, dann gibt es insgesamt $k_1 \cdot k_2 \cdot \dots \cdot k_n$ verschiedene n-Tupel.

BEISPIELE

- Tippmöglichkeiten beim Toto (11 Fußballspiele tippen: 0 = unentschieden, 1 = Heimsieg oder 2 = Auswärtssieg.)
Ω sei die Menge aller Tippmöglichkeiten beim Toto.
$|\Omega| = 3^{11} = 177\,147$
- Tippmöglichkeiten bei der Dreierwette 3 aus 20
(Die ersten drei Sieger beim Pferderennen tippen.)
Ω sei die Menge aller Tippmöglichkeiten bei der Dreierwette.
$|\Omega| = 20 \cdot 19 \cdot 18 = 6\,840$

Im Folgenden geht es um die Anwendung des Zählprinzips auf die Auswahl von k Elementen aus n verschiedenen Elementen (***Stichprobe*** vom Umfang k). (▶ S. 235)
Dabei verwendet man Fakultäten und Binomialkoeffizienten.

Unter $n!$ (sprich: „n ***Fakultät***") versteht man das Produkt der ersten n natürlichen Zahlen. $n! = 1 \cdot 2 \cdot \dots \cdot n$, $n \in \mathbb{N} \setminus \{1\}$.
Ferner definiert man $1! = 1$ und $0! = 1$.

Die Symbole $\binom{n}{k} = \frac{n!}{(n-k)! \cdot k!}$ für $n, k \in \mathbb{N}_0$, $k \leq n$, heißen ***Binomialkoeffizienten.*** (lies: „n über k" oder „k aus n")

Fakultäten und Binomialkoeffizienten werden Tabellen entnommen oder mit dem Taschenrechner berechnet.

Variationen (geordnete Stichproben) vom Umfang k berücksichtigen die Reihenfolge der ausgewählten k Elemente. Sind Wiederholungen der Elemente zulässig, erhält man ***k-Tupel,*** ohne Wiederholungen ***k-Permutationen.***

SATZ

Anzahl der Variationen zu je k Elementen aus n verschiedenen Elementen mit Wiederholung der Elemente (Anzahl der k-Tupel):
$V_{mW}(n;k) = n^k;\ n, k \in \mathbb{N}$.

BEISPIEL Anzahl der Einstellmöglichkeiten eines Zahlenschlosses eines Aktenkoffers (3 Einstellungen von je 0 bis 9):
$(n = 10, k = 3)$
$V_{mW}(10;3) = 10^3 = 1000.$

5

SATZ

Anzahl der Variationen zu je k Elementen aus n verschiedenen Elementen ohne Wiederholung der Elemente (Anzahl der k-Permutationen):
$V_{oW}(n;k) = \frac{n!}{(n-k)!} = k! \cdot \binom{n}{k};\ n, k \in \mathbb{N}, k \leq n.$

BEISPIEL Anzahl der dreistelligen Zahlen aus ungeraden, verschiedenen Ziffern: $(n = 5, k = 3)$

$$V_{oW}(5;3) = \frac{5!}{(5-3)!} = \frac{5!}{2!} = 60.$$

Kombinationen (ungeordnete Stichproben) vom Umfang k berücksichtigen die Reihenfolge der ausgewählten k Elemente nicht. Sind Wiederholungen der Elemente zulässig, erhält man ***k-Kombinationen,*** ohne Wiederholung ***k-Teilmengen.***

SATZ

Anzahl der k-Kombinationen zu je k Elementen aus n verschiedenen Elementen mit Wiederholung der Elemente:

$$K_{mW}(n;k) = \binom{n+k-1}{k} = \frac{(n+k-1)!}{k! \cdot (n-1)!};\ n, k \in \mathbb{N}.$$

BEISPIEL In einem Sack befinden sich viele Bausteine in den vier Farben Blau, Gelb, Rot und Weiß. Fünf Steine werden gleichzeitig gezogen. Anzahl der möglichen Farbkombinationen:

$$(n = 4, k = 5)\colon K_{mW}(4;5) = \binom{4+5-1}{5} = \binom{8}{5} = 56.$$

SATZ

Anzahl der Kombinationen zu je k Elementen aus n verschiedenen Elementen ohne Wiederholung der Elemente (Anzahl der k-Teilmengen):

$$K_{oW}(n;k) = \binom{n}{k} = \frac{n!}{k! \cdot (n-k)!};\ n, k \in \mathbb{N}, k \leq n.$$

BEISPIEL Anzahl der Tippmöglichkeiten beim Lotto (6 aus 49): $(n = 49, k = 6)$

$$K_{oW}(49;6) = \frac{49!}{6! \cdot (49-6)!} = \binom{49}{6} = 13\,983\,816.$$

SATZ

Treten in einem k-Tupel teilweise ununterscheidbare Elemente auf, so folgt aus dem Zählprinzip:
Besteht ein k-Tupel aus n verschiedenen Elementen, die jeweils k_1-, k_2-, … , k_n-mal vorkommen ($k_1 + k_2 + \ldots + k_n = k$), so gibt es

$$\frac{k!}{k_1! \cdot k_2! \cdot \ldots \cdot k_n!}$$ verschiedene k-Tupel.

BEISPIEL Anzahl der Möglichkeiten, um 5 blaue, 3 gelbe und 4 rote Glühlampen in einer Lichterkette anzuordnen:

$$(n = 3, k = 12, k_1 = 5, k_2 = 3, k_3 = 4);\ \frac{12!}{5! \cdot 3! \cdot 4!} = 27\,720.$$

Thema: ______

Kombinatorik im Überblick

Auswahl von k Elementen aus einer Menge mit n Elementen

unter Beachtung der Reihenfolge		**ohne Beachtung der Reihenfolge**	
Variationen		Kombinationen	
mit Wiederholung	ohne Wiederholung	mit Wiederholung	ohne Wiederholung
$k \in \mathbb{N}$	$k \leq n$	$k \in \mathbb{N}$	$k \leq n$
***k*-Tupel**	***k*-Permutationen**	***k*-Kombinationen**	***k*-Teilmengen**
Beispiel für $k = 2$ und $n = 4$ (1; 1), (1; 2), (1; 3), (1; 4) (2; 1), (2; 2), (2; 3), (2; 4) (3; 1), (3; 2), (3; 3), (3; 4) (4; 1), (4; 2), (4; 3), (4; 4)	Beispiel für $k = 2$ und $n = 4$ (1; 2), (1; 3), (1; 4) (2; 1), (2; 3), (2; 4) (3; 1), (3; 2), (3; 4) (4; 1), (4; 2), (4; 3)	Beispiel für $k = 2$ und $n = 4$ (1; 1), (1; 2), (1; 3), (1; 4) (2; 2), (2; 3), (2; 4) (3; 3), (3; 4) (4; 4)	Beispiel für $k = 2$ und $n = 4$ {1; 2}, {1; 3}, {1; 4} {2; 3}, {2; 4} {3; 4}
$V_{mW}(n; k) = n^k$	$V_{oW}(n; k) = \frac{n!}{(n-k)!} = k! \binom{n}{k}$	$K_{mW}(n; k) = \binom{n+k-1}{k} = \frac{(n+k-1)!}{k! \cdot (n-1)!}$	$K_{oW}(n; k) = \binom{n}{k} = \frac{n!}{k! \cdot (n-k)!}$

5

5.4 Berechnung von Wahrscheinlichkeiten

Rechenregeln für Wahrscheinlichkeiten

Aus den Axiomen von Kolmogorow (▶ S. 210) ergeben sich folgende Rechenregeln für Wahrscheinlichkeiten:

1. $A \subset \Omega \Rightarrow P(\overline{A}) = 1 - P(A)$; insbesondere $P(\{\,\}) = 0$
2. $A \subset B \subset \Omega \Rightarrow P(A) \leq P(B)$; (Monotoniegesetz)
3. $A \subset \Omega \Rightarrow 0 \leq P(A) \leq 1$; insbesondere: $0 \leq P(\{\omega_i\}) \leq 1$
4. $A, B \subset \Omega \Rightarrow P(A \cup B) = P(A) + P(B) - P(A \cap B)$; (***Additionssatz***)
5. $A_1, A_2, \ldots, A_k \subset \Omega$ paarweise disjunkt $\Rightarrow$
$P(A_1 \cup A_2 \cup \ldots \cup A_k) = P(A_1) + P(A_2) + \ldots + P(A_k)$
$= \sum_{i=1}^{k} P(A_i)$; (***Summenregel***)
6. Ist $\{A_1, A_2, \ldots, A_k\}$ eine Zerlegung von Ω, so gilt:
$P(A_1) + P(A_2) + \ldots + P(A_k) = 1$.

BEISPIELE

- Werfen eines Würfels:
A = „keine 6", B = „gerade Augenzahl"

$$P(A) = 1 - P(\{6\}) = 1 - \frac{1}{6} = \frac{5}{6} \text{ (nach 1.)}$$

$$P(B) = P(\{2\}) + P(\{4\}) + P(\{6\}) = \frac{1}{6} + \frac{1}{6} + \frac{1}{6} = \frac{1}{2} \text{ (nach 5.)}$$

- Beim Roulett (▶ S. 209 f.) setzt ein Spieler auf Rot und Pair.
A = „ Rot gewinnt." = {1, 3, 5, 7, 9, 12, 14, 16, 18, 19, 21, 23, 25, 27, 30, 32, 34, 36};
B = „Eine gerade Zahl gewinnt." = {2, 4, 6, …, 34, 36}.
Für die Wahrscheinlichkeit, dass er gewinnt, gilt (nach 4.):

$$P(A \cup B) = P(A) + P(B) - P(A \cap B) = \frac{18}{37} + \frac{18}{37} - \frac{8}{37} = \frac{28}{37}.$$

Wahrscheinlichkeiten mehrstufiger Zufallsexperimente

BEISPIEL (▶ S. 206)
Zweimaliges Ziehen aus einer Urne ohne Zurücklegen. Aus einer Urne mit 8 Kugeln, die sich nur in der Farbe unterscheiden (1 blaue, 3 rote, 4 schwarze), werden nacheinander zwei Kugeln gezogen und die Farbe (b, r, s) wird notiert.

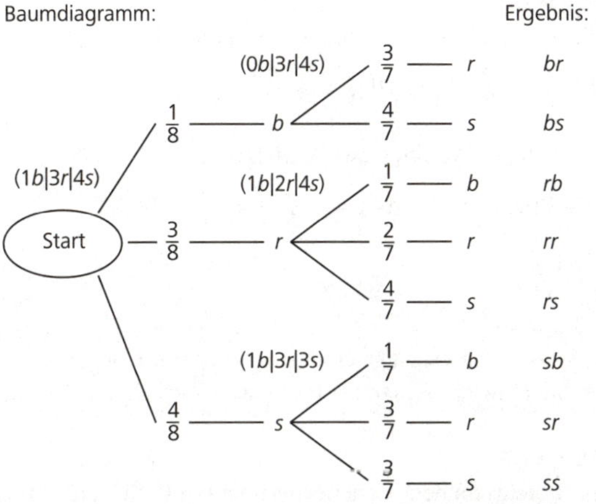

Im Baumdiagramm sind der jeweilige Urneninhalt und an den Ästen die bedingten Wahrscheinlichkeiten (▶ S. 222 f.) für das Ergebnis des jeweiligen Teilexperiments angegeben. Beim Ziehen mit Zurücklegen ändern sich die Wahrscheinlichkeiten auf den einzelnen Stufen nicht, da der Urneninhalt gleich bleibt.

AUGEN AUF! Die Summe der Wahrscheinlichkeiten auf den Ästen, die von einem Verzweigungspunkt ausgehen, ist immer 1.

BEISPIEL Für den 1. Verzweigungspunkt im vorigen Beispiel gilt: $P(\{b\}) + P(\{r\}) + P(\{s\}) = \frac{1}{8} + \frac{3}{8} + \frac{4}{8} = 1.$

SATZ

1. Pfadregel

Die Wahrscheinlichkeit eines Elementarereignisses in einem mehrstufigen Zufallsexperiment ist gleich dem Produkt der Wahrscheinlichkeiten auf dem Pfad, der zu diesem Elementarereignis führt.

BEISPIELE

- Für das beschriebene Urnenexperiment gilt:

$P(\{br\}) = \frac{1}{8} \cdot \frac{3}{7} = \frac{3}{56}$; $P(\{rr\}) = \frac{3}{8} \cdot \frac{2}{7} = \frac{3}{28}$.

- Dreimaliges Werfen eines Würfels

$P(\text{„Dreimal keine Sechs“}) = \frac{5}{6} \cdot \frac{5}{6} \cdot \frac{5}{6} = \frac{125}{216} \approx 58\,\%$.

SATZ

2. Pfadregel:

Die Wahrscheinlichkeit eines Ereignisses ist gleich der Summe der Wahrscheinlichkeiten der Pfade, die dieses Ereignis bilden.

BEISPIELE

- Im beschriebenen Urnenexperiment gilt für das Ereignis A = „Zwei gleichfarbige Kugeln werden gezogen.“:

$P(A) = P(\{rr\}) + P(\{ss\}) = \frac{3}{8} \cdot \frac{2}{7} + \frac{4}{8} \cdot \frac{3}{7} = \frac{3}{28} + \frac{3}{14} = \frac{9}{28}$.

- Dreimaliges Werfen eines Würfels

$P(\text{„Genau eine Sechs“}) = P(\{6\bar{6}\bar{6}\}) + P(\{\bar{6}6\bar{6}\}) + P(\{\bar{6}\bar{6}6\}) =$

$\frac{1}{6} \cdot \frac{5}{6} \cdot \frac{5}{6} + \frac{5}{6} \cdot \frac{1}{6} \cdot \frac{5}{6} + \frac{5}{6} \cdot \frac{5}{6} \cdot \frac{1}{6} = \frac{75}{216} \approx 35\,\%$.

Berechnungen bei Laplace-Experimenten

Bei Laplace-Experimenten (▶ S. 211) gilt:

SATZ

$$P(A) = \frac{\text{Anzahl der für } A \text{ günstigen Ergebnisse}}{\text{Anzahl aller möglichen Ergebnisse}} = \frac{|A|}{|\Omega|}$$

$|A|$ und $|\Omega|$ werden mit kombinatorischen Hilfsmitteln bestimmt. (▶ S. 211 ff.)

BEISPIELE

◆ A = „Genau fünf Richtige im Lotto"

Die Lotto-Ergebnisse (ohne Zusatzzahl) sind Kombinationen von 6 Zahlen ohne Wiederholung aus den 49 Zahlen 1 bis 49.

$$|\Omega| = K_{oW}(49;6) = \binom{49}{6} = \frac{49!}{6! \cdot (49-6)!} = 13\,983\,816$$

Es wurden fünf Zahlen der sechs gezogenen Zahlen richtig getippt und eine Zahl aus den 43 nicht gezogenen Zahlen.

$$|A| = \binom{6}{5} \cdot \binom{49-6}{6-5} = \binom{6}{5} \cdot \binom{43}{1} = 6 \cdot 43 = 258$$

$$P(A) = \frac{|A|}{|\Omega|} = \frac{258}{13\,983\,816} \approx 0{,}0018\,\%$$

◆ B = „Ein bestimmter Spieler bekommt vier Asse bei einem Kartenspiel mit 32 Karten und vier Spielern."

Es werden jeweils 8 Karten auf 4 Spieler verteilt.

$$|\Omega| = \binom{32}{8} \cdot \binom{24}{8} \cdot \binom{16}{8} \cdot \binom{8}{8} = \frac{32!}{(8!)^4}$$

Der bestimmte Spieler erhält die 4 Asse und 4 andere Karten.

$$|B| = \binom{4}{4} \cdot \binom{28}{4} \cdot \binom{24}{8} \cdot \binom{16}{8} \cdot \binom{8}{8} = \frac{28!}{4! \cdot (8!)^3}$$

$$P(B) = \frac{|B|}{|\Omega|} = \frac{28! \cdot (8!)^4}{4! \cdot (8!)^3 \cdot 32!} = \frac{5 \cdot 6 \cdot 7 \cdot 8}{29 \cdot 30 \cdot 31 \cdot 32} \approx 0{,}195\,\%$$

5

Urnenmodelle

Viele Zufallsexperimente entsprechen dem Ziehen aus einer Urne mit oder ohne Zurücklegen, wenn die Wahrscheinlichkeiten des Zufallsexperiments durch die Anzahl der Kugeln gleicher Merkmale wiedergegeben werden ***(Urnenmodell)***.
Eine Urne enthalte N gleichartige Kugeln, die je nach Problemstellung mit verschiedenen Merkmalen (Farbe, Nummer usw.) versehen sind. Das Zufallsexperiment besteht darin, der Reihe nach n Kugel zu ziehen und deren Merkmale zu notieren. Ziehen ohne Zurücklegen und Ziehen mit Zurücklegen der gezogenen Kugel sind zu unterscheiden.

Ziehen ohne Zurücklegen (▶ S. 206)

BEISPIEL Eine Urne enthält 5 schwarze und 3 weiße gleichartige Kugeln. Es werden 6 Kugeln gezogen. Ω besteht aus allen 6-Teilmengen aus der Menge der acht Kugeln.

$$|\Omega| = K_{oW}(8;6) = \binom{8}{6} = \frac{8!}{6! \cdot (8-6)!} = 28$$

A = „Es werden 4 schwarze und zwei weiße Kugeln gezogen."

$$|A| = \binom{5}{4} \cdot \binom{3}{2} = 5 \cdot 3 = 15$$

$$P(A) = \frac{|A|}{|\Omega|} = \frac{15}{28} \approx 53{,}6\,\%.$$

SATZ

Zieht man aus einer Urne, die N gleichartige Kugeln enthält, S schwarze und $N{-}S$ weiße, n Kugeln ohne Zurücklegen, so gilt für die Anzahl X der gezogenen schwarzen Kugeln:

$$P(X = s) = \frac{\binom{S}{s} \cdot \binom{N-S}{n-s}}{\binom{N}{n}} \text{ für } 0 \leq s \leq n.$$

Ziehen mit Zurücklegen (▶ S. 206 und ▶ S. 228).

BEISPIEL Eine Urne enthält 5 schwarze und 3 weiße gleichartige Kugeln. Es werden 6 Kugeln nacheinander gezogen. Jede gezogene Kugel wird nach dem Notieren der Farbe in die Urne zurückgelegt.

A = „Es werden 4 schwarze und zwei weiße Kugeln gezogen."

Bei jeder der 6 Ziehungen gilt:

P(„Die gezogene Kugel ist schwarz.") $= \frac{5}{8}$;

P(„Die gezogene Kugel ist weiß.") $= \frac{3}{8}$.

4 der 6 Ziehungen liefern eine schwarze Kugel.

Also gilt: $P(A) = \binom{6}{4} \cdot \left(\frac{5}{8}\right)^4 \cdot \left(\frac{3}{8}\right)^2 \approx 32{,}2\,\%$.

5

SATZ

Zieht man aus einer Urne, die N gleichartige Kugeln enthält, S schwarze und $N - S$ weiße, n Kugeln nacheinander mit Zurücklegen, so gilt für die Anzahl X der gezogenen schwarzen Kugeln:

$P(X = s) = \binom{n}{s} \cdot \left(\frac{S}{N}\right)^s \cdot \left(\frac{N-S}{N}\right)^{n-s}$ für $0 \leq s \leq n$.

ANWENDUNGSBEISPIEL für das Urnenmodell:

Bei einer Losbude soll jedes 10. Los gewinnen. Ein Prüfer nimmt 10 Lose. Wie groß ist die Wahrscheinlichkeit dafür, dass mindestens ein Gewinnlos dabei ist?

Urnenmodell: 10 schwarze und 90 weiße Kugeln, 10 Kugeln werden ohne Zurücklegen gezogen. X ist die Anzahl der gezogenen schwarzen Kugeln (Gewinnlose).

$$P(X \geq 1) = 1 - P(X = 0) = 1 - \frac{\binom{10}{0} \cdot \binom{90}{10}}{\binom{100}{10}} \approx 67\,\%$$

Bedingte Wahrscheinlichkeit

In einer Klasse sind 18 Jungen und 12 Mädchen. 9 Jungen und 3 Mädchen sind Auswärtige. Betrachte die Ereignisse
A = „Schüler(in) ist auswärtig.", B = „Schüler(in) ist Junge."

$h(A) = \frac{12}{30} = 0{,}4$; $h(B) = \frac{18}{30} = 0{,}6$; $h(A \cap B) = \frac{9}{30} = 0{,}3$.

Die relative Häufigkeit der Jungen unter den Auswärtigen:

$h_A(B) = \frac{9}{12} = 0{,}75$. Dabei gilt: $h_A(B) = \frac{h(A \cap B)}{h(A)}$.

> $h_A(B)$ heißt durch A ***bedingte relative Häufigkeit*** von B.
> Sind A und B Ereignisse aus einem Ereignisraum $\mathcal{P}(\Omega)$ und P eine Wahrscheinlichkeitsverteilung auf $\mathcal{P}(\Omega)$ mit $P(A) \neq 0$,
> dann heißt $P_A(B) = \frac{P(A \cap B)}{P(A)}$ durch A ***bedingte relative Wahrscheinlichkeit*** von B.

Somit erhalten die *Pfadregeln* (▸ S. 218) folgende Form:

SATZ

1. ***Allgemeiner Multiplikationssatz:*** $P(A \cap B) = P(A) \cdot P_A(B)$
2. ***Satz von der totalen Wahrscheinlichkeit:***
Ist $\{A_1, A_2, \ldots, A_k\}$ eine Zerlegung von Ω mit $P(A_i) \neq 0$ für alle i, so gilt für die Wahrscheinlichkeit eines Ereignisses B:
$P(B) = \sum_{i=1}^{n} P(A_i) \cdot P_{A_i}(B)$.

BEISPIEL (▸ S. 217): Zweimaliges Ziehen ohne Zurücklegen. Aus einer Urne mit 8 Kugeln (4 schwarze, 3 rote, 1 blaue, Unterschied nur in der Farbe) werden nacheinander 2 Kugeln gezogen. A = „Blau beim 1. Ziehen", B = „Rot beim 2. Ziehen".

$P(A) = \frac{1}{8}$, $P_A(B) = \frac{3}{7}$, $P(A \cap B) = P(A) \cdot P_A(B) = \frac{1}{8} \cdot \frac{3}{7} = \frac{3}{56}$

$$P(B) = P(\{b\}) \cdot P_{\{b\}}(\{r\}) + P(\{r\}) \cdot P_{\{r\}}(\{r\}) + P(\{s\}) \cdot P_{\{s\}}(\{r\}) =$$
$$\frac{1}{8} \cdot \frac{3}{7} + \frac{3}{8} \cdot \frac{2}{7} + \frac{1}{2} \cdot \frac{3}{7} = \frac{3}{56} + \frac{3}{28} + \frac{3}{14} = \frac{3}{8}$$

Weitere Berechnungsformeln:

SATZ

Sind A und B Ereignisse mit $P(A) \neq 0$, $P(\overline{A}) \neq 0$ und $P(B) \neq 0$, so gilt:

1. $P_B(A) = \frac{P(A)}{P(B)} \cdot P_A(B)$;
2. $P_B(A) = \frac{P(A)}{P(A) \cdot P_A(B) + P(\overline{A}) \cdot P_{\overline{A}}(B)} \cdot P_A(B)$.

Ist $\{A_1, \ldots, A_k\}$ eine Zerlegung von Ω mit $P(A_i) \neq 0$ für alle i und B ein Ereignis mit $P(B) \neq 0$, so gilt für jedes A_i:

$$P_B(A_i) = \frac{P(A_i) \cdot P_{A_i}(B)}{\sum_{i=1}^{n} P(A_i) \cdot P_{A_i}(B)}$$ ***(Satz von Bayes).***

5

Unabhängigkeit

Zwei Ereignisse A und B heißen ***unabhängig,*** wenn gilt: $P(A \cap B) = P(A) \cdot P(B)$. Andernfalls heißen A und B ***abhängig.***

Sind die Ereignisse A und B unabhängig, so sind auch die folgenden Ereignisse unabhängig: A und $\overline{B}$, $\overline{A}$ und B, $\overline{A}$ und $\overline{B}$.
Für zwei Ereignisse A und B mit $P(A), P(B) > 0$ gilt:
A und B unabhängig $\Rightarrow$ A und B vereinbar;
A und B unvereinbar $\Rightarrow$ A und B abhängig.

BEISPIELE

- Zweimaliges Werfen eines Würfels. $|\Omega| = 36$.
A = „Gerade Augensumme", B = „1. Augenzahl gerade".
$P(A) = 0{,}5$, $P(B) = 0{,}5$, $P(A \cap B) = 0{,}25 = P(A) \cdot P(B)$.
A und B sind also unabhängig.
- Dreimaliges Werfen einer Münze. $|\Omega| = 8$.
A = „Mindestens einmal Kopf", B = „Höchstens einmal Zahl".
$P(A) = \frac{7}{8}$; $P(B) = \frac{1}{2}$; $P(A \cap B) = \frac{4}{8} \neq P(A) \cdot P(B)$.
A und B sind also abhängig.

5.5 Zufallsgrößen

Grundbegriffe

Die Grundbegriffe werden an einem Beispiel eingeführt.

BEISPIEL Ein Spieler wählt eine der Ziffern 1 bis 6 (z. B. 1) und wirft dann 3 Würfel. Für jeden Würfel, der seine gewählte Zahl zeigt, erhält er 1 Euro als Gewinn, fällt die gewählte Zahl nicht, verliert er 1 Euro.

Den Spieler interessieren nicht so sehr die Versuchsausgänge selbst, als vielmehr die zugeordneten Gewinne und deren Wahrscheinlichkeiten.

Ausgang	Keine 1	Einmal 1	Zweimal 1	Dreimal 1
Gewinn/Verlust in Euro	−1	1	2	3
Wahrscheinlichkeit	$\frac{125}{216}$	$\frac{75}{216}$	$\frac{15}{216}$	$\frac{1}{216}$

> Eine Abbildung $X\colon \Omega \to \mathbb{R}$, die jedem Ergebnis eine reelle Zahl zuordnet, heißt ***Zufallsgröße*** oder ***Zufallsvariable***.

Ist auf dem Ergebnisraum Ω mit der Wahrscheinlichkeitsverteilung P eine Zufallsgröße X definiert, die die Werte $x_1, \ldots, x_n$ annimmt, so schreibt man für die Ereignisse $\{\omega | X(\omega) = x_i\}$ kurz: $X = x_i$. Die Abbildung $W\colon x_i \mapsto P(X = x_i)$ heißt dann ***Wahrscheinlichkeitsverteilung*** (***Wahrscheinlichkeitsfunktion***) der Zufallsgröße X.

Die Abbildung $F\colon x \mapsto P(X \leq x)$ mit $x \in \mathbb{R}$ heißt ***Verteilungsfunktion*** der Zufallsgröße X (▸ S. 225).

BEISPIEL Eine Münze wird dreimal geworfen. (▸ S. 207).
Die Zufallsgröße X gibt an, wie oft Zahl fällt.

$$P(X = 0) = \frac{1}{8},\ P(X = 1) = \frac{3}{8},\ P(X = 2) = \frac{3}{8},\ P(X = 3) = \frac{1}{8}$$

x	$]-\infty; 0[$	$[0; 1[$	$[1; 2[$	$[2; 3[$	$[3; \infty[$
$F(x) = P(X \leq x)$	0	$\frac{1}{8}$	$\frac{4}{8}$	$\frac{7}{8}$	1

Grafische Darstellung:

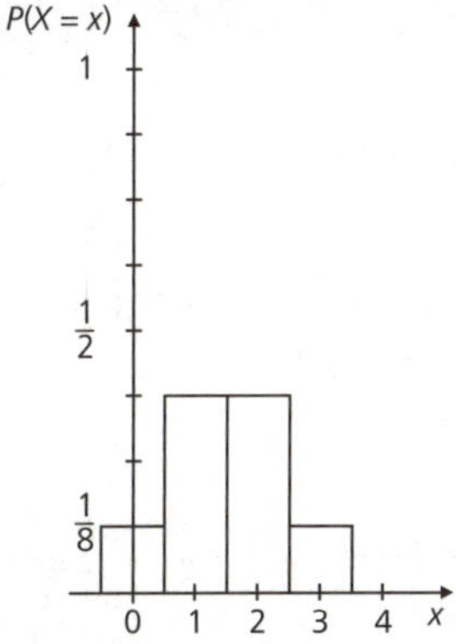

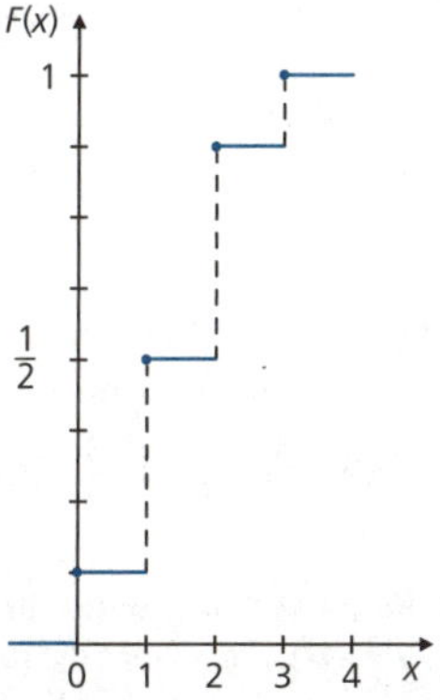

SATZ

Eigenschaften der Verteilungsfunktion F:

1. $F(x) = \sum\limits_{x_i \leq x} P(X = x_i)$ mit $x \in \mathbb{R}$ und x_i Werte von X
2. $P(X > a) = 1 - F(a)$ mit $a \in \mathbb{R}$
3. $P(a < X \leq b) = F(b) - F(a)$ mit $a, b \in \mathbb{R}$

Zwei Zufallsgrößen X und Y, die die Werte $x_1, \ldots, x_n$ bzw. $y_1, \ldots, y_n$ annehmen, heißen ***unabhängig,*** wenn für alle Paare $(x_i; y_j)$ gilt: $P(X = x_i \wedge Y = y_j) = P(X = x_i) \cdot P(Y = y_j)$.

Erwartungswert, Varianz, Standardabweichung

SATZ

Ist X eine Zufallsgröße, die die Werte $x_1, \ldots, x_n$ annimmt, so heißt die reelle Zahl $E(X) = \sum_{i=1}^{n} x_i \cdot P(X = x_i)$ ***Erwartungswert*** der Zufallsgröße X. (▸ S. 235). Statt $E(X)$ schreibt man oft μ.

BEISPIELE

■ Werfen eines Würfels. X sei die geworfene Augenzahl.

$$\mu = E(X) = 1 \cdot \frac{1}{6} + 2 \cdot \frac{1}{6} + 3 \cdot \frac{1}{6} + 4 \cdot \frac{1}{6} + 5 \cdot \frac{1}{6} + 6 \cdot \frac{1}{6} = 3{,}5$$

■ Dreimaliges Werfen einer Münze. (▸ S. 207 u. ▸ 224 f.)
X sei die Zahl der Münzen, die Zahl zeigen.

$$\mu = E(X) = 0 \cdot \frac{1}{8} + 1 \cdot \frac{3}{8} + 2 \cdot \frac{3}{8} + 3 \cdot \frac{1}{8} = 1{,}5$$

Ist X eine Zufallsgröße, die die Werte $x_1, \ldots, x_n$ annimmt, und $\mu = E(X)$, dann heißt die reelle Zahl

$$\mathrm{Var}(X) = E((X - \mu)^2) = \sum_{i=1}^{n} (x_i - \mu)^2 \cdot P(X = x_i)$$

Varianz von X oder ***mittlere quadratische Abweichung.***
$\sigma(X) = \sqrt{\mathrm{Var}(X)}$ heißt ***Standardabweichung*** von X oder Streuung von X (▸ S. 204).

SATZ

X, Y sind Zufallsgrößen, $a \in \mathbb{R}$

$X = a = \text{konstant} \Rightarrow E(X) = a,\ \mathrm{Var}(X) = 0$

$E(X + Y) = E(X) + E(Y)$

$E(X + a) = E(X) + a,\ \mathrm{Var}(X + a) = \mathrm{Var}(X)$

$E(a \cdot X) = a \cdot E(X),\ \mathrm{Var}(a \cdot X) = a^2 \cdot \mathrm{Var}(X)$

X, Y unabhängig $\Rightarrow E(X \cdot Y) = E(X) \cdot E(Y)$,
$\mathrm{Var}(X + Y) = \mathrm{Var}(X) + \mathrm{Var}(Y)$

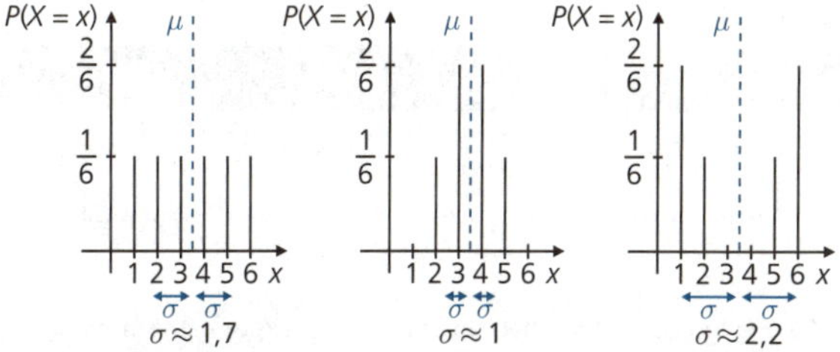

Eine Zufallsgröße mit Erwartungswert 0 und Varianz 1 heißt ***normiert*** oder ***standardisiert***.

Die zu X gehörige standardisierte Zufallsgröße ist $Y = \frac{X - E(X)}{\sigma(X)}$.

5

5.6 Wahrscheinlichkeitsverteilungen

In diesem Kapitel wird die Binomialverteilung als Beispiel einer diskreten Verteilung und die Normalverteilung als Beispiel einer stetigen Verteilung behandelt.

Bernoulli-Kette

Ein Zufallsexperiment mit genau zwei Ergebnissen, Treffer (1) oder Niete (0), heißt ***Bernoulli-Experiment***.
$\Omega = \{0, 1\}$, $P(\{1\}) = p$ heißt ***Trefferwahrscheinlichkeit*** oder ***Parameter*** des Bernoulli-Experimentes, $P(\{0\}) = q = 1 - p$.

BEISPIELE

Experiment	Treffer	Niete
Werfen eines Würfels	Sechs	Nicht Sechs
Qualitätsprüfung	Gut	Schlecht

> Eine Folge von n unabhängigen Bernoulli-Experimenten mit jeweils gleicher Trefferwahrscheinlichkeit p heißt *Bernoulli-Kette* der Länge n.

Der Ergebnisraum Ω einer Bernoulli-Kette ist die Menge aller n-Tupel aus der Menge $\{0, 1\}$. $\Omega = \{0, 1\}^n$, $|\Omega| = 2^n$.

BEISPIEL Sechsmaliges Ziehen mit Zurücklegen aus einer Urne, die 5 schwarze und drei weiße Kugeln enthält (▶ S. 221).

Treffer „schwarz“ und Niete „weiß“. $|\Omega| = 2^6 = 64$, $p = \frac{5}{8}$.

Eine Bernoulli-Kette kann im Urnenmodell (▶ S. 220 f.) dargestellt werden, wenn das Verhältnis von schwarzen zu weißen Kugeln so ist, dass das Ziehen mit Zurücklegen bei einer schwarzen Kugel mit Wahrscheinlichkeit p erfolgt.

SATZ

Liefert die Zufallsgröße X die Anzahl der Treffer bei einer Bernoulli-Kette der Länge n mit Trefferwahrscheinlichkeit p, so gilt für die Wahrscheinlichkeit genau k Treffer zu erzielen:
$P(X = k) = \binom{n}{k} \cdot p^k \cdot (1 - p)^{n-k} = B_{n;p}(k)$ mit $0 \le k \le n$.
(Formel von Bernoulli) (Binomialkoeffizient ▶ S. 212)

Die Werte für $B_{n;p}(k)$ und die Werte der Summenwahrscheinlichkeiten $\sum_{i=0}^{k} B_{n;p}(i)$ findet man in Tabellen.

Thema:
Standardaufgaben zu Bernoulli-Ketten

BEISPIELE X sei die Anzahl der Treffer (Sechser).
Fünfmaliges Werfen eines Würfels: $\left(n = 5, p = \frac{1}{6}\right)$

- **„Genau** einmal 6":
$P(X = 1) = B_{5;\frac{1}{6}}(1) = \binom{5}{1} \cdot \left(\frac{1}{6}\right)^1 \cdot \left(\frac{5}{6}\right)^4 \approx 40\,\%$

- **„Mindestens** zweimal 6":
$P(X \geq 2) = 1 - P(X \leq 1) = 1 - \sum_{k=0}^{1} B_{5;\frac{1}{6}}(k) \approx 1 - 0{,}80 = 20\,\%$

- **„Mindestens** zweimal **und höchstens** viermal 6":
$P(2 \leq X \leq 4) = P(X \leq 4) - P(X \leq 1) =$
$\sum_{k=0}^{4} B_{5;\frac{1}{6}}(k) - \sum_{k=0}^{1} B_{5;\frac{1}{6}}(k) \approx 0{,}99987 - 0{,}80376 \approx 19{,}6\,\%$

5

Der folgende Aufgabentyp heißt ***Drei-Mindestens-Aufgabe.***
- Wie oft muss ein Würfel ***mindestens*** geworfen werden, damit die Wahrscheinlichkeit, dass ***mindestens*** einmal eine Sechs fällt, ***mindestens*** 95 % ist?

Es liegt eine Bernoulli-Kette der Länge n mit $p = \frac{1}{6}$ vor.

P(„Bei n Würfen mindestens einmal 6") $\geq 95\,\% \Leftrightarrow$
$1 - P$(„Bei n Würfen keine 6") $\geq 0{,}95 \Leftrightarrow$

P(„Bei n Würfen keine 6") $\leq 0{,}05 \Leftrightarrow$

$(1 - p)^n \leq 0{,}05 \Leftrightarrow \left(\frac{5}{6}\right)^n \leq 0{,}05 \Leftrightarrow$

$\lg\left(\frac{5}{6}\right)^n \leq \lg 0{,}05 \Leftrightarrow n \cdot \lg\left(\frac{5}{6}\right) \leq \lg 0{,}05 \Leftrightarrow n \geq \frac{\lg 0{,}05}{\lg\left(\frac{5}{6}\right)}$

$\Leftrightarrow n \geq 16{,}4\ldots \Rightarrow n_{\min} = 17.$
Man muss mindestens 17-mal werfen.

Binomialverteilung

Eine Zufallsgröße X mit der Wahrscheinlichkeitsverteilung $B_{n;p}$: $k \mapsto P(X = k) = B_{n;p}(k) = \binom{n}{k} \cdot p^k \cdot (1-p)^{n-k}$ mit $n \in \mathbb{N}$, $p \in [0; 1]$ und $k \in \{0; 1; \ldots; n\}$ heißt ***binomialverteilt*** nach $B_{n;p}$. $B_{n;p}$ heißt ***Binomialverteilung*** (mit den Parametern n und p).
(Binomialkoeffizient ▸ S. 212)

SATZ

Ist eine Zufallsgröße X binomialverteilt nach $B_{n;p}$, so gilt:
$E(X) = \mu = n \cdot p$; $\mathrm{Var}(X) = \sigma^2 = n \cdot p \cdot q$, $\sigma = \sqrt{n \cdot p \cdot q}$ und
$F: x \rightarrow P(X \leq x) = \sum_{k=0}^{x} B_{n;p}(k)$ mit $x \in \mathbb{R}$ (▸ S. 224 f.).

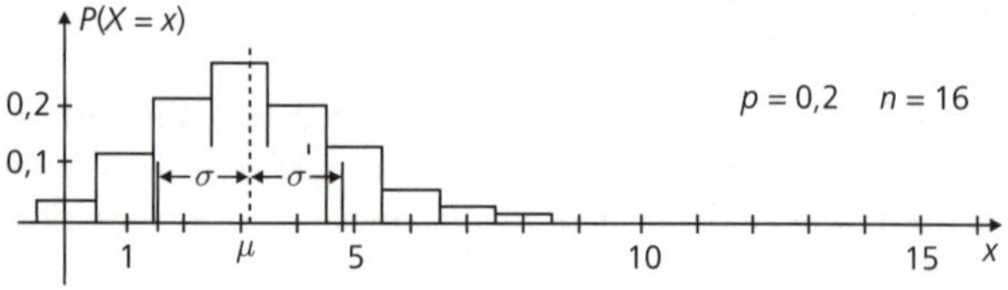

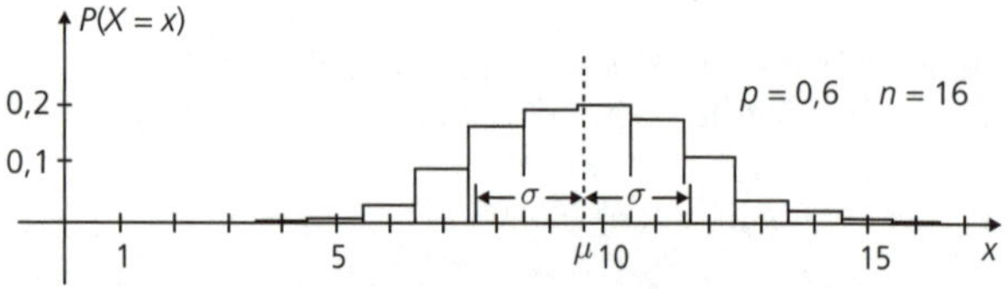

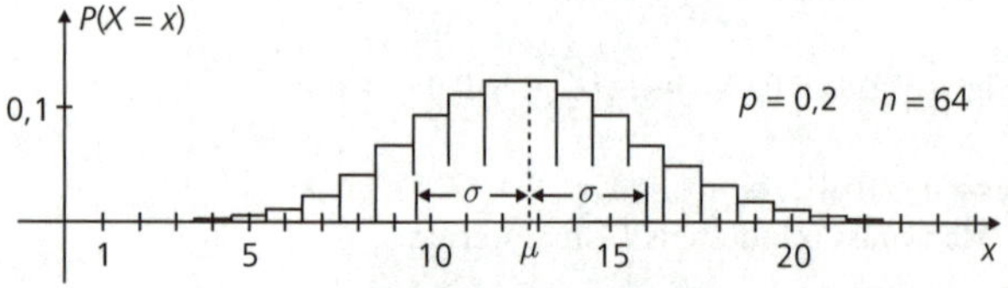

Ungleichungen von Tschebyschew

SATZ

Ist X eine Zufallsgröße mit der Wahrscheinlichkeitsverteilung P, so gelten für alle $a \in \mathbb{R}^+$ die Abschätzungen:

$$P(|X - E(X)| > a) < \frac{\sigma^2(X)}{a^2}; \quad P(|X - E(X)| < a) \geq 1 - \frac{\sigma^2(X)}{a^2};$$

$$P(|X - E(X)| \geq a) \leq \frac{\sigma^2(X)}{a^2}; \quad P(|X - E(X)| \leq a) > 1 - \frac{\sigma^2(X)}{a^2}.$$

Man erhält nur für $a > \sigma(X)$ vernünftige Abschätzungen.

BEISPIEL X ist die Abmessung eines Lineals in mm. Es gilt: $E(X) = 100$ und $\sigma(X) = 0{,}2$. Die Wahrscheinlichkeit, mit der X um mehr als $a = 0{,}4$ von 100 abweicht, lässt sich mit der Ungleichung von Tschebyschew abschätzen.

$$P(|X - 100| > 0{,}4) < \frac{0{,}2^2}{0{,}4^2} = 25\,\%$$

5

SATZ

Für den Erwartungswert und die Varianz der relativen Häufigkeit $\frac{X}{n}$ für „Treffer“ bei n Versuchen folgt (▸ S. 233):

$$E\left(\frac{X}{n}\right) = \frac{1}{n} \cdot E(X) = \frac{1}{n} \cdot n \cdot p = p \text{ und}$$

$$\mathrm{Var}\left(\frac{X}{n}\right) = \frac{1}{n^2} \cdot \mathrm{Var}(X) = \frac{1}{n^2} \cdot n \cdot p \cdot q = \frac{p \cdot q}{n}.$$

Somit gilt für alle $\varepsilon \in \mathbb{R}^+$:

$$P\left(\left|\frac{X}{n} - p\right| > \varepsilon\right) < \frac{p \cdot q}{n \cdot \varepsilon^2}; \quad P\left(\left|\frac{X}{n} - p\right| < \varepsilon\right) \geq 1 - \frac{p \cdot q}{n \cdot \varepsilon^2};$$

$$P\left(\left|\frac{X}{n} - p\right| \geq \varepsilon\right) \leq \frac{p \cdot q}{n \cdot \varepsilon^2}; \quad P\left(\left|\frac{X}{n} - p\right| \leq \varepsilon\right) > 1 - \frac{p \cdot q}{n \cdot \varepsilon^2}.$$

Ist p unbekannt, verwendet man die Abschätzung $p \cdot q \leq \frac{1}{4}$.

Gesetz der großen Zahlen: Ist $h_n(A)$ die relative Häufigkeit eines Ereignisses A mit der Wahrscheinlichkeit $P(A) = p$ in einer Bernoulli-Kette der Länge n, so gilt für jedes $\varepsilon \in \mathbb{R}^+$:

$$\lim_{n \to \infty} P\left(|h_n(A) - p| < \varepsilon\right) = 1.$$

Normalverteilung

Die Funktion $\varphi\colon x \to \frac{1}{\sqrt{2\pi}} \cdot e^{-\frac{1}{2} \cdot x^2}$, $x \in \mathbb{R}$, heißt ***Gauß-Funktion,*** ihr glockenförmiger Graph heißt ***Gauß-Kurve.***

Die Funktion $\Phi\colon x \to \int_{-\infty}^{x} \varphi(t)\,dt = \frac{1}{\sqrt{2\pi}} \cdot \int_{-\infty}^{x} e^{-\frac{1}{2} \cdot t^2}\,dt$, $x \in \mathbb{R}$, heißt ***Gaußsche Integralfunktion*** (▸ S. 108).

Die Werte der Funktionen φ und Φ findet man für verschiedene Werte von x in Tabellen. Es gilt für alle $x \in \mathbb{R}$:

$\varphi(-x) = \varphi(x)$;

$\Phi(-x) = 1 - \Phi(x)$.

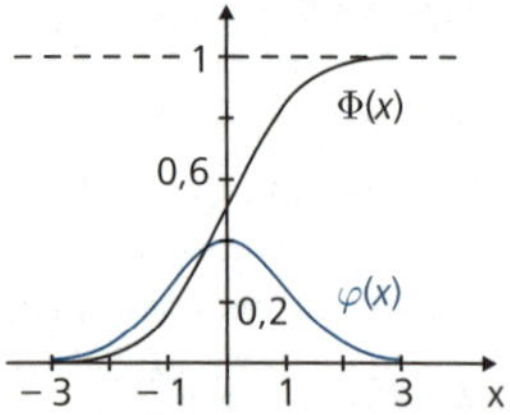

Eine stetige Zufallsgröße X mit dem Erwartungswert μ und der Varianz σ^2 heißt ***normalverteilt*** nach $N_{\mu;\sigma}$, wenn

$N_{\mu;\sigma}\colon x \mapsto N_{\mu;\sigma}(x) = P(X \leq x) = \Phi\left(\frac{x-\mu}{\sigma}\right)$ für alle $x \in \mathbb{R}$.

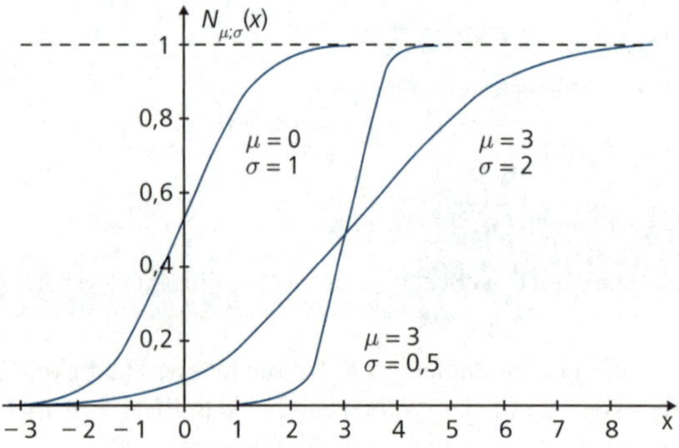

SATZ

Für die Binomialverteilung $B_{n;p}$ gilt:

$$B_{n;p}(k) \approx \frac{1}{\sigma} \cdot \varphi\left(\frac{k-\mu}{\sigma}\right) = \frac{1}{\sigma \cdot \sqrt{2\pi}} \cdot e^{-\frac{1}{2} \cdot \left(\frac{k-\mu}{\sigma}\right)^2}$$

mit $\mu = n \cdot p$ und $\sigma = \sqrt{n \cdot p \cdot q}$.

(Lokale Näherungsformel von de Moivre-Laplace)

Für $\sigma^2 = n \cdot p \cdot q > 9$ erhält man brauchbare Werte.

BEISPIEL $n = 100, p = 0{,}5, k = 60$. $\sigma^2 = n \cdot p \cdot q = 25 > 9$;

$\mu = n \cdot p = 50$ und $\sigma = \sqrt{n \cdot p \cdot q} = \sqrt{25} = 5$.

$$B(100; 0{,}5; 60) \approx \frac{1}{5} \cdot \varphi\left(\frac{60-50}{5}\right) = \frac{1}{5 \cdot \sqrt{2\pi}} \cdot e^{-\frac{1}{2} \cdot \left(\frac{60-50}{5}\right)^2}$$

$\approx 0{,}010\,80$. Der Tabellenwert: $B(100; 0{,}5; 60) = 0{,}010\,84$.

5

SATZ

Für eine $B_{n;p}$-verteilte Zufallsgröße X gilt für großes n:

$$P(X \leq k) = \sum_{i=0}^{k} B_{n;p}(i) \approx \int_{-\infty}^{x} \varphi(t)\mathrm{d}t = \Phi(x),\ x = \frac{k + 0{,}5 - n \cdot p}{\sqrt{n \cdot p \cdot q}}.$$

$$P(k_1 \leq X \leq k_2) = \sum_{i=k_1}^{k_2} B_{n;p}(i) \approx \int_{x_1}^{x_2} \varphi(t)\mathrm{d}t = \Phi(x_2) - \Phi(x_1),$$

wobei $x_1 = \frac{k_1 - 0{,}5 - n \cdot p}{\sqrt{n \cdot p \cdot q}}$; $x_2 = \frac{k_2 + 0{,}5 - n \cdot p}{\sqrt{n \cdot p \cdot q}}$.

(Globale Näherungsformel von de Moivre-Laplace)

Bei sehr großem n kann bei x_1 bzw. x_2 auf $-0{,}5$ bzw. $+0{,}5$ im Zähler verzichtet werden.

BEISPIEL

$n = 1000$, $p = 0{,}88$, $k_1 = 860$, $k_2 = 900$.

$\mu = n \cdot p = 880$ und $\sigma = \sqrt{n \cdot p \cdot q} = \sqrt{105{,}6} \approx 10{,}28$.

$$x_1 = \frac{860 - 0{,}5 - 880}{\sqrt{105{,}6}} \approx -1{,}99;\ x_2 = \frac{900 + 0{,}5 - 880}{\sqrt{105{,}6}} \approx 1{,}99.$$

$$\sum_{k=860}^{900} B_{1000;0,88}(k) \approx \Phi(1{,}99) - \Phi(-1{,}99) = 2 \cdot \Phi(1{,}99) - 1$$

$$= 2 \cdot 0{,}97670 - 1 \approx 95{,}4\,\%$$

BEACHTE Eine binomialverteilte Zufallsgröße ist für großes n näherungsweise normalverteilt.

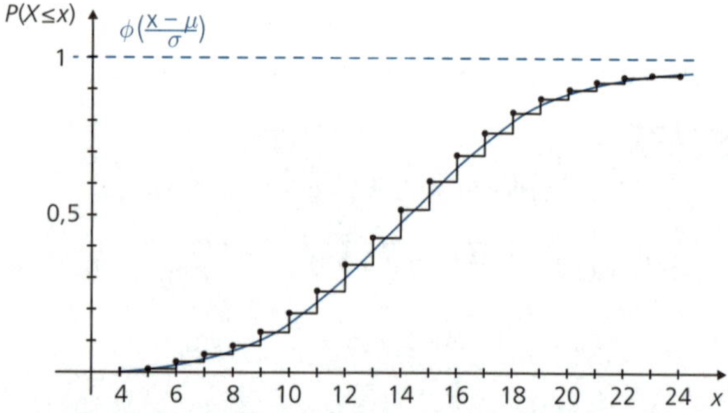

SATZ

Zentraler Grenzwertsatz: Ist eine Zufallsvariable X Summe von n unabhängigen Zufallsvariablen $X_1, X_2, \ldots, X_n$ mit Erwartungswerten μ_i und Varianzen $\mathrm{Var}(X_i)$, so gilt für hinreichend große Werte von n:

X ist annähernd normalverteilt, d. h. $P(X \le x) \approx \Phi\left(\frac{x-\mu}{\sigma}\right)$,

wobei $\mu = E(X) = \sum_{i=1}^{n} \mu_i$ und $\sigma^2 = \mathrm{Var}(X) = \sum_{i=1}^{n} \mathrm{Var}(X_i)$.

5.7 Beurteilende Statistik

In der beurteilenden Statistik wird von einer gegebenen Stichprobe auf die zugrundeliegende Grundgesamtheit geschlossen.

> Unter einer ***Stichprobe*** vom Umfang n aus der zu X gehörigen Grundgesamtheit versteht man jedes Wertetupel $(x_1, x_2, \ldots, x_n)$ von n unabhängigen Zufallsgrößen $X_1, X_2, \ldots, X_n$, die alle die gleiche Wahrscheinlichkeitsverteilung wie die Zufallsgröße haben (▶ S. 224 f.). Die Zufallsgrößen $X_1, X_2, \ldots, X_n$ nennt man ***Stichprobenvariable*** zu X.

Parameterschätzung

Bei der Parameterschätzung werden Schätzwerte für die unbekannten Parameter (Erwartungswert μ und Varianz σ^2) der Verteilungsfunktion einer Zufallsgröße X aus einer Stichprobe (mit $\overline{x}$ und s^2) gewonnen. Eine Abbildung, die jeder Stichprobe vom Umfang n aus einer Grundgesamtheit einen Schätzwert für einen bestimmten Parameter der Grundgesamtheit zuordnet, heißt ***Schätzfunktion*** für diesen Parameter.

Schätzen eines unbekannten Erwartungswertes μ

Sind die Zufallsgrößen $X_1, X_2, \ldots, X_n$ Stichprobenvariable zu X, so gilt: $E(X_1) = E(X_2) = \ldots = E(X_n) = E(X) = \mu$ und $\sigma^2(X_1) = \sigma^2(X_2) = \ldots = \sigma^2(X_n) = \sigma^2(X) = \sigma^2$.

Also hat das ***Stichprobenmittel*** $\overline{X} = \frac{1}{n}(X_1 + \ldots + X_n)$ den Erwartungswert $E(\overline{X}) = \mu$ und die Varianz $\sigma^2(\overline{X}) = \frac{1}{n} \cdot \sigma^2$.

Für $\overline{X}$ gilt die Ungleichung von Tschebyschew (▶ S. 231):

$$P\left(|\overline{X} - E(\overline{X})| > a\right) < \frac{\sigma^2(\overline{X})}{a^2} \Leftrightarrow P\left(|\overline{X} - \mu| > a\right) < \frac{\sigma^2}{n \cdot a^2},\ a > 0.$$

Die Wahrscheinlichkeit, dass das Stichprobenmittel $\overline{X}$ Werte annimmt, die um mehr als eine vorgegebene, positive Zahl *a* von μ abweichen, geht also mit wachsendem *n* gegen null. Deshalb eignet sich in einer Stichprobe vom Umfang *n* der Mittelwert (▶ S. 203) $\overline{x} = \frac{1}{n} \sum_{i=1}^{n} x_i = \frac{1}{n}(x_1 + \ldots x_n)$ als Schätzwert für μ.

BEISPIEL
X sei eine normalverteilte, standardisierte Zufallsgröße ($\mu = 0, \sigma = 1$) und $n = 4$.
Dann gilt für $\overline{X}$:
$E(\overline{X}) = \mu = 0,$

$\sigma^2(\overline{X}) = \frac{1}{4}\sigma^2 = 0{,}25,$

$\sigma(\overline{X}) = \frac{1}{2}\sigma = 0{,}5.$

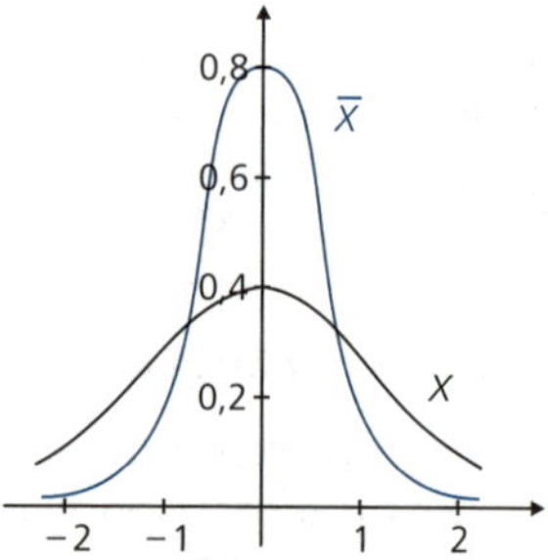

(Das Stichprobenmittel $\overline{X}$ streut also weniger als X.)

Schätzen einer unbekannten Varianz σ^2

Als Schätzwert für die Varianz σ^2 einer Zufallsgröße X nimmt man aus einer Stichprobe vom Umfang *n* den Wert

$$s^2 = \frac{1}{n-1} \cdot \sum_{i=1}^{n} (x_i - \overline{x})^2.$$

BEACHTE $\frac{1}{n-1}$ statt $\frac{1}{n}$ (▶ S. 204).

BEISPIEL Bei 10 Bremstests erhält man folgende Bremswege in m: 45,3; 46,6; 48,1; 44,9; 45,6; 47,7; 46,8; 47,2; 45,3; 46,5.

$$\mu \approx \overline{x} = \frac{1}{10} \cdot (45{,}3 + 46{,}6 + 48{,}1 + \ldots + 47{,}2 + 45{,}3 + 46{,}5) = 46{,}4$$
$$\sigma^2 \approx s^2 = \frac{1}{9} \cdot [(45{,}3 - 46{,}4)^2 + \ldots + (46{,}5 - 46{,}4)^2] \approx 1{,}2$$

Alternativtest

Beim Testen hat man Vermutungen (***Hypothesen***) über die Grundgesamtheit und schließt aufgrund der gewonnenen Daten aus einer statistischen Erhebung unter Verwendung einer Entscheidungsregel, welche Hypothesen man verwirft.

BEISPIEL Eine Firma fertigt an zwei Maschinen. Bei der ersten Maschine halten erfahrungsgemäß 10 % der produzierten Stücke die geforderten Toleranzen nicht ein (Ausschussstücke), bei der zweiten Maschine 30 %. Große Stückzahlen werden hinter jeder Maschine in Schachteln verpackt, die mit Aufklebern „1. Wahl“ bzw. „2. Wahl“ bei Maschine 1 bzw. 2 versehen werden. Bei einigen Schachteln ist der Aufkleber verlorengegangen. Es soll möglichst rasch entschieden werden, ob es sich um 1. oder 2. Wahl handelt. Dazu werden aus jeder Schachtel n Stücke rein zufällig entnommen und geprüft (***Stichprobe*** vom Umfang n).

Die Anzahl X (***Testgröße***) der Ausschussstücke in der Stichprobe hängt vom Umfang n der Stichprobe, vom Anteil p der Ausschussstücke in der Schachtel und vom Zufall ab.

Vor dem Ziehen der Stichprobe wird eine Entscheidungsregel festgelegt. Es stehen zwei alternative Hypothesen zur Wahl, weshalb man diesen Test ***Alternativtest*** nennt:

Hypothesen: H_1: Es liegt 1. Wahl vor. $p_1 = 10\,\%$
H_2: Es liegt 2. Wahl vor. $p_2 = 30\,\%$

Der Stichprobenumfang sei $n = 10$.

Wenn von den 10 geprüften Stücken höchstens zwei Ausschussstücke sind, entscheiden wir uns dafür, der Schachtel den Aufkleber „1. Wahl“ zu geben, andernfalls entscheiden wir uns für „2. Wahl“.

Entscheidungsregel: $X \leq 2$, dann Entscheidung für H_1.
$X > 2$, dann Entscheidung für H_2.

$A = \{0, 1, 2\}$ ist der ***Annahmebereich*** für H_1 und der ***Ablehnungsbereich*** für H_2.

$\overline{A} = \{3, 4, \ldots, 10\}$ ist der ***Ablehnungsbereich*** für H_1 und der ***Annahmebereich*** für H_2.

Es sind nun 4 Fälle möglich:

Testergebnis / Realität	$X \leq 2$ Entscheidung für H_1	$X > 2$ Entscheidung für H_2
1. Wahl liegt vor. H_1 ist wahr. $p_1 = 10\,\%$	***Sicherheit 1. Art*** Richtige Entscheidung	***Fehler 1. Art*** irrtümliche Ablehnung von H_1
2. Wahl liegt vor. H_2 ist wahr. $p_2 = 30\,\%$	***Fehler 2. Art*** irrtümliche Annahme von H_1	***Sicherheit 2. Art*** Richtige Entscheidung

Man nennt die Fehler 1. und 2. Art auch **α- bzw. β-Fehler.**

Die Wahrscheinlichkeiten $p_1 = 10\,\%$ bzw. $p_2 = 30\,\%$ werden beim Ziehen der Stichprobe als konstant betrachtet, also X als binomialverteilt angenommen. Mit $P_{n;p}(X = k) = B_{n;p}(k)$ gilt:

Sicherheit 1. Art: $P_{10;0,1}(X \leq 2) = \sum_{i=0}^{2} B_{10;0,1}(i) = 93{,}0\,\%$

Fehler 1. Art: $\alpha = P_{10;0,1}(X > 2) = 1 - P_{10;0,1}(X \leq 2) = 7{,}0\,\%$

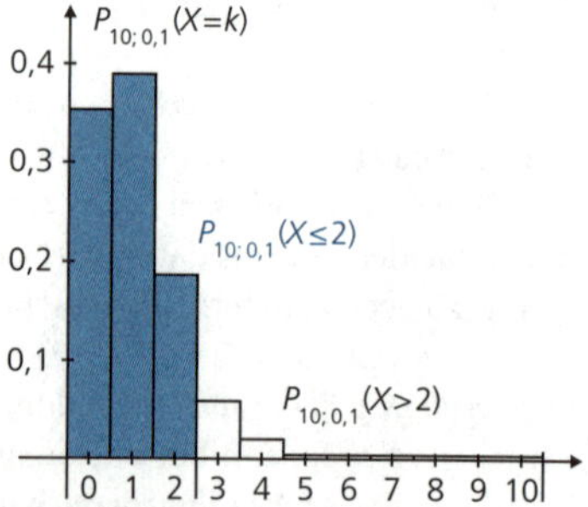

Fehler 2. Art: $\beta = P_{10;0,3}(X \leq 2) = \sum_{i=0}^{2} B_{10;0,3}(i) = 38,3\,\%$

Sicherheit 2. Art: $P_{10;0,3}(X > 2) = 1 - P_{10;0,3}(X \leq 2) = 61,7\,\%$

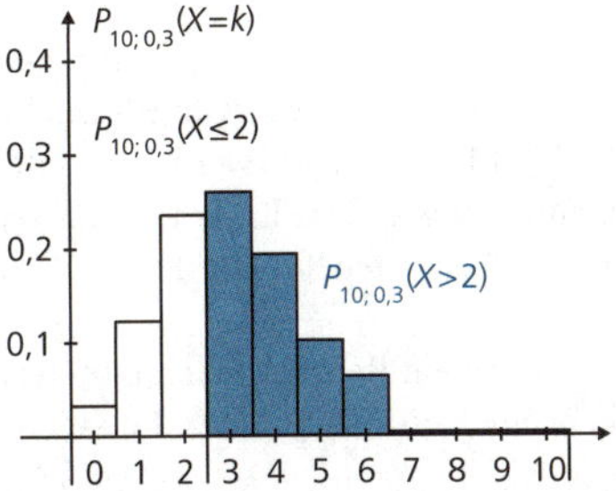

BEACHTE Ändert man die Entscheidungsregel bei gleichem Stichprobenumfang, so geht mit der Verringerung der einen Fehlerwahrscheinlichkeit eine Vergrößerung der anderen Fehlerwahrscheinlichkeit einher.

Eine Standardaufgabe ist das Auffinden der Entscheidungsregel zu einem vorgegebenen Stichprobenumfang und einer vorgegebenen Fehlerwahrscheinlichkeit.

BEISPIEL Es sei nun im vorherigen Beispiel $n = 20$. Die Wahrscheinlichkeit für den Fehler 1. Art soll höchstens 5 % sein. ($\alpha = 5\,\%$).

Hypothesen: H_1: Es liegt 1. Wahl vor. $p_1 = 10\,\%$
H_2: Es liegt 2. Wahl vor. $p_2 = 30\,\%$

Entscheidungsregel: $X \leq c$, dann Entscheidung für H_1.
$X > c$, dann Entscheidung für H_2.

AUGEN AUF! Die gesuchte Grenze c muss hier mit der Wahrscheinlichkeit für den Fehler 1. Art bestimmt werden:

$P_{20;0,1}(X > c) \leq 5\,\% \Leftrightarrow P_{20;0,1}(X \leq c) \geq 95\,\% \Leftrightarrow$

$\sum_{i=0}^{c} B_{20;0,1}(i) \geq 95\,\% \Rightarrow c \geq 4$ (aus dem Tafelwerk)

Damit der Fehler 2. Art möglichst gering ist, wählt man $c = 4$ und erhält damit folgende Entscheidungsregel:

Entscheidungsregel: $X \le 4$, dann Entscheidung für H_1.
$X > 4$, dann Entscheidung für H_2.

Ist der gesuchte Wert für die Binomialverteilung nicht tabelliert, so verwendet man die globale Näherungsformel von de Moivre-Laplace (▶ S. 233). Mit ihrer Hilfe werden im folgenden Beispiel der Stichprobenumfang und die Entscheidungsregel zu vorgegebenen Wahrscheinlichkeiten für die Fehler 1. und 2. Art bestimmt.

BEISPIEL In unserem Beispiel sollen nun die beiden Fehlerwahrscheinlichkeiten höchstens 0,5 % betragen. n und c sind gesucht.

Hypothesen: H_1: Es liegt 1. Wahl vor. $p_1 = 10\,\%$
H_2: Es liegt 2. Wahl vor. $p_2 = 30\,\%$

Entscheidungsregel: $X \le c$, dann Entscheidung für H_1.
$X > c$, dann Entscheidung für H_2.

Für den α- und β-Fehler soll gelten:
$\alpha = P_{n;0,1}(X > c) \le 0{,}5\,\%$ und $\beta = P_{n;0,3}(X \le c) \le 0{,}5\,\%$.
Da $P_{n;0,1}(X > c) \le 0{,}5\,\% \Leftrightarrow P_{n;0,1}(X \le c) \ge 99{,}5\,\%$,
folgt mit der globalen Näherungsformel (▶ S. 233):

$$P_{n;0,1}(X \le c) \approx \Phi\left(\frac{c + 0{,}5 - n \cdot 0{,}1}{\sqrt{n \cdot 0{,}1 \cdot 0{,}9}}\right) \ge 0{,}995 \text{ und}$$

$$P_{n;0,3}(X \le c) \approx \Phi\left(\frac{c + 0{,}5 - n \cdot 0{,}3}{\sqrt{n \cdot 0{,}3 \cdot 0{,}7}}\right) \le 0{,}005.$$

Aus einer Tabelle entnimmt man: (Beachte ggf. ▶ S. 232!)

$$\frac{c + 0{,}5 - n \cdot 0{,}1}{\sqrt{n \cdot 0{,}1 \cdot 0{,}9}} \ge 2{,}58 \text{ und } \frac{c + 0{,}5 - n \cdot 0{,}3}{\sqrt{n \cdot 0{,}3 \cdot 0{,}7}} \le -2{,}58$$

$c + 0{,}5 \ge 2{,}58 \cdot \sqrt{n \cdot 0{,}1 \cdot 0{,}9} + n \cdot 0{,}1$ und
$c + 0{,}5 \le -2{,}58 \cdot \sqrt{n \cdot 0{,}3 \cdot 0{,}7} + n \cdot 0{,}3$. Hieraus folgt:
$-2{,}58 \cdot \sqrt{n \cdot 0{,}3 \cdot 0{,}7} + n \cdot 0{,}3 \ge 2{,}58 \cdot \sqrt{n \cdot 0{,}1 \cdot 0{,}9} + n \cdot 0{,}1$

$n \cdot 0{,}2 \geq 2{,}58 \cdot \sqrt{n} \cdot (\sqrt{0{,}1 \cdot 0{,}9} + \sqrt{0{,}3 \cdot 0{,}7})$
$\sqrt{n} \geq 9{,}78$; $n \geq 95{,}6$; d. h. $\boldsymbol{n = 96}$
Mit $n = 96$ erhält man aus einer der obigen Ungleichungen:
$c + 0{,}5 \geq 2{,}58 \cdot \sqrt{96 \cdot 01 \cdot 0{,}9} + 96 \cdot 0{,}1$; $c \geq 16{,}7$; d. h. $\boldsymbol{c = 17}$
Ergebnis: Geeigneter Stichprobenumfang $n = 96$
Entscheidungsregel: $X \leq 17$, dann Entscheidung für H_1.
$X > 17$, dann Entscheidung für H_2.

Signifikanztest

Ziel eines Signifikanztests ist es, festzustellen, ob **eine** Hypothese, die ***Nullhypothese***, mit gutem Grund abgelehnt werden kann. Dies ist der Fall, wenn überzufällige Abweichungen, sogenannte ***signifikante Abweichungen***, im Stichprobenergebnis auftreten. (Deshalb der Name ***Signifikanztest***.)

BEISPIEL Ein Würfel zeigt beim Werfen auffällig oft eine Sechs. Es soll geprüft werden, ob er trotzdem ein Laplace-Würfel ist.
Nullhypothese: H_0: Es ist ein Laplace-Würfel. $p_0 = \frac{1}{6}$

H_0 heißt ***einfache Hypothese***, da ihr ***genau ein*** Wert für die Wahrscheinlichkeit zugeordnet ist.
Es wird 20-mal gewürfelt. X sei die Anzahl der gewürfelten Sechsen. Die Wahrscheinlichkeit für den Fehler 1. Art soll unter einer vorgegebenen Schranke (z. B. 5 %), dem sogenannten ***Signifikanzniveau***, liegen.
Ansatz für die Entscheidungsregel:
$X \leq c$; H_0 kann nicht abgelehnt werden.
$X > c$; H_0 wird abgelehnt.
(Da die Sechs auffällig häufig fällt, prüfen wir nur auf zu häufiges Auftreten der Sechs, d. h. Abweichungen nach nur einer Seite. Der Test heißt deshalb ***einseitiger Test***.)

$$P_{20;\frac{1}{6}}(X > c) \leq 5\,\% \Leftrightarrow P_{20;\frac{1}{6}}(X \leq c) \geq 95\,\% \Leftrightarrow \sum_{i=0}^{c} B_{20;\frac{1}{6}}(i) \geq 0{,}95$$

Aus der Tabelle für Binomialverteilungen entnimmt man $c \geq 6$. Man wählt $c = 6$, um den Fehler 2. Art klein zu halten. Die Nullhypothese, dass ein Laplace-Würfel vorliegt, kann also bei 20 Würfen für $X > 6$ auf dem Signifikanzniveau von 5 % abgelehnt werden. Die Wahrscheinlichkeit für den Fehler 1. Art liegt dabei sogar noch merklich unter dem Signifikanzniveau.
$\alpha = P_{20;\frac{1}{6}}(X > 6) = 1 - P_{20;\frac{1}{6}}(X \leq 6) \approx 1 - 0{,}963 = 3{,}7\,\%$

Vorgehensweise beim Signifikanztest:

1. Formulierung der Nullhypothese H_0.
2. Festlegung des Stichprobenumfangs n, der Testgröße X und des Signifikanzniveaus.
3. Bestimmung der Entscheidungsregel.
4. Testdurchführung und Entscheidung.

Im folgenden ***zweiseitigen Test*** werden Abweichungen nach beiden Seiten berücksichtigt.
BEISPIEL Beim Roulett gewinnt bei der Null meistens die Bank. Es soll mit 1000 Versuchen auf dem Signifikanzniveau von 1% geprüft werden, ob die Null eine vom Sollwert abweichende Wahrscheinlichkeit besitzt.
Nullhypothese: H_0: $p_0 = \frac{1}{37}$ (Keine Abweichung!)

$n = 1000$, $\alpha \leq 1\,\%$, X ist die Anzahl der Ergebnisse „Null".
Ansatz für die ***Entscheidungsregel*** mit $c_1 < c_2$:
$c_1 \leq X \leq c_2$; H_0 kann nicht abgelehnt werden.
$X < c_1 \vee X > c_2$; H_0 wird abgelehnt.
$\alpha = P_{1000;\frac{1}{37}}(X < c_1 \vee X > c_2) \leq 0{,}01$

AUGEN AUF! Beim zweiseitigen Test ist es üblich, das Risiko gleichmäßig auf beide Seiten aufzuteilen. Wegen des großen Stichprobenumfangs verwenden wir die globale Näherungsformel von de Moivre-Laplace (▶ S. 233):

$$P_{1000;\frac{1}{37}}(X < c_1) = P_{1000;\frac{1}{37}}(X \le c_1 - 1) \approx$$

$$\Phi\left(\frac{c_1 - 1 + 0{,}5 - 1000 \cdot \frac{1}{37}}{\sqrt{1000 \cdot \frac{1}{37} \cdot \frac{36}{37}}}\right) \le 0{,}005 = \frac{\alpha}{2} \text{ und}$$

$$P_{1000;\frac{1}{37}}(X > c_2) = 1 - P_{1000;\frac{1}{37}}(X \le c_2) \approx$$

$$1 - \Phi\left(\frac{c_2 + 0{,}5 - 1000 \cdot \frac{1}{37}}{\sqrt{1000 \cdot \frac{1}{37} \cdot \frac{36}{37}}}\right) \le 0{,}005 = \frac{\alpha}{2}$$

Aus einer Tabelle für Normalverteilungen entnimmt man:

$$\frac{c_1 - 1 + 0{,}5 - 1000 \cdot \frac{1}{37}}{\sqrt{1000 \cdot \frac{1}{37} \cdot \frac{36}{37}}} \le -2{,}58; \quad \frac{c_2 + 0{,}5 - 1000 \cdot \frac{1}{37}}{\sqrt{1000 \cdot \frac{1}{37} \cdot \frac{36}{37}}} \ge 2{,}58$$

5

Daraus folgt: $c_1 \le 14{,}3$; $c_2 \ge 39{,}8$. Also $c_1 = 14$ und $c_2 = 40$. Kommt die Null bei 1000 Versuchen weniger als 14-mal oder mehr als 40-mal vor, so kann die Nullhypothese, dass die Null keine vom Sollwert abweichende Wahrscheinlichkeit besitzt, auf dem Signifikanzniveau von 1 % abgelehnt werden.

In der Praxis testet man häufiger Hypothesen über den Erwartungswert μ.
Es sei X eine Zufallsgröße, die in der Grundgesamtheit normalverteilt ist, $X_1, X_2, \ldots, X_n$ seien Stichprobenvariable zu X und $\overline{X}$ sei das Stichprobenmittel (▶ S. 235). Der Wert der Stichprobenvarianz s^2 sei ein hinreichend genauer Schätzwert für die Varianz σ^2 von X (▶ S. 236). Über den Erwartungswert μ der Zufallsgröße X liegt eine Hypothese H_0: $\mu = \mu_0$ vor.

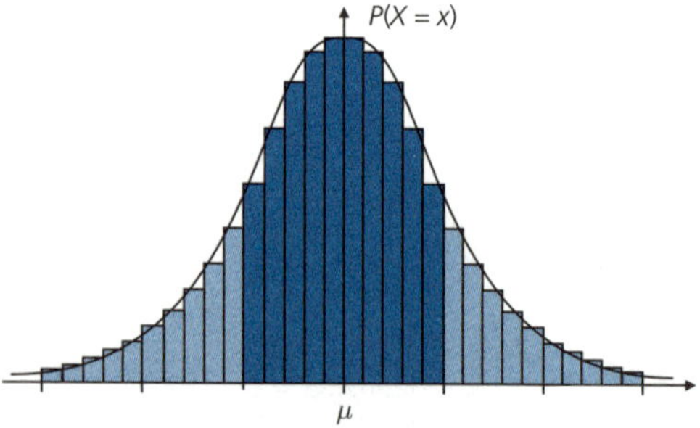

Ist die Hypothese richtig, so ist das Stichprobenmittel $\overline{X}$ normalverteilt mit dem Erwartungswert $E(\overline{X}) = \mu$ und der Varianz $\sigma^2(\overline{X}) = \frac{1}{n} \cdot \sigma^2$ und es gilt mit der zu $\overline{X}$ standardisierten Zufallsgröße für den Fehler 1. Art:

$$\alpha = P\left(\left|\frac{\overline{X} - \mu_0}{\frac{s}{\sqrt{n}}}\right| > c\right) = 1 - P\left(\left|\frac{\overline{X} - \mu_0}{\frac{s}{\sqrt{n}}}\right| \leq c\right) =$$

$$1 - [\Phi(c) - \Phi(-c)] = 1 - [\Phi(c) - (1 - \Phi(c))] = 2 - 2 \cdot \Phi(c).$$

Vorgehen beim zweiseitigen Test:

1. Wähle ein Signifikanzniveau α.
2. Bestimme die Zahl c aus der Gleichung: $\alpha = 2 - 2 \cdot \Phi(c)$.
3. Berechne $\overline{x}$ und s aus einer Stichprobe vom Umfang n.
4. H_0 wird auf dem Signifikanzniveau α abgelehnt, wenn $|\overline{x} - \mu_0| > c \cdot \frac{s}{\sqrt{n}}$.

6 Arbeitsaufträge in den Abiturprüfungen

Durch die in den Abituraufgaben verwendeten **Arbeitsaufträge** und **Handlungsanweisungen** – oder auch „Operatoren" genannt – wie z. B. „begründen", „herleiten" oder „skizzieren" wird von Ihnen eine jeweils ganz bestimmte Tätigkeit bei der Bearbeitung einer Prüfungsaufgabe erwartet.
Zu einer guten fachlichen Vorbereitung auf die Abiturprüfung gehört daher für Sie auch das Wissen, welche Aktivitäten bei der Bearbeitung verlangt werden und wie die Darstellung der Lösung erfolgen soll, damit Sie Fehlinterpretationen der Aufgabenstellung vermeiden können.
In der folgenden Tabelle werden die für Mathematik bedeutsamen „Operatoren" zusammengestellt. Bei jedem **Operator** ist jeweils die **Definition** angegeben, wie sie von den Schulbehörden der Bundesländern formuliert und veröffentlicht wurde.

Operator	Definition
angeben, nennen	Objekte, Sachverhalte, Begriffe, Daten ohne nähere Erläuterungen und Begründungen, ohne Darstellung von Lösungsansätzen und ohne Lösungsweg aufzählen.
anwenden, übertragen	Einen bekannten Sachverhalt, eine bekannte Methode auf eine neue Problemstellung beziehen.
auswerten	Daten, Einzelergebnisse oder sonstige Sachverhalte zu einer abschließenden Gesamtaussage zusammenführen.
begründen	Einen angegebenen Sachverhalt auf Gesetzmäßigkeiten bzw. kausale Zusammenhänge zurückführen. Hierbei sind Regeln und mathematische Beziehungen zu nutzen und mit kommentierendem Text anzugeben.

Operator	Definition
berechnen	Ergebnisse von einem Ansatz ausgehend durch Rechenoperationen gewinnen (mit oder ohne grafikfähigen Taschenrechner/Computer-Algebra-System (CAS)).
beschreiben *(vergleiche: „erläutern")*	Sachverhalt oder Verfahren in Textform unter Verwendung der Fachsprache in vollständigen Sätzen darstellen. (Hier sind auch Einschränkungen möglich: „Beschreiben Sie in Stichworten".)
bestimmen, ermitteln	Einen Lösungsweg darstellen und das Ergebnis formulieren (die Wahl der Mittel kann unter Umständen eingeschränkt sein).
beurteilen, Folgerungen ziehen	Zu einem Sachverhalt ein selbstständiges Urteil unter Verwendung von Fachwissen und Fachmethoden formulieren und begründen.
beweisen, widerlegen	Beweisführung im mathematischen Sinne unter Verwendung von bekannten mathematischen Sätzen, logischen Schlüssen und Äquivalenzumformungen, ggf. unter Verwendung von Gegenbeispielen.
dokumentieren	Alle notwendigen Erklärungen, Herleitungen und Skizzen darstellen.
einordnen, zuordnen	Mit erläuternden Hinweisen in einen genannten Zusammenhang einfügen/stellen.
entscheiden	Bei Alternativen sich begründet und eindeutig – aufgrund von Vergleichen – auf eine Möglichkeit festlegen.
entwickeln, aufstellen	Sachverhalte und Methoden zielgerichtet in einen Zusammenhang bringen, also eine Hypothese, eine Skizze oder ein Modell weiterführen und ausbauen.

Operator	Definition
erklären	Methode, Verfahren, Vorgehensweise oder Zusammenhang in Textform unter Verwendung der Fachsprache auf fachliche Grundprinzipien zurückführen. Sachverhalte mithilfe eigener Kenntnisse verständlich und nachvollziehbar machen und in Zusammenhänge einordnen.
erläutern *vergleiche: „beschreiben"*	Einen Sachverhalt oder ein Verfahren in angemessener Textform darstellen und durch zusätzliche Informationen oder Darstellungsformen verständlich machen. *Im Unterschied zur Beschreibung erfordert eine Erläuterung die Darstellung inhaltlicher Bezüge.*
erstellen, darstellen	Sachverhalte, Zusammenhänge, Methoden in übersichtlicher, meist fachlich üblicher oder vorgegebener Form darstellen.
herleiten	Die Entstehung oder Ableitung eines gegebenen oder beschriebenen Sachverhalts oder einer Gleichung aus anderen oder aus allgemeineren Sachverhalten darstellen.
(re-)interpretieren, deuten	Phänomene, Strukturen oder Ergebnisse auf Erklärungsmöglichkeiten untersuchen und diese gegeneinander abwägen und auf das ursprüngliche Problem beziehen. Die Ergebnisse einer mathematischen Überlegung rückübersetzen auf das ursprüngliche Problem. Umdeuten in eine andere Sichtweise.
klassifizieren	Eine Menge von Objekten nach vorgegebenen oder sinnvoll selbstständig zu wählenden Kriterien in Klassen einteilen.
skizzieren	Die wesentlichen Eigenschaften eines Objektes angemessen grafisch per Hand darstellen (auch Freihandskizze möglich).

Operator	Definition
überprüfen, bestätigen, widerlegen	Die Gültigkeit einer Aussage, z. B. einer Hypothese oder einer Modellvorstellung, verifizieren, falsifizieren.
untersuchen, prüfen	Sachverhalte nach bestimmten, fachlich üblichen bzw. sinnvollen Kriterien bearbeiten. Eigenschaften von oder Beziehungen zwischen Objekten herausfinden und darlegen. *Je nach Sachverhalt kann ein Strukturieren, Ordnen oder Klassifizieren notwendig sein.*
veranschaulichen	Mathematische Sachverhalte oder berechnete Werte z. B. durch Schraffuren, Baumdiagramme o. Ä. anschaulich darstellen.
vergleichen, gegenüberstellen	Nach vorgegebenen oder selbst gewählten Gesichtspunkten Gemeinsamkeiten, Ähnlichkeiten und Unterschiede ermitteln und darstellen.
zeichnen, grafisch darstellen	Eine hinreichend exakte grafische Darstellung auf der Basis der genauen Wiedergabe wesentlicher Punkte anfertigen. *Bei Einsatz von Computer-Algebra-Systemen am PC sind auch Ausdrucke von elektronischen Zeichnungen zugelassen.*
zeigen, nachweisen	Eine Aussage, einen Sachverhalt nach gültigen Schlussregeln, Berechnungen, Herleitungen oder logischen Begründungen bestätigen.

Die Quellen für die genannten Operatoren sind die Bildungsserver diverser Bundesländer.

Stichwortverzeichnis

Verkettung von Funktionen

Verketten: Zwei Zuordnungsvorschriften werden nacheinander ausgeführt; dabei entsteht eine neue Funktion. Die Funktion v mit $v(x) = f(g(x))$ heißt Verkettung von f und g: $v = f \circ g$.

- Funktion f heißt **äußere Funktion,**
- Funktion g ist **innere Funktion** der verketteten Funktion.

Die Verkettung ist definiert für alle x, für welche die Funktionswerte von g (also $g(x)$) zum Definitionsbereich von f gehören.
Bei einer Verkettung der äußeren Funktion f mit der inneren Funktion g zur Funktion $v = f \circ g$ macht man die Funktionswerte $g(x)$ der inneren Funktion zu Argumenten der äußeren Funktion f.

Beispiel: Die Funktionen $f(x) = \sin x$ und $g(x) = 2x$ sollen verkettet werden zu $v(x) = f(g(x))$.

1. Um die Verknüpfung $f \circ g$ zu erhalten, wendet man auf einen Wert x aus dem Definitionsbereich von g die Zuordnungsvorschrift g „Verdopple!" an und erhält so den Funktionswert $g(x) = 2x$.
2. Auf den Wert $g(x)$ wendet man die Zuordnungsvorschrift f „Sinuswert bilden!" an. Man erhält: $f(2x) = \sin 2x$.
3. Durch die Verknüpfung $f \circ g$ ist somit die neue Funktion v mit $v(x) = \sin 2x$ entstanden.

Platz für eigene Notizen

Nullstellen quadratischer Funktionen bestimmen

Allgemeine Form der Funktionsgleichung quadratischer Funktionen: $f(x) = ax^2 + bx + c;\ a, b, c \in \mathbb{R}$
Graphen quadratischer Funktionen sind quadratische **Parabeln.** Normalparabel: $f(x) = x^2$
Nullstellen berechnet man, indem man den Funktionsterm gleich null setzt: $f(x) = ax^2 + bx + c = 0$

Lösungsformel: $x_{1,2} = \frac{-b \pm \sqrt{b^2 - 4ac}}{2a}$ ⇒ **Diskrimante** $D = b^2 - 4ac = 0$

Diskriminante D	$D > 0$	$D = 0$	$D < 0$
Anzahl Nullstellen	zwei Nullstellen	genau eine (doppelte) Nullstelle	keine Nullstelle
Graph	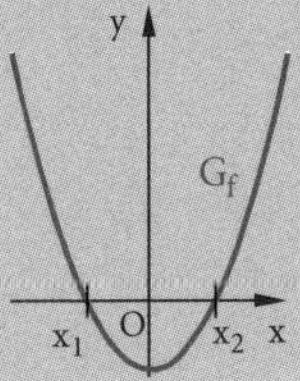	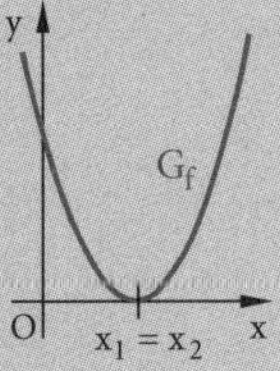	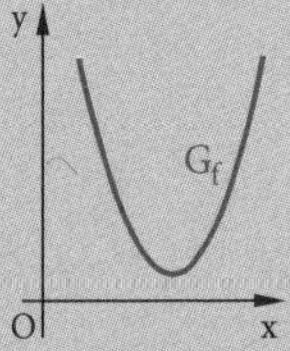

Beispiel: $f(x) = x^2 - 8x + 16;\ D = (-8)^2 - 4 \cdot 16 = 0$; eine Nullstelle: $x = \frac{-(-8) \pm 0}{2 \cdot 1} = 4$

Platz für eigene Notizen

Sinus- und Kosinusfunktion

Definitionen

Die Ordinate des zum Winkel α gehörenden Punktes $P(u|v)$ auf dem Einheitskreis heißt

Sinus des Winkels α: $\sin \alpha = \frac{|\overline{PQ}|}{|\overline{OP}|} = \frac{v}{1} = v$.

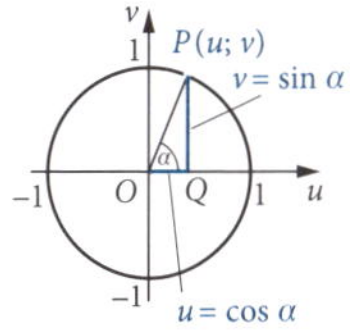

Die Abszisse u des zum Winkel α gehörenden Punktes P auf dem Einheitskreis heißt

Kosinus des Winkels α: $\cos \alpha = \frac{|\overline{OQ}|}{|\overline{OP}|} = \frac{u}{1} = u$.

Die eindeutige Zuordnung $x \mapsto \sin x$ (x in Bogenmaß, $x \in \mathbb{R}$) nennt man **Sinusfunktion,** die eindeutige Zuordnung $x \mapsto \cos x$ entsprechend **Kosinusfunktion.**

Graphen der Sinus- und Kosinusfunktion

Ausgehend von den Definitionen am Einheitskreis lassen sich die Graphen der Sinusfunktion und der Kosinusfunktion erzeugen.

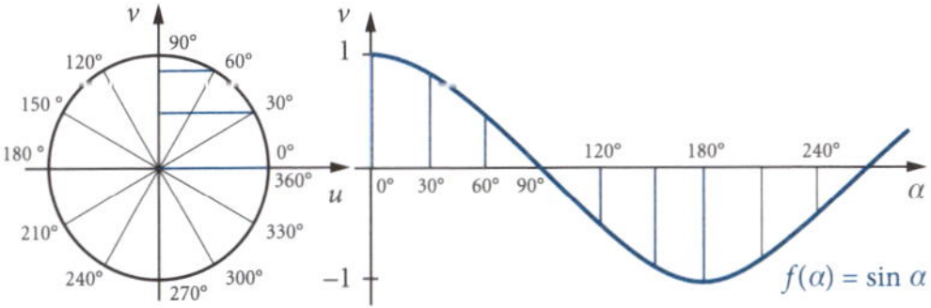

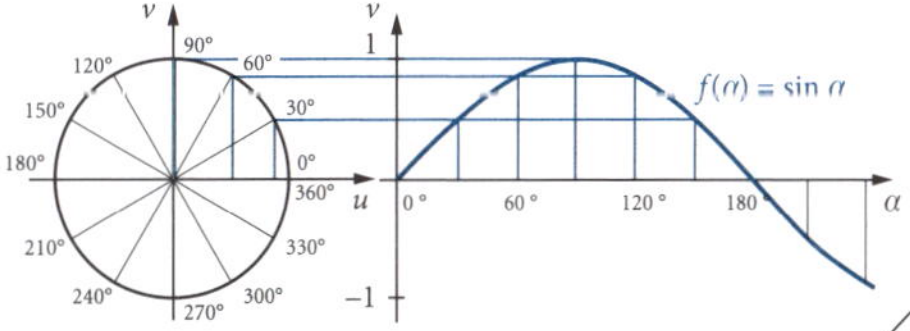

Platz für eigene Notizen

Tangentengleichung ermitteln

Tangentengleichung

Tangente an den Graphen einer reellen Funktion f, die an einer Stelle x_0 differenzierbar ist:

- Gerade, die f im Kurvenpunkt $(x_0|f(x_0))$ berührt.
- hat an der Stelle x_0 denselben Funktionswert und dieselbe Steigung wie f.

Gleichung der Tangente $t(x)$ an f in x_0: $t(x) = mx + b$

oder mit $m = f'(x_0)$ und $b = y_0 - f'(x_0) \cdot x_0$:

$t(x) = f'(x_0) \cdot x + y_0 - f'(x_0) \cdot x_0$

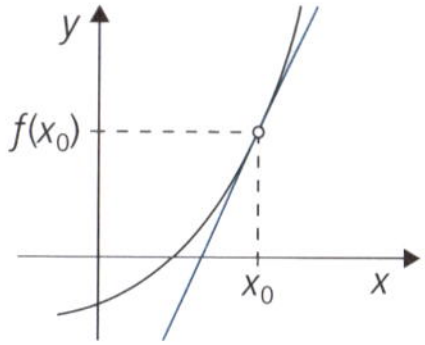

Tangentengleichung zum Kurvenpunkt $(x_0|f(x_0))$ aufstellen

Beispiel 1: Funktion f mit $f(x) = x^2$; Ableitung $f'(x) = 2x$

$x_0 = 2$; $f(x_0) = y_0 = 4$

Tangente an $f(x)$ in $x_0 = 2$:

$f'(2) = 4 \Rightarrow \mathbf{t(x)} = 4x + 4 - 4 \cdot 2 = \mathbf{4x - 4}$

Beispiel 2: Funktion f mit $f(x) = x^2$;

Tangente mit Steigung $m = 3$ an Graph von f

$m = f'(x_0) = 3 \Rightarrow x_0 = \frac{3}{2}$; $f\left(\frac{3}{2}\right) = y_0 = \frac{9}{4}$

$\mathbf{t(x)} = 3x + \frac{9}{4} - 3 \cdot \frac{3}{2} = \mathbf{3x - \frac{9}{4}}$

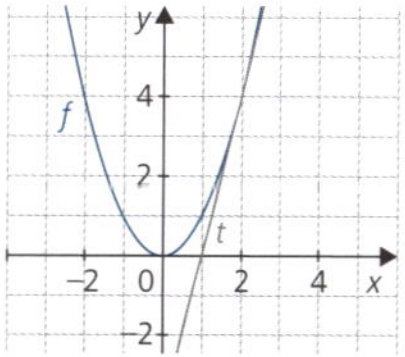

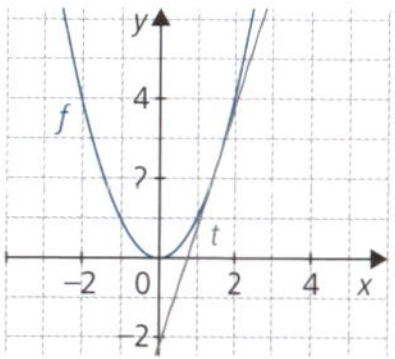

Platz für eigene Notizen

Kurvendiskussion – Krümmung, Extrempunkt, Wendepunkt

Krümmung des Graphen in einem Intervall:

- *rechtsgekrümmt* (konvex), wenn Steigung der Tangente $\left(m_t = f'(x_0)\right)$ streng monoton abnimmt: $f''(x_0) < 0$
- *linksgekrümmt* (konkav), wenn Steigung der Tangente $\left(m_t = f'(x_0)\right)$ streng monoton zunimmt: $f''(x_0) > 0$

Extrempunkt – Extremum der Funktion f bzw. Extrempunkt des Graphen G_f (hinreichende Bedingung):

1. f ist in einer Umgebung einer Stelle x_0 differenzierbar und $f'(x_0) = 0$ und f' wechselt Vorzeichen bei x_0.
VZW von + nach – $\rightarrow$ lokales Maximum bzw. lokaler **Hochpunkt** an der Stelle x_0
VZW von – nach + $\rightarrow$ lokales Minimum bzw. lokaler **Tiefpunkt** an der Stelle x_0

2. f ist an einer Stelle x_0 zweimal differenzierbar.
$f'(x_0) = 0$ und $f''(x_0) < 0 \rightarrow$ lokales **Maximum** an der Stelle x_0
$f'(x_0) = 0$ und $f''(x_0) > 0 \rightarrow$ lokales **Minimum** an der Stelle x_0

Wendepunkt – G_f ändert seine Krümmung. Wendepunkt mit horizontaler Tangente: *Terrassenpunkt.*
Notwendige Bedingung: f ist an einer Stelle zweimal differenzierbar und $f''(x_0) = 0$.
Hinreichende Bedingung:

1. f ist an der Stelle x_0 zweimal differenzierbar und $f''(x_0) = 0$ und f'' wechselt in x_0 das Vorzeichen.
2. f ist an der Stelle x_0 dreimal differenzierbar und $f''(x_0) = 0$ und $f'''(x_0) \neq 0$.

Platz für eigene Notizen

Funktionsgleichung ermitteln

Grad der Polynomfunktion und Anzahl der Bedingungen

Polynomfunktion n-ten Grades: $f(x) = a_n x^n + a_{n-1} x^{n-1} + \ldots + a_1 x + a_0$
Zur Bestimmung der $n + 1$ Koeffizienten sind $n + 1$ Bedingungen nötig.

„Übersetzungsregeln"

- Punkt $P(a|b)$ liegt auf G_f $\Leftrightarrow f(a) = b$
- Extremstelle bei $x = a$ $\Leftrightarrow f'(a) = 0$
- Terrassenpunkt bei $x = a$ $\Leftrightarrow f'(a) = 0 \wedge f''(a) = 0$
- Wendestelle bei $x = a$ $\Leftrightarrow f''(a) = 0$
- Steigung bei $x = a$ hat den Wert m $\Leftrightarrow f'(a) = m$

Beispiel: Polynomfunktion 3. Grades

$f(x) = ax^3 + bx^2 + cx + d$ Ableitungen: $f'(x) = 3ax^2 + 2bx + c$; $f''(x) = 6ax + 2b$

Bedingungen		***Gleichungen aufstellen***
1. Nullstelle bei $x = 2$	$f(2) = 0$	$8a + 4b + 2c + d = 0$
2. Extremum bei $x = -2$	$f'(-2) = 0$	$12a - 4b + c = 0$
3. Wendepunkt $W(0|-4)$	$f''(0) = 0$	$2b = 0$
4. y-Achsenabschnitt bei -4	$f(0) = -4$	$d = -4$

Gleichungssystem lösen: $a = 0{,}25$; $b = 0$; $c = 3$; $d = -4$
Funktionsgleichung aufstellen: $f(x) = -0{,}25x^3 + 3x - 4$ (Graph zeichnen, Ergebnis überprüfen)

Platz für eigene Notizen

Extremwertprobleme – Optimierung mit Nebenbedingungen

Lösungsstrategie: ***Beispiel:*** zylinderförmige Blechdose $\left(V = 1\,000\,\text{cm}^3\right)$ mit möglichst geringem Blechverbrauch herstellen

Analyse und Mathematisierung: Durchmesser d und Höhe h des Zylinders mit minimaler Oberfläche O ermitteln

Zielfunktion aufstellen: $O(d, h) = \pi \frac{d^2}{2} + d\pi h$

Nebenbedingungen angeben: $V = h \cdot \pi \frac{d^2}{4} = 1\,000 \Leftrightarrow h = \frac{4\,000}{\pi d^2}$

Nebenbedingungen in Zielfunktion einsetzen: $O(d) = \pi \frac{d^2}{2} + d\pi \frac{4\,000}{\pi d^2} = \pi \frac{d^2}{2} + \frac{4\,000}{d}$

Definitionsbereich festlegen: Durchmesser muss positiv sein: $d \in \mathbb{R}^+$

Ableitungen berechnen: $O'(d) = \pi d - \frac{4\,000}{d^2}$; $O''(d) = \pi + \frac{8\,000}{d^3}$

Lokales Extremum und globales Extremum bestimmen:

$O'(d) = 0 \Leftrightarrow \pi d - \frac{4\,000}{d^2} = 0 \Leftrightarrow d^3 - \frac{4\,000}{\pi} = 0 \Rightarrow d = \sqrt[3]{\frac{4\,000}{\pi}} \approx 10{,}84\,(\text{cm})$

$O''(d) > 0 \rightarrow d = 10{,}84$ ist lokale und globale Minimumstelle von $O(d)$.

Variable bestimmen: $h = \sqrt[3]{\frac{4\,000}{\pi}}$

Ergebnis interpretieren: Durchmesser und Höhe müssen gleich groß sein (10,84 cm), damit die Oberfläche des Zylinders mit $V = 1\,000\,\text{cm}^3$ möglichst klein ist.

Platz für eigene Notizen

Berechnung bestimmter Integrale

Zu einer integrierbaren Funktion existieren unendlich viele Stammfunktionen (die sich durch eine Konstante C unterscheiden). Der **Hauptsatz der Differential- und Integralrechnung** ermöglicht die Berechnung bestimmter Integrale über die Differenz zweier Werte einer beliebigen Stammfunktion der Integrandenfunktion. Ist f eine im Intervall $[a; b]$ stetige Funktion und F eine zu f gehörende Stammfunktion,

so gilt: $$\int_a^b f(x)\,dx = [F(x)]_a^b = F(b) - F(a)$$

Beispiel: Berechnung des bestimmten Integrals $\int_1^4 (x^3 - 2\sqrt{x})\,dx$

1. Integrandenfunktion durch zwei einfachere Funktionsterme ersetzen:

$$\int_1^4 (x^3 - 2\sqrt{x})\,dx = \int_1^4 x^3\,dx - \int_1^4 2\sqrt{x}\,dx = \int_1^4 x^3 dx - 2\int_1^4 \sqrt{x}\,dx = \int_1^4 x^3 dx - 2\int_1^4 x^{\frac{1}{2}}\,dx$$

2. Stammfunktion F von f ermitteln (z. B. mithilfe einer Formelsammlung):
Beide Integrandenfunktionen sind vom Typ $f(x) = x^n$; zugehörige Stammfunktion: $F(x) = \frac{x^{n+1}}{n+1}$

$$\int_1^4 x^3 dx - 2\int_1^4 x^{\frac{1}{2}}\,dx = \left[\frac{x^4}{4}\right]_1^4 - 2 \cdot \left[\frac{x^{\frac{3}{2}}}{\frac{3}{2}}\right]_1^4$$

3. Berechnen der Differenz $F(b) - F(a)$: $\left[\frac{x^4}{4}\right]_1^4 - 2 \cdot \left[\frac{x^{\frac{3}{2}}}{\frac{3}{2}}\right]_1^4 = \frac{4^4}{4} - \frac{1^4}{4} - 2\left(\frac{4^{\frac{3}{2}}}{\frac{3}{2}} - \frac{1^{\frac{3}{2}}}{\frac{3}{2}}\right) = \frac{255}{4} - \frac{4}{3}\left(\sqrt{4^3} - \sqrt{1^3}\right) = \frac{255}{4} - \frac{28}{3} = \frac{653}{12}$

Platz für eigene Notizen

Ableitung und Stammfunktion

Die Ableitungsfunktion ordnet jeder Stelle x einer Funktion f die **Ableitung** $f'(x)$ zu. Die Ableitung $f'(x)$ gibt an, welche Steigung die Funktion f an der Stelle x hat.

Monotonieverhalten: Ist eine Funktion f im Intervall $[a; b]$ stetig und differenzierbar, so gilt:

1. $f'(x) > 0$ für $x \in]a; b[$: f nimmt streng monoton zu in $[a; b]$; G_f steigt streng monoton in $[a; b]$

2. $f'(x) = 0$ für $x \in [a; b]$: f hat Steigung null; G_f verläuft waagerecht

3. $f'(x) < 0$ für $x \in]a; b[$: f nimmt streng monoton ab in $[a; b]$; G_f fällt streng monoton in $[a; b]$

Eine Funktion F ist **Stammfunktion** der Funktion f, wenn die Ableitung von F gleich der Funktion f ist:
$F'(x) = f(x)$. Der Funktionswert $f(x)$ gibt an, welche Steigung die Stammfunktion F an der Stelle x hat.

Beispiel:

$f(x) = -x^2 + 1$ → $f'(x) = -2x$

$f(x) = -x^2 + 1$ → $F(x) = -\frac{1}{3}x^3 + x$

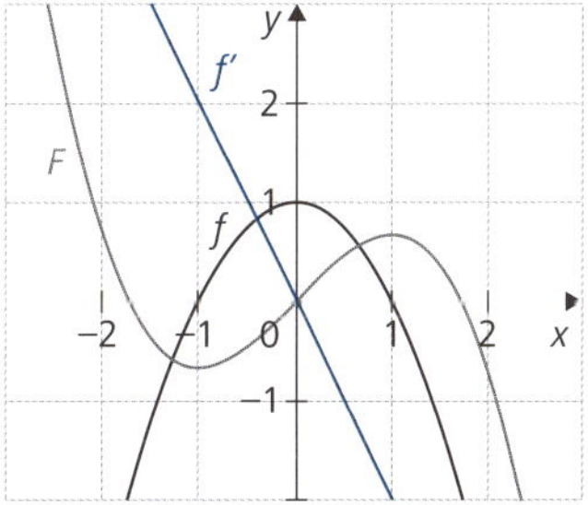

Platz für eigene Notizen

Weitere Integrale

Unbestimmtes Integral einer Funktion f – Menge aller Stammfunktionen von f: $\int f(x)\,dx = F(x) + C;\ C \in \mathbb{R}$.
Die Stammfunktionen unterscheiden sich durch eine additive Konstante C.

Beispiele: $\int x^3 dx = \frac{x^4}{4} + C$; $\int \frac{1}{x}\,dx = \ln|x| + C$; $\int \sin x\,dx = -\cos x + C$; $\int e^x dx = e^x + C$

Bestimmtes Integral – eine Zahl, z. B. Flächenmaßzahl, die als Differenz der Werte der Stammfunktion F von f für bestimmte Integrationsgrenzen a, b berechnet wird:

$$\int_a^b f(x)\,dx = F(b) - F(a);\ a, b \in \mathbb{R}$$

Schrittfolge: Stammfunktion F ermitteln, Integrationsgrenzen a, b einsetzen, Differenz $F(b) - F(a)$ berechnen.

Beispiele: $\int_0^2 x^3 dx = \left[\frac{x^4}{4}\right]_0^2 = \frac{2^4}{4} - \frac{0^4}{4} = 4$; $\int_{-\frac{\pi}{2}}^{\frac{\pi}{2}} \cos x\,dx = [\sin x]_{-\frac{\pi}{2}}^{\frac{\pi}{2}} = \sin\frac{\pi}{2} - \left(\sin\left(-\frac{\pi}{2}\right)\right) = 2$

Geometrische Bedeutung: Fläche, die der Graph einer Funktion f im Intervall $[a; b]$ mit der x–Achse einschließt.

Uneigentliches Integral – bestimmtes Integral, bei dem mindestens eine Integrationsgrenze nicht endlich ist: $\int_{-\infty}^{b} f(x)\,dx$ oder $\int_{a}^{\infty} f(x)\,dx$ oder $\int_{-\infty}^{\infty} f(x)\,dx$

Schrittfolge: Differenz $F(b) - F(a)$ bestimmen, a und/oder b gegen unendlich gehen lassen.

Beispiel: $\int_1^{\infty} \frac{1}{x^3}\,dx = \lim\limits_{b\to\infty} \int_1^b x^{-3} dx = \lim\limits_{b\to\infty} \left[-\frac{x^{-2}}{2}\right]_1^b = \lim\limits_{b\to\infty} \left(-\frac{1}{2b^2} - \left(-\frac{1}{2}\right)\right) = -0 + \frac{1}{2} = \frac{1}{2}$

Platz für eigene Notizen

Fläche zwischen Funktionsgraph und x–Achse

Bestimmte Integrale und Flächenberechnung: Ergebnis der Flächenberechnung muss positiv sein. Abschnitte der Funktion mit negativen und positiven Funktionswerten werden einzeln integriert und betragsmäßig addiert.

Beispiel: Berechnung der Fläche, die von der Funktion f und der x–Achse im Intervall [0; 1] eingeschlossen wird:
$f(x) = 3x^2 - 2\sqrt{x}$

1. Nullstellen ermitteln: $3x^2 - 2\sqrt{x} = 0 \Leftrightarrow 3x^2 = 2\sqrt{x} \Leftrightarrow 9x^4 = 4x \Leftrightarrow x = 0$ oder $x^3 = \frac{4}{9} \Leftrightarrow x_n = \sqrt[3]{\frac{4}{9}} \approx 0{,}76$

2. Abschnittsweise Integration:

$$\int_0^1 \left(3x^2 - 2\sqrt{x}\right) dx = \int_0^1 \left(3x^2 - 2x^{\frac{1}{2}}\right) dx = \left|\int_0^{x_n} \left(3x^2 - 2x^{\frac{1}{2}}\right) dx\right| + \left|\int_{x_n}^1 \left(3x^2 - 2x^{\frac{1}{2}}\right) dx\right|$$

3. Stammfunktionen ermitteln:

$$\left|\int_0^{x_n} \left(3x^2 - 2x^{\frac{1}{2}}\right) dx\right| + \left|\int_{x_n}^1 \left(3x^2 - 2x^{\frac{1}{2}}\right) dx\right| = \left|\left[3 \cdot \frac{x^3}{3} - 2 \cdot \frac{x^{\frac{3}{2}}}{\frac{3}{2}}\right]_0^{x_n}\right| + \left|\left[3 \cdot \frac{x^3}{3} - 2 \cdot \frac{x^{\frac{3}{2}}}{\frac{3}{2}}\right]_{x_n}^1\right|$$

4. Teilintegrale für die Abschnitte links und rechts der Nullstelle berechnen:

$$\left|\left(3 \cdot \frac{x_n^3}{3} - 2 \cdot \frac{x_n^{\frac{3}{2}}}{\frac{3}{2}} - 0\right)\right| + \left|\left(3 \cdot \frac{1^3}{3} - 2 \cdot \frac{1^{\frac{3}{2}}}{\frac{3}{2}}\right) - \left(3 \cdot \frac{x_n^3}{3} - 2 \cdot \frac{x_n^{\frac{3}{2}}}{\frac{3}{2}}\right)\right| = \ldots = \frac{5}{9}$$

Die Fläche zwischen $f(x)$ und der x–Achse umfasst $\frac{5}{9}$ Flächeneinheiten.

Platz für eigene Notizen

Betrag und Skalarprodukt von Vektoren

Betrag (Länge) eines Vektors $\vec{v} = \begin{pmatrix} v_1 \\ v_2 \\ v_3 \end{pmatrix}$ ist gegeben durch $|\vec{v}| = \sqrt{v_1^2 + v_2^2 + v_3^2}$.

Skalarprodukt zweier Vektoren: $\vec{a} \circ \vec{b} = |\vec{a}| \cdot |\vec{b}| \cdot \cos\varphi$, wobei φ der Winkel zwischen den beiden Vektoren ist.

Das Skalarprodukt ist eine reelle Zahl. Stehen $\vec{a}$ und $\vec{b}$ senkrecht aufeinander, ist das Skalarprodukt 0.

Skalarprodukt in Koordinatenschreibweise: $\vec{a} \circ \vec{b} = \begin{pmatrix} a_1 \\ a_2 \\ a_3 \end{pmatrix} \cdot \begin{pmatrix} b_1 \\ b_2 \\ b_3 \end{pmatrix} = a_1 \mathrm{b}_1 + a_2 b_2 + a_3 b_3$.

Winkel zwischen zwei Vektoren: $\cos\varphi = \dfrac{\vec{a} \circ \vec{b}}{|\vec{a}| \cdot |\vec{b}|} = \dfrac{a_1 b_1 + a_2 b_2 + a_3 b_3}{\sqrt{a_1^2 + a_2^2 + a_3^2} \cdot \sqrt{b_1^2 + b_2^2 + b_3^2}}$

Beispiel: Ein Parallelogramm wird durch die Vektoren $\vec{a}$ und $\vec{b}$ dargestellt; $\vec{a} = \overrightarrow{AB} = \overrightarrow{DC}$; $\vec{b} = \overrightarrow{BC} = \overrightarrow{AD}$

1. Winkel zwischen den Vektoren $\vec{a}$ und $\vec{b}$

$$\vec{a} = \begin{pmatrix} 0 \\ 4 \\ 0 \end{pmatrix}, \vec{b} = \begin{pmatrix} 0 \\ 3 \\ 4 \end{pmatrix} \Rightarrow \cos\varphi = \frac{0 \cdot 0 + 4 \cdot 3 + 0 \cdot 4}{\sqrt{0^2 + 4^2 + 0^2} \cdot \sqrt{0^2 + 3^2 + 4^2}} = \frac{3}{5} \Rightarrow \varphi \approx 53{,}1°$$

2. Länge der Diagonale $\overrightarrow{AC}$: $\overrightarrow{AC} = \vec{a} + \vec{b} = \begin{pmatrix} 0 \\ 4 \\ 0 \end{pmatrix} + \begin{pmatrix} 0 \\ 3 \\ 4 \end{pmatrix} = \begin{pmatrix} 0+0 \\ 4+3 \\ 0+4 \end{pmatrix} = \begin{pmatrix} 0 \\ 7 \\ 4 \end{pmatrix}$; $|\overrightarrow{AC}| = \sqrt{0^2 + 7^2 + 4^2} \approx 8{,}1$

Platz für eigene Notizen

Untersuchung der Lage zweier Geraden

Durch Lösen des Gleichungssystems: (I) $g\colon \vec{x} = \vec{a} + \lambda \cdot \vec{u},\ \lambda \in \mathbb{R}$ (II) $h\colon \vec{x} = \vec{b} + \mu \cdot \vec{v},\ \mu \in \mathbb{R}$

Zwei Geraden sind genau dann parallel, wenn ihre Richtungsvektoren linear abhängig (kollinear) sind.

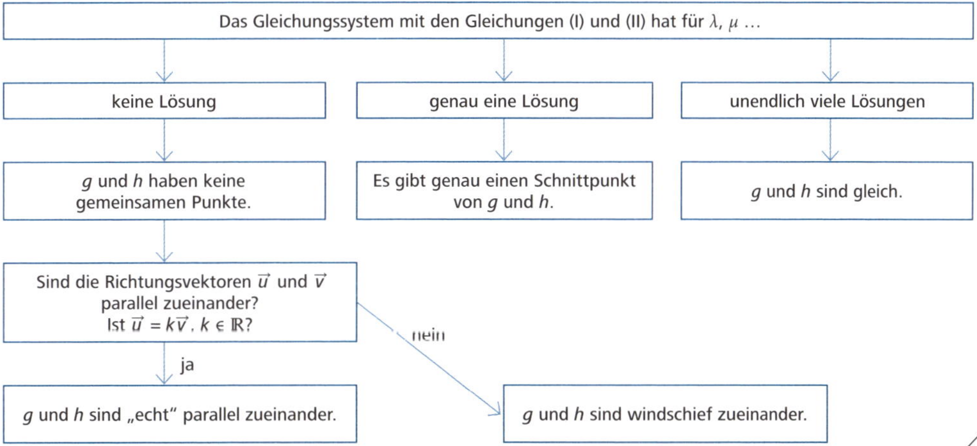

Platz für eigene Notizen

Umwandlung von Ebenendarstellungen

Von Parameterform in Koordinatenform

E: $\vec{x} = \vec{a} + \lambda \cdot \vec{u} + \mu \cdot \vec{v}$; $\lambda, \mu \in \mathbb{R}$

Ansatz: E: $\vec{n} \circ (\vec{x} - \vec{a}) = 0$

Berechnung von $\vec{n}$***:***

1. mit dem Vektorprodukt $\vec{n} = \vec{u} \times \vec{v}$ oder

2. mit dem Skalarprodukt: $\vec{n} \circ \vec{u} = 0$ und $\vec{n} \circ \vec{v} = 0$, Lösen des Gleichungssystems

Beispiel: E: $\vec{x} = \begin{pmatrix} -10 \\ -25 \\ 5 \end{pmatrix} + \lambda \cdot \begin{pmatrix} 100 \\ -50 \\ 10 \end{pmatrix} + \mu \cdot \begin{pmatrix} 10 \\ 0 \\ 10 \end{pmatrix}$; $\lambda, \mu \in \mathbb{R}$ $\quad \vec{n} = \begin{pmatrix} 100 \\ -50 \\ 10 \end{pmatrix} \times \begin{pmatrix} 10 \\ 0 \\ 10 \end{pmatrix} \Leftrightarrow \vec{n} = \begin{pmatrix} -5 \\ -9 \\ 5 \end{pmatrix}$

E: $\vec{n} \circ (\vec{x} - \vec{a}) = 0 \Rightarrow$ E: $\begin{pmatrix} -5 \\ -9 \\ 5 \end{pmatrix} \circ \left(\begin{pmatrix} x_1 \\ x_2 \\ x_3 \end{pmatrix} - \begin{pmatrix} -10 \\ -25 \\ 5 \end{pmatrix} \right) = 0 \Leftrightarrow$ E: $-5x_1 - 9x_2 + 5x_3 - 300 = 0$

Von Koordinatenform in Parameterform

Beispiel: E: $6x_1 + 4x_2 + 2x_3 - 14 = 0$

Ortsvektor (Punkt A) berechnen: mit $x_1 = 0$; $x_2 = 0 \Rightarrow x_3 = 7 \Rightarrow A\,(0|0|7)$

Richtungsvektoren berechnen: Normalenvektor $\vec{n}$ aus den Koeffizienten der Gleichung ablesen; eine Koordinate von $\vec{n}$ null setzen, die beiden anderen Koordinaten vertauschen und ein Vorzeichen wechseln.

$\vec{n} = \begin{pmatrix} 6 \\ 4 \\ 2 \end{pmatrix} \Rightarrow \vec{u} = \begin{pmatrix} 0 \\ -2 \\ 4 \end{pmatrix}$; $\vec{v} = \begin{pmatrix} 2 \\ 0 \\ -6 \end{pmatrix}$ $\quad$ E: $\vec{x} = \begin{pmatrix} 0 \\ 0 \\ 7 \end{pmatrix} + \lambda \cdot \begin{pmatrix} 0 \\ -2 \\ 4 \end{pmatrix} + \mu \cdot \begin{pmatrix} 2 \\ 0 \\ -6 \end{pmatrix}$; $\lambda, \mu \in \mathbb{R}$

Platz für eigene Notizen

Bestimmung des Schnittwinkels zweier Ebenen

- Schneiden sich zwei Ebenen E_1 und E_2 mit den Normalenvektoren $\vec{n_1}$ und $\vec{n_2}$, dann gilt für den Schnittwinkel φ: $\cos\varphi = \frac{|\vec{n_1} \circ \vec{n_2}|}{|\vec{n_1}| \cdot |\vec{n_2}|}$.
- Die Normalenvektoren der Ebenen ergeben sich als Normalenvektoren auf jeweils die beiden Spannvektoren.

Beispiel: $E_1\colon \vec{x} = \begin{pmatrix} -10 \\ -25 \\ 0 \end{pmatrix} + r \cdot \begin{pmatrix} 100 \\ -50 \\ 0 \end{pmatrix} + s \cdot \begin{pmatrix} 0 \\ 0 \\ 10 \end{pmatrix}$; $E_2\colon \vec{x} = \begin{pmatrix} 11 \\ 15{,}5 \\ 12 \end{pmatrix} + k \cdot \begin{pmatrix} 4 \\ 2{,}5 \\ -0{,}2 \end{pmatrix} + l \cdot \begin{pmatrix} 2 \\ 1{,}5 \\ 0 \end{pmatrix}$

1. *Normalenvektor der Ebene E_1 berechnen:* $\vec{n_1} \cdot \begin{pmatrix} 100 \\ -50 \\ 0 \end{pmatrix} = 0$; $\vec{n_1} \cdot \begin{pmatrix} 0 \\ 0 \\ 10 \end{pmatrix} = 0$.

Mit $2n_1 = n_2$ ist ein Normalenvektor: $\vec{n_1} = \begin{pmatrix} 1 \\ 2 \\ 0 \end{pmatrix}$

2. *Normalenvektor der Ebene E_2 berechnen:* $\vec{n_2} \cdot \begin{pmatrix} 4 \\ 2{,}5 \\ -0{,}2 \end{pmatrix} = 0$; $\vec{n_2} \cdot \begin{pmatrix} 2 \\ 1{,}5 \\ 0 \end{pmatrix} = 0$.

Mit $n_1 - -0{,}75n_2$ und $n_3 = -2{,}5n_2$ ist ein Normalenvektor: $\vec{n_2} = \begin{pmatrix} -3 \\ 4 \\ -10 \end{pmatrix}$

3. *Winkel zwischen den Ebenen berechnen:* $\cos\varphi = \frac{|\vec{n_1} \circ \vec{n_2}|}{|\vec{n_1}| \cdot |\vec{n_2}|} = \frac{|-3 + 8 + 0|}{\sqrt{1+4} \cdot \sqrt{9 + 16 + 100}} = 0{,}2 \Rightarrow \varphi \approx 78{,}46°$

Platz für eigene Notizen

Verknüpfungen von Ereignissen

$\overline{A}$	Das **Gegenereignis (komplementäres Ereignis)** $\overline{A}$ (lies: *A quer*) tritt genau dann ein, wenn **A nicht** eintritt.	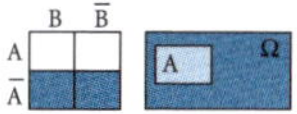
	Das Ereignis B **zieht** das Ereignis A **nach sich.** Das heißt: Immer **wenn B** eintritt, tritt **auch A** ein.	
$A \cap B$	Das Ereignis **A und B** (A geschnitten [mit] B) tritt genau dann ein, wenn **sowohl A als auch B** eintritt.	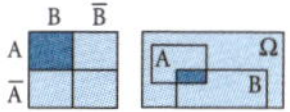
$A \cup B$	Das Ereignis **A oder B** (A vereinigt [mit] B) tritt genau dann ein, wenn **mindestens eines der Ereignisse A bzw. B** eintritt.	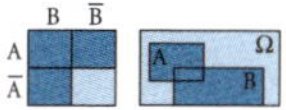
$A \setminus B$	Das Ereignis **A und nicht B** (A ohne B) tritt genau dann ein, wenn **A eintritt** und gleichzeitig **B nicht eintritt.** $A \setminus B = A \cap \overline{B}$	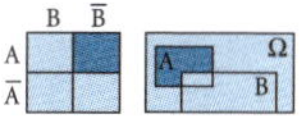
$\overline{A \cap B}$	**Höchstens eines der Ereignisse A, B** tritt ein, wenn **entweder A oder B oder keines von beiden** eintritt. $\overline{A \cap B} = \overline{A} \cup \overline{B}$	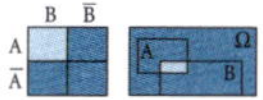
$\overline{A \cup B}$	Das Ereignis **weder A noch B** tritt genau dann ein, wenn **keines der beiden Ereignisse A, B** eintritt. $\overline{A \cup B} = \overline{A} \cap \overline{B}$	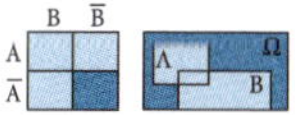
$(A \cup \overline{B})$ $(\overline{A} \cup B)$	Das Ereignis **entweder A oder B** tritt genau dann ein, **wenn genau eines der Ereignisse A, B** eintritt.	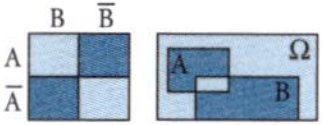

Platz für eigene Notizen

Zerlegung einer Ergebnismenge

Die Ereignisse sind paarweise unvereinbar. Die Vereinigung aller Ereignisse ist das sichere Ereignis. Sind E und F zwei Ereignisse aus $P(\Omega)$, so lässt sich Ω grob zerlegen in $\Omega = E \cup \overline{E}$ bzw. $\Omega = F \cup \overline{F}$. Oder: $\Omega = (E \cap F) \cup (\overline{E} \cap F) \cup (E \cap \overline{F}) \cup (\overline{E} \cap \overline{F})$. Anordnung als **Vierfeldertafel:**

	E	$\overline{E}$	
F	$P(E \cap F) = p_1$	$P(\overline{E} \cap F) = p_2$	$P(F) = p_1 + p_2$
$\overline{F}$	$P(E \cap \overline{F}) = p_3$	$P(\overline{E} \cap \overline{F}) = p_4$	$P(\overline{F}) = p_3 + p_4$
	$P(E) = p_1 + p_3$	$P(\overline{E}) = p_2 + p_4$	Σ

Beispiel: Bauteil A fällt mit $P(A) = 0{,}07$ und Bauteil B mit $P(B) = 0{,}10$ aus. Dass A und B ausfallen, tritt mit $P(A \cap B) = 0{,}022$ ein. Mit welcher Wahrscheinlichkeit fällt wenigstens eines der Bauteile aus?
Lösung: „Wenigstens eins fällt aus" → A oder B oder beide fallen aus. Gesucht: $P(A \cup B)$
$P(A \cup B) = P(B \cap \overline{A}) + P(B \cap A) + P(A \cap \overline{B})$ oder $P(A \cup B) = 1 - P(\overline{A} \cap \overline{B})$
$P(A \cup B) = 0{,}078 + 0{,}022 + 0{,}048 = 0{,}148$ oder $P(A \cup B) = 1 - 0{,}852 = 0{,}148$.

	B	$\overline{B}$	
A	0,022	0,07 – 0,022 = 0,048	0,07
$\overline{A}$	0,10 – 0,022 = 0,078	0,90 – 0,048 = 0,852	1 – 0,07 = 0,93
	0,10	1 – 0,10 = 0,90	1

Platz für eigene Notizen

Erwartungswert, Varianz und Standardabweichung

Erwartungswert: Nimmt eine Zufallsgröße X die Werte x_i mit der Wahrscheinlichkeit $P(X = x_i)$ an $[1 \leq i \leq n]$, dann gibt der Erwartungswert von X das arithmetische Mittel der Werte von X an, gewichtet mit den Wahrscheinlichkeiten ihres Eintretens: $E(X) = \mu = \sum_{i=1}^{n} x_i \cdot P(X = x_i)$.

Beispiel: Münzwurf. Wahrscheinlichkeit für „Zahl" und „Kopf" $P(X = x_i) = 0{,}5$. Sei der Gewinn bei Zahl $x_1 = 1$ €, bei Kopf $x_2 = -0{,}5$ €. Der Erwartungswert ist dann:

$$E(x) = x_1 \cdot P(X = x_1) + x_2 \cdot P(X = x_2) = 1\,€ \cdot \tfrac{1}{2} + (-0{,}5\,€) \cdot \tfrac{1}{2} = 0{,}25\,€$$

Varianz: *Mittlere quadratische Abweichung* der einzelnen x_i der Zufallsgröße X von ihrem Erwartungswert $E(X)$:

$$Var(X) = E\left((X - E(X))^2\right) = \sum_{i=1}^{n} (x_i - E(X))^2 \cdot P(X = x_i)$$

Standardabweichung: *Streuung* von X (Wurzel aus der Varianz): $\sigma(X) = \sqrt{V(X)}$

Beispiel: Die 200 Besucher eines Films wurden hinterher zu ihrer Meinung befragt. Sie sollten Schulnoten von 1 (gefiel mir sehr gut) bis 5 (gefiel mir gar nicht) vergeben. Note (Anzahl): 1 (36); 2 (52); 3 (60); 4 (14); 5 (38).

Erwartungswert: $E - 1 \cdot \frac{36}{200} + 2 \cdot \frac{52}{200} + 3 \cdot \frac{60}{200} + 4 \cdot \frac{14}{200} + 5 \cdot \frac{38}{200} - \frac{283}{100} - 2{,}83$

Varianz: $Var = (1 - 2{,}83)^2 \cdot \frac{36}{200} + (2 - 2{,}83)^2 \cdot \frac{52}{200} + (3 - 2{,}83)^2 \cdot \frac{60}{200} + (4 - 2{,}83)^2 \cdot \frac{14}{200} + (5 - 2{,}83)^2 \cdot \frac{38}{200} \approx 1{,}78$

Standardabweichung: $\sigma = \sqrt{Var} \approx 1{,}33$

Platz für eigene Notizen

Binomialverteilung

Binomialverteilte Zufallsgröße: Zufallsgröße X, deren Wahrscheinlichkeitsfunktion die Form

$P(X = k) = B_{n;p}(k) = \binom{n}{k} \cdot p^k \cdot (1-p)^{n-k}$, mit $k = 0, 1, 2, \dots, n$ hat. Dabei ist:

- $p^k \cdot (1-p)^{n-k}$ die Wahrscheinlichkeit für einen Pfad mit genau k Erfolgen.
- $\binom{n}{k}$ der Binomialkoeffizient – gibt die Anzahl der Pfade mit genau k Erfolgen an.

Beispiel: Eine Münze wird 5-mal geworfen. Wie groß ist die Wahrscheinlichkeit folgender Ereignisse?

- Ein Treffer „Zahl" hat die Wahrscheinlichkeit $p = \frac{1}{2}$. Anzahl Versuche (Länge der Bernoulli-Kette): $n = 5$.

1. **A: Es tritt dreimal Zahl auf.** $P(A) = P(X = 3) = B_{5;0,5}(3) = \binom{5}{3} \cdot \left(\frac{1}{2}\right)^3 \cdot \left(\frac{1}{2}\right)^2 = \frac{5}{16} = 0{,}3125$
2. **B: Es tritt mindestens einmal Zahl auf.**
   Gegenereignis $\overline{B}$ „Es tritt keinmal Zahl auf". $P(B) = P(X \geq 1) = 1 - P(X < 1)$

   $P(B) = 1 - P(X = 0) = 1 - B_{5;0,5}(0) = 1 - \binom{5}{0} \cdot \left(\frac{1}{2}\right)^0 \cdot \left(\frac{1}{2}\right)^5 = 1 - \frac{1}{32} = 0{,}968\,75$
3. **C: Es tritt nur Kopf auf.** $P(C) = P(X = 0) = \frac{1}{32} = 0{,}031\,25$
4. **D: Es tritt höchstens zweimal Zahl auf.** $P(D) = P(X \leq 2) = P(X = 0) + P(X = 1) + P(X = 2)$

   $P(D) = \frac{1}{32} + B_{5;0,5}(1) + B_{5;0,5}(2) = \frac{1}{32} + \binom{5}{1} \cdot \left(\frac{1}{2}\right)^1 \cdot \left(\frac{1}{2}\right)^4 + \binom{5}{2} \cdot \left(\frac{1}{2}\right)^2 \cdot \left(\frac{1}{2}\right)^3 = \frac{1}{2} = 0{,}5$

Platz für eigene Notizen

Signifikanztest

Statistische Tests: Entscheidungsverfahren für die Annahme oder Ablehnung einer Hypothese über eine Wahrscheinlichkeitsverteilung. Hypothesen sind begründete Vermutungen über eine bestimmte Eigenschaft einer Grundgesamtheit – z. B. über die Wahrscheinlichkeit ihres Vorhandenseins oder Eintretens –, die sich aus der Untersuchung einer Stichprobe ableiten lassen.

Nullhypothese H_0: die zu überprüfende Hypothese; **Gegenhypothese H_1:** Verneinung der Nullhypothese.

Fehler 1. Art (Signifikanzniveau α): Wahrscheinlichkeit, eine in Wirklichkeit wahre Nullhypothese irrtümlich als falsch abzulehnen.

Ablehnungsbereich $\overline{A}$: Menge der Werte der Zufallsgröße X, für die die Nullhypothese abgelehnt wird.

Annahmebereich A: Menge der restlichen Werte.

Fehler 2. Art: Wahrscheinlichkeit, eine in Wirklichkeit falsche Nullhypothese nicht abzulehnen.

Signifikanztest: Testverfahren, bei dem festgestellt wird, ob eine Nullhypothese H_0 abgelehnt wird oder nicht.

Einseitiger Test, wenn A und $\overline{A}$ nur aus einem einzigen Intervall bestehen.

Zweiseitiger Test, wenn A durch $\overline{A}$ oder $\overline{A}$ durch A in zwei Intervalle geteilt wird.

Konstruktion statistischer Tests:

1. Nullhypothese festlegen und Alternativhypothese formulieren.
2. Annahme-/Ablehnungsbereich für die Nullhypothese festlegen; daraus das zugehörige Signifikanzniveau (also Fehler 1. Art) und den Fehler 2. Art ermitteln. Oder: Bei vorgegebenem Signifikanzniveau den zugehörigen Annahme-/Ablehnungsbereich für die Nullhypothese und den Fehler 2. Art bestimmen.

Platz für eigene Notizen